SHANGHAI PRIMARY SCHOOL OF XUHUI DISTRICT

1903

上海小学

办一所有故事的学校

上海小学，城市标识，上达达德，海通通才；

龙门精神，代代相传，黜华崇实，祛惑存真。

月季双杰，创业维艰，实验先声，厚积薄发；

朗西前贤，中兴事业，迁址建校，功垂史册。

毛诗校长，教育世家，呕心沥血，续展宏图；

加盟徐汇，如虎添翼，感悟教育，科研兴校。

百年风雨，历久弥新，承上启下，重塑文化；

故事校园，再创辉煌，诚敬勤精，发展先锋。

行知堂老校舍

操场老照片

行知堂老校舍远景

光启楼老校舍

老校舍鸟瞰图

新校舍鸟瞰图

廿二桥

曹仁寿烈士铜像

清水平台

大礼堂

阳光长廊

荷塘湿地

水杉树

跑道——体育老师的“主阵地”

毕业年级师生造型合影

操场

上海小学历史沿革

1903 廿二铺小学堂

1905 龙门师范附属小学

1912 江苏省立第二师范附属小学

1926 国立第四中山大学上海中学实验小学

1928 江苏大学上海中学实验小学

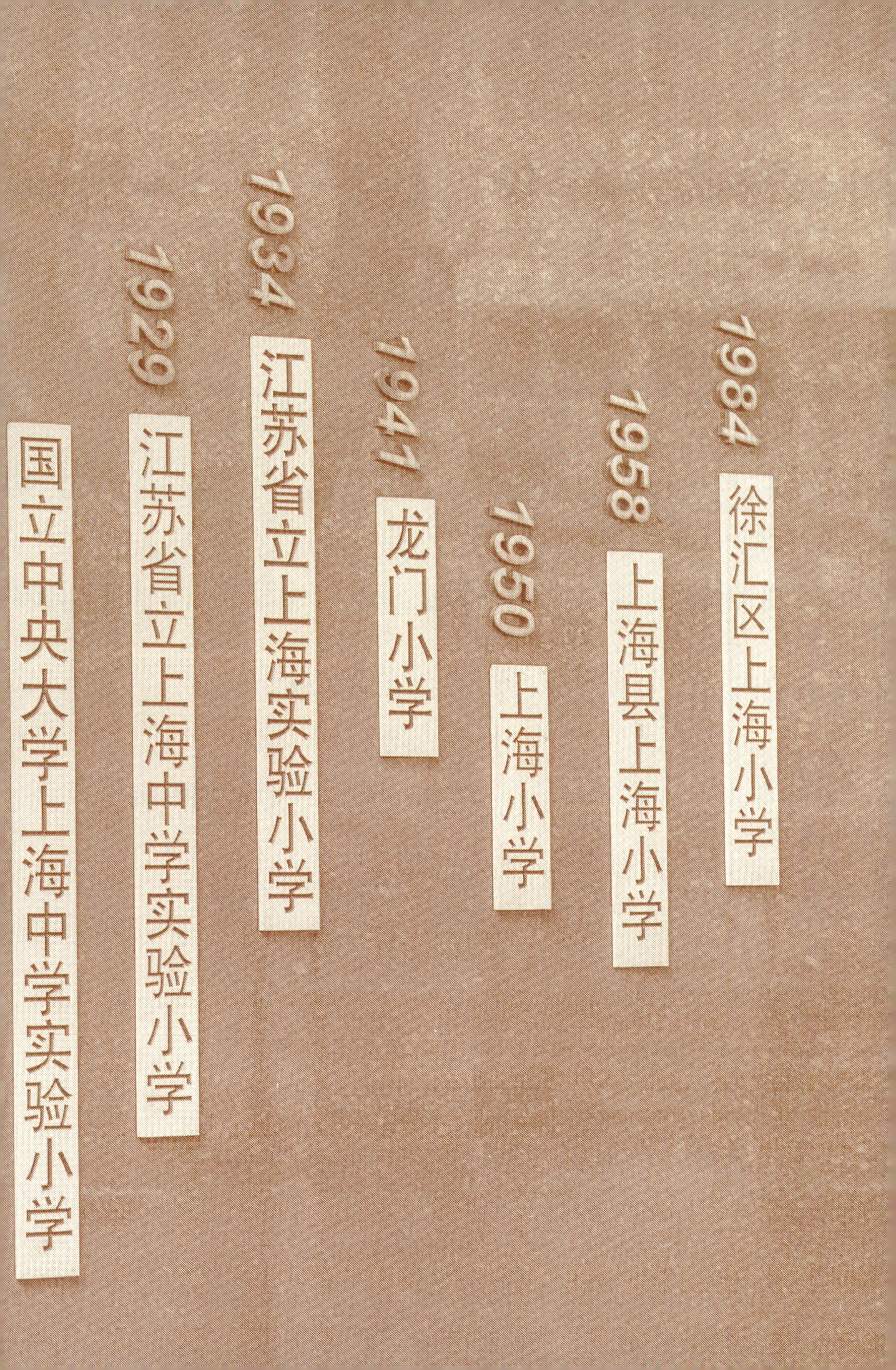
国立中央大学上海中学实验小学
1929
江苏省立上海中学实验小学
1934
江苏省立上海实验小学
1941
龙门小学
1950
上海小学
1958
上海县上海小学
1984
徐汇区上海小学

毛坚琼 著

办一所
有故事的
学校

華東理工大學出版社
EAST CHINA UNIVERSITY OF SCIENCE AND TECHNOLOGY PRESS
·上海·

序

中国教育学会副会长
上海市教育学会会长
尹后庆

本书作者、上海小学校长毛坚琼同志的教育理念是“办一所有故事的学校”。我仔细考察过这所“有故事”的学校，发现所谓“有故事”大概指的是以下三层含义。

其一，上海小学始创于清光绪二十九年（公元 1903 年），历史悠久，是上海的一所百年老校。学校有极为丰富的史料，它们记载着一代代校长和教师们生动的教育实践故事。许多故事精彩而深刻，今天读来仍然令人对学校、对前辈顿生敬畏之感和钦佩之情，这使今天学校的校长与教师们始终不忘继承和光大传统的责任心、不忘续写和创新故事的使命感，一直努力用心续写新的学校故事。

其二，上海小学秉持“尊重每一个学生和教师”的理念。这个理念突出表现在，注重发掘普通教师和学生在日常工作、学习、生活中的那些闪光的“故事”。把这些“故事”中体现的生命意义和生活价值揭示出来，不仅起到传递价值、弘扬精神的正面导向作用，而且对营造向上、向善的校园文化具有积极作用。因此，这所有故事的学校就成为每个成员的精神家园。

其三，毛坚琼校长有着低调踏实、细腻精致、讲策略、有韧性的行事风格，善于在“不起眼”的日常工作中渗透变化和长进，在慢工出细活的持久发力中凸显功效和力量。这主要得益于在工作中她特别“会讲故事”：既讲过去的故事，也讲今天的故事；既讲别人的故事，也讲自己的故事；经常能够以故事之理服人、以故事之情感人。毛校长通过这种“讲故事”的治校方式，有力地推动了学校教师队伍建设和课程教学改革，进而达到了学校的“良政”与“善治”。

2020年10月，党的十九届五中全会审议通过了《中共中央关于制定国民经济和社会发展第十四个五年规划和二〇三五年远景目标的建议》，其中关于教育的论述的核心在于“树立以提高质量为核心的教育发展观”。实现《中国教育现代化2035》所确定的战略目标，我们需要直面当前教育事业面临的新形势新任务，尤其是基础教育战线的教育管理者都要在改革创新中推动教育高质量发展。我们应当坚持把改革创新作为实现教育高质量发展的关键一着和根本动力，用改革的办法破解发展难题。在上海基础教育发展中，相比于物质计量和数量指标，老百姓更关注的是能直接享受到的、切实的教育服务质量。因此，对上海基础教育而言，深层次内涵发展任务比学校建设和硬件资源配置更加紧迫。上海基础教育改革的着力点正在向供给侧的效益与质量转移，改革的发生越来越深入学校、课堂、教师、学生等内核之中。

这种体现在学校、课堂、教师、学生等内核之中的深层次内涵发展究竟是何种形态呢？毛坚琼同志的这本著作似乎为我们提供了一种路径的实践启示。我很赞同一位校长曾说过的话：“我们要思考一个问题，我们在做校长的时候，应该在学校的历史上留下什么样的故事；我们留下了什么样的故事，就是给我们后代留下了什么样的文化。”我真诚希望上海小学的师生们继续为上海基础教育贡献更多美好而温暖的“故事”，衷心祝愿这所百年名校不忘初心、再铸辉煌，也真切期待在上海基础教育的大家庭里有越来越多的学校像上海小学一样续写辉煌的故事。

目录

第一章

过往应鉴

顶层设计
学校发展框架

一本泛黄的《江苏省立上海中学实验小学立校卅周年纪念录》静静地躺在上海图书馆的资料库里已经近70年了，它似乎一直在等待着某个人的到来。

2012年9月，上海小学百十年校庆（1903–2013）的筹备工作正井然有序地展开，但是学校的校史资料在20世纪六七十年代基本散失殆尽，这让筹备组的成员们一筹莫展：仅仅通过老教师的回忆，以及残缺不全的照片和文字，已经很难将上海小学百十年的完整历史再现了。

正在大家毫无头绪之时，张振芝老师向我们推荐了一位校史挖掘高人——陈爱仁老师。这位低调朴素的花甲老人真的能带给我们惊喜吗？大家默默地期待着。

2012年12月，陈老师戴着老花眼镜，兴冲冲地从管理员手中接过这本纪念录，翻开了上海小学百十年前那段尘封的历史。

1903年，从杨月如[1]和贾丰臻[2]两位前辈用筹集到的微薄经费在两间祠堂的小平房里创办了“廿二铺小学堂”始，一幅励精图治、兴教图国强的历史长卷就此展开了。百十年来，上海小学虽然历经了时代的

[1] 杨月如，又名杨保恒，上海小学创办人之一。

[2] 贾丰臻，又名贾季英，上海小学创办人之一。

洗礼，“几迁校址，多易校名”，但始终保持着办学的初心——“一心兴学，培育众生”，培养了一批又一批的优秀毕业生，桃李遍布大江南北，真可谓是“人才的摇篮，桃李的苗圃”。

2013年，为纪念上海小学建校百十年，学校将校史故事汇编成册，取名《月季盛开》。时任上海市徐汇区教育党工委书记王懋功同志读了《月季盛开》后，感叹道：作为徐汇教育的后来者，细细品味，敬仰之情油然而生。他挥笔为故事集作序如下。

跨越龙门的百十华诞

上海小学，城市标识，上达达德，海通通才；
龙门精神，代代相传，黜华崇实，祛惑存真。
月季双杰，创业维艰，实验先声，厚积薄发；
朗西前贤，中兴事业，迁址建校，功垂史册。
毛诗校长，教育世家，呕心沥血，续展宏图；
加盟徐汇，如虎添翼，感悟教育，科研兴校。
百年风雨，历久弥新，承上启下，重塑文化；
百十华诞，再创辉煌，诚敬勤精，发展先锋。

第一节
定位：从历史中承继

上海小学始创于清朝光绪二十九年（公元 1903 年），曾名为廿二铺小学堂、龙门师范附属小学、江苏省立第二师范学校附属小学、江苏省立上海中学附属实验小学、江苏省立上海实验小学等。中华人民共和国成立后，学校改名为上海市上海小学。1984 年，学校所在地依照上海市行政区划的调整被划入徐汇区管辖，改名为上海市徐汇区上海小学。

目前，上海小学是徐汇区内的一所大型公办小学，现有 41 个教学班，1 770 余名学生，112 名教职员工。学校位于上海市西南部的上中路上，与闻名遐迩的上海中学毗邻。校园占地面积为 19 047 平方米，建筑面积为 13 252 平方米。校园内古树参天、小桥流水、鸟语花香，环境怡人。

上海小学是上海市新优质学校、上海市教育科学研究院普通教育研究所教育科研实验基地、中国创造学会教育专业委员会实验基地、上海师范大学研究生实训基地、上海市首届文明校园。

一、历史文化

（一）诚心一片为兴学

20 世纪初，中国的有识之士、知识分子深感“强国必先强教，兴国必先兴学”。在上海老城厢，留学日本的贾丰臻、杨月如等人怀着教育救国的理想，回国兴办新学。

他们在廿二铺绅士的资助下筹集办学经费，于1903年2月18日（农历正月二十一日）在南市的刘公祠创办了“廿二铺小学堂”。开学时，共有学生28人。由于当时教学设备不足，贾丰臻就从自己家里拿来了书橱、办公椅、笔筒、砚台等。贾丰臻和杨月如不仅自己担任教师，还额外聘请了一名英文教员。学校每月给这名英文教员发放工薪20元，而贾、杨两人自己每月只拿工薪15元。这所新办的小学堂深受当地人的欢迎，到了暑期学生数量就增加到了60人。

（二）敬重规律治学严

早在龙门师范附属小学期间，学校就提出了“黜华崇实，祛惑存真”的校训，意思是祛除浮华、崇尚实践、解除疑惑、追求真理。这一校训反映了学校当时的教育理念。

1928年10月5日，学校改称“江苏大学上海中学实验小学”（以下简称“实验小学”或“上中实小”）后，教育理念又有新的突破，提出了实验小学教师格言十条。1930年，学校进一步提出了学生的十大信条。

1933年，《江苏教育》期刊征集社会名流及教育专家以“理想的江苏教育”为题的作文，以求对江苏各级教育之“量的扩充与质的改进”，将个人对江苏教育的希望逐条写出。时任实验小学校长的盛朗西以寥寥几句凸显了他的教育理想——理想之一曰：“必也使全省儿童教育普及全省儿童！”理想之二曰：“必也使全省民众教育深入全省民众！”他还指出：“如之何能达到此理想？简言之曰：‘快干’‘硬干’‘实干’而已。”盛朗西校长是这样想的，也是这样做的，他把自己的教育理想化作实验小学的办学理念，并通过具体的措施和行动落实于实验小学的各个工作环节。

（三）勤勉工作育桃李

中华人民共和国成立后，上海小学经过了几年的恢复、调整。1957

我们深信教育就是生活常处于改造历程中的；

我们深信教育事业是一种专业当始终不渝的从事；

我们深信三民主义的实现须从教育入手；

我们深信儿童是教育的本位，教师是儿童的朋友；

我们深信学校是我们的第二家庭；

我们深信教育者当具有革命思想的；

我们深信教育者当具有科学头脑的；

我们深信教育者当具有农工身手的；

我们深信教育者当具有菩萨心肠的；

我们深信教育者当具有实验精神的。

实验小学教师格言十条

上中实小的学生是好学的；

上中实小的学生是整洁的；

上中实小的学生是守秩序的；

上中实小的学生是有礼貌的；

上中实小的学生是信实的；

上中实小的学生是俭朴的；

上中实小的学生是勇敢的；

上中实小的学生是快乐的；

上中实小的学生是热心服务的；

上中实小的学生是爱团体爱国家的。

实验小学学生十大信条

年毛诗同志担任党支部书记兼校长后，学校进入了新的发展时期。毛诗校长认为，学校要广集人才，更要用好人才。因此，她以宽广胸怀从生活、工作等方面关心爱护教师，帮助他们成长。

当时，学校被确定为上海县重点小学和上海市最早的五年一贯制试点学校。毛诗校长深知自己肩负的责任重大，而要完成这一使命，把学校切实办好，关键在于建设一支优质的教师队伍。为此，她十分重视发现和延揽人才。每当她外出听课，发现上课出色的教师，都会想办法把他们调进上海小学。经过一段时间的努力，一批批各有所长并在全县有一定知名度的教师相继来到学校工作。

师资队伍的优化带来了教育质量的提升。教师们精讲多练，落实双基（基础知识、基本训练），从而使上海小学教育质量稳步上升。当时上海小学每年都会有几十名毕业生考取上海中学，学校因此也获得了较高的声誉，被评为上海县文教先进集体。总之，20 世纪 50 年代后期到 60 年代中期，在毛诗校长的带领下，上海小学形成了一个充满爱心、团结合作、积极向上的集体。

（四）精益求精再攀登

1984 年 9 月，上海小学被划归徐汇区管辖，遂改名为徐汇区上海小学，开始了新的发展时期。学校教学大楼前有一条小河横贯东西，河上复建廿二桥以纪念学校前身“廿二铺小学堂”。整个校园宽敞，河水清澈，终年绿树成荫，四季花香不断，环境幽雅宜人，在全市小学中属上乘之列。

上海小学从 1982 年开始教育科研兴校的工作，学校领导尝试通过对教育科研课题的全过程管理来促进教育改革，以提升办学品质。1996 年到 1999 年，学校开展了在全市具有影响力的教学科研推动教学发展的课题“感悟型语文教学模式的构建与实践”。2000 年以来，学校十分关注教师队伍的校本培养。从 2012 年起，学校持续开展促进教师学科教学知识催生与分享的校本研修项目[1]，开启了“学校教师资源转化为学校办学资本”的新里程。

2003 年，上海小学迎来了建校百年的盛大节日。围绕“站在新百年的起点上”这一主题，学校开展了一系列的纪念活动（附录图 1、图 2）。2013 年，学校又开展了建校一百一十周年的纪念活动，同时提出了“每一个人的足迹书写学校的历史，每一个人的思想汇聚学校的文化，每一个上小师生在快乐乡里快乐成长”的学校文化内涵（以下简称“三个每一个”）（附录图 3）。

二、办学现状

（一）生源情况

上海小学是区域内大型公办学校，招收徐汇区长桥街道长桥一村、长桥五村等对口地段内的适龄儿童。长桥地区为 20 世纪 80 年代至 90 年代徐汇区的人口导入区，大多数居民是当时从中心城区动迁而来的。除此之外，近年来随着购置学区房的行为日趋普遍，有一定数量的家庭通过购置学校对口地段内的房产使子女进入上海小学就读。总体来说，上海小学的学生均为对口入学，家长对子女的教育普遍比较重视。

（二）师资队伍

上海小学有一支爱岗敬业、智慧灵动的教师队伍，现有在编教职工 112 人，其中教师 104 人。在专职教师中，研究生学历的有 10 人（含在读），

---

[1] 学科教学知识（Pedagogical Content Knowledge），简称 PCK，即教师个人教学经验、教师学科内容知识和教与学的特殊整合的知识。本书将在第五章第二节具体论述。

本科学历的有 91 人，本科及以上学历的教师占专职教师人数的 97%；大专学历的有 3 人，占专职教师人数的 3%。专职教师平均年龄为 37 岁，其中 35 岁以下青年教师 42 人，占专职教师人数的 40%；高级教师 8 人，占专职教师人数的 8%；一级教师 54 人，占专职教师人数的 52%；二级教师 42 人，占专职教师人数的 40%（注：此部分的比例测算为四舍五入后的取整数字）。学校拥有区级学科、班主任带头人 2 人，区级骨干教师 4 人，区研修中心组成员 2 人，历年“三奖”[1] 及提名奖获得者 26 人次。

上海小学十分注重教师队伍专业化的打造。近年来，学校承担了“基于 PCK 提升的校本研修实践研究”重点课题研究，开发了系列化的校本研修活动，如教师全员“四课制”[2]、教学大奖赛系列、基本功大赛系列……形成了合作与分享的教师文化，教师的 PCK 能力也得到一定的提升。

（三）办学成绩

近年来，上海小学为学生搭建多种展示个性及才能的舞台，让他们施展才华，发展兴趣爱好，形成特长。目前，学校体育以田径运动为特长项目，为学生们的健康成长奠定了良好的基础；学校艺术教育以舞蹈、书画、合唱及少先队活动等为主，为形成健康活泼的校园文化提供了坚实的保障；电子百拼、电子测向等特色的科技活动成了“小小工程师”成长的摇篮。尤其是学校大力开展的信息科技教育，不仅让全体学生学会使用计算机，还尝试将信息技术与课堂教学进行整合，开阔了学生的视野，激发了学生的学习兴趣。学校还开通了学校网站、微博和微信公众号，为家校联系的通道更为畅通创造了良好的条件。

2008 年以来，上海小学获得多项市级和区级荣誉称号：上海市对口

---

[1] 三奖是指上海市徐汇区教育系统评选的“骏马奖”“耕耘奖”“育人奖”。

[2] 四课制是指职初期教师汇报课、中青年教师展能课、中老年教师风采课和骨干教师示范课。

支援都江堰市灾后重建突出贡献集体、上海市安全文明校、上海市“新优质学校”项目校、上海市首批“文明校园”、上海市优秀教师专业发展学校、徐汇区文明单位、徐汇区科技特色学校、徐汇区绿色学校、徐汇区健康单位、徐汇区行为规范示范学校、徐汇区“新优质学校”项目校（附录图 4、图 5）。

第二节
舒展：从时代中汲取

上海小学经过百十年深厚的历史积淀，给我们留下了“诚、敬、勤、精”的教风和“黜华崇实，祛惑存真”的龙门精神。在现阶段学校的发展中，我们立足现在，面向未来，从时代中汲取新的养分，贯彻落实关于深化教育领域综合改革的总体要求，进一步完善学校改革，促进发展新机制，明确学校发展新航标，确立了学校新时期发展的核心框架。

一、指导思想

深入贯彻落实党的十八大、十九大以来习近平总书记对教育领域改革做出的重要部署和系列重要讲话精神，切实围绕国家、上海市、徐汇区中长期教育规划纲要、上海市教育综合改革的总体部署，坚持改革创新、攻坚克难，坚持依法治教、依法治校，不断强化对全面深化学校教育综合改革重要性与紧迫性的认识，践行“为了每一个孩子健康快乐成长”的教育理念，紧紧围绕立德树人、课程改革、教师发展、管理优化、文化立校等重点改革领域，求突破、出成果，努力增强上海国际化大都市基础教育改革发展要求的能力，全面推进学校各项工作科学发展、稳步发展、特色发展。

二、办学理念

上海小学通过对百十年发展历史的梳理与近年来教育实践的总结，形成了“上达达德，海通通才”的办学理念。

上达达德——孔子曰：“君子上达，下人下达。上达达德，下达达利。”所谓“上达”，即为上进，向上发展；所谓“达德”，即超越功利性的道德追求，朝着真、善、美的道德境界不断上进。

海通通才——所谓“海通”，即为广泛涉猎、博学多才、海纳百川；所谓“通才”，即为有着扎实基础、具有广泛兴趣并能不断完善自我的人才。通才教育即博雅教育，注重理智的培养、情感的陶冶、意志的锻炼。

“上达达德，海通通才”两句首字，既与校名相合，又从纵向的深度与横向的广度提炼了学校办学的愿景和价值追求。

三、发展目标

（一）办学目标

1. 总体办学目标的指向

上海小学第十三个五年规划纲要的总体发展目标是初步建成“质量高位均衡、特色稳定鲜明、文化温馨和谐、教师踏实智慧、学生阳光质朴”的引领区域、代表上海、融入世界的实验性、现代化“海派”名校。

2. 阶段行动目标的内容

2016—2017 年：研究基于课程标准的教学与评价，开展教师培训与课堂观察，增强教师课程意识与提升教师教学能力，梳理传承“校史故事”，确立“三个每一个”的文化内涵。

2018—2019年：编制完成具有鲜明学校特色的课程方案、各学科学期课程纲要与配套教案，并以此为主要手段，提升教师PCK能力。通过每年开展的“感动上小”（十大人物、十大事件、十大足迹、十大瞬间、十大校景）系列活动，形成上海小学师生故事集，凸显文化立校的品位。

2020年：形成校本多元的课程体系和管理模式，搭建不同平台形成配套机制，促进不同阶段的教师专业成长，建成踏实智慧的教师团队，温馨和谐的学校文化、示范引领的优质学校。

（二）培养目标

上海小学努力培养具有“智、仁、勇”品质的快乐学子。

智：善于学习，智者不惑。

仁：诚于做人，仁者不忧。

勇：敢于担当，勇者不惧。

“智、仁、勇”的培养目标与学校“上达达德、海通通才”办学理念相契合，是对办学理念的显性化表达。

一方面，“智、仁、勇”是“达德”的体现。《礼记·中庸》：“知[1]、仁、勇三者，天下之达德也。”“子曰：知者不惑，仁者不忧，勇者不惧。”

另一方面，“智、仁、勇”对应于培养通才的博雅教育中的理智的培养（智）、情感的陶冶（仁）、意志的锻炼（勇）。

[1] 此处“知”，通“智”。后文同。

"智、仁、勇"的三维目标既是并列的关系，又是递进的关系。关于并列的关系，梁启超先生在《为学与做人》一文中提到：人类心理，有知、情、意三部分。这三部分圆满发达的状态，我们先哲名为三达德"智、仁、勇"。所以这三者代表知识的教育、情感的教育、意志的教育。[1]关于递进的关系，好学近乎智，通过"博学之，审问之，慎思之，明辨之，笃行之"，明了什么是善与不善。仁是守善，而守善先要明善。因此，仁要以智为基础，以智为基础的仁必然会对生命有更悲悯的关怀，拥有更坚定的信念，从而引发出真正之勇。

小鲤是上海小学的吉祥物，它集中体现了"智慧（善于学习）、仁爱（诚于做人）和勇敢（敢于担当）"的品质，同时也与学校历史上的龙门师范附属小学（寓意"鲤鱼跳龙门"）的渊源相契合（附录图 6）。

四、重点突破

2016—2020 年，我们在学校发展的思路上聚焦两大方面，力求在突破重点的新征程中带动学校整体的新发展。

（一）聚焦"项目研究，以点带面促发展"

对教学、教师和学生的管理，是学校治理的关键和核心。学校管理团队以教学的全过程为对象，通过计划、组织、控制、激励、领导等职能，协调全部教学资源，最大限度地调动教师和学生的积极性，从而实现教育教学活动的目标。学校将通过"上海小学教师共同成长项目"和"基于课标的校本教学管理模式"两项工作的推进和开展，做到"以点带

[1] 夏晓虹：《梁启超文选》（下集），中国广播电视出版社 1992 年版，第 481–487 页。

面，攻坚克难”。在“绿色指标”的背景下，学校注重促进教师专业发展，提高课堂教学的效率，减轻学生学习负担，实现学校新发展。

（二）聚焦“文化立校，故事校园谱新篇”

没有故事，就没有文化，故事是学校文化培育、累积和传播的重要载体。故事的教育力量是无穷的，故事的背后是形象、是情感、是趣味、是创意、是细节，这些元素介入教育活动中，可以让教育的营养滋润到个体生命的每一个细胞。上海小学将通过故事校园，实现“每一个人的足迹书写学校的历史，每一个人的思想汇聚学校的文化，每一个上小师生在快乐乡里快乐成长”。

第三节
活化：从对接中具象

在上述新时代学校发展框架的统领下，上海小学把实现中国梦、培育践行社会主义核心价值观和增强学生社会责任感作为主流文化，融入学校德育常规教育及“感动校园”的文化建设中，制订核心任务与主要措施，促进顶层框架的设计不断具象与活化。

一、党的建设

2019 年 11 月，上海小学党支部成功换届改选，现共有党员 36 人（含支委 5 人），所有党员分为 4 个党小组。近年来，学校有 1 位党员荣获市“三八红旗手”，5 位党员荣获市、区“园丁奖”，4 位党员分别荣获“育人奖”和“骏马奖”，1位党员荣获“骏马提名奖”，2位党员入选局学科带头人。其中，学校中层以上干部中有5位党员，备课组长以上职务的教师中有15位党员。

（一）思想建设

学校党支部坚持社会主义办学方向，把理论武装和思想政治教育摆在突出位置，坚决落实意识形态工作责任制。学校党支部中心组有计划、有重点地开展理论学习和思想交流，进一步明确各自职责，增强政治敏感性，在履职过程中不断提升岗位的执行力。开展阶段性党内主题教育实践活动，做到事先制订详尽的学习计划，并建立配套的制度保证落实。在活动中，学校党支部书记带头上党课，支部委员带头宣讲，并且通过知识问答等形式确保内容入脑、入心。多年来，学校党支部通过组织开展各级各类的学习活动来弘扬社会主义核心价值观，促进教职工思想觉悟不断提高，例如每周一次的教职工学习，分成政治理论、业务培训、校本研修、社团活动四大模块。此外，通过微型党课、专题组织生活会、参观访问等多种形式开展主题党日活动，丰富教育实践内容，通过学习教育促使党员牢固树立“四个意识”，坚定“四个自信”，不断增强自己的党性修养，不忘初心、牢记使命，在教育教学岗位上砥砺前行，努力成为教育改革的排头兵和先行者。

同时，学校党支部以创建首届上海市文明校园为契机，把“修德强能争一流，以文化人创和谐”作为创建的总抓手，聚焦典型教师，提炼荣誉教师、党员教师、普通教师身上的优良师德师风，以丰富多彩的形式（教师节活动、青年教师演讲、文明组室申报等）宣传和弘扬正能量。

（二）组织建设

学校党支部不断完善党建制度并遵照落实，每两周召开一次支委会会议，两至三周召开一次党员大会、党小组会或党课学习，把“两学一做”作为“三会一课”的基本内容。每学期印制《党员工作手册》，让党员记录学习活动、谈心活动和服务活动，并予以检查和反馈。学校党支部组织参观红色主题展览、学习《党支部工作条例》、研读重要政策文件等活动。其中，支部委员们的微型党课、广播电台党课等形式深受党员们的欢迎。尤其是以“新时代、馨家校、心相连”为主题的学习十九大精神主题汇报暨党员家属校访活动，让党员家属来到学校，了解和支持学校党建工作，效果良好。

同时，学校党支部每年召开专题组织生活会和党员民主评议工作，注重党员的“双培养”。近年来，学校党员教师在多项综合改革试验项目中勇挑重担、攻坚克难、奉献智慧，不断提高自身专业发展水平。

同时，学校党支部严格按学校制订的《中层干部选拔任用方案》程序操作，选拔任用骨干教师到管理岗位。健全党管干部人才的工作机制，开展群众对中层干部的测评与反馈，干部工作在群众中的满意度逐年上升。

（三）作风建设

学校党支部把解决党员、群众所关注的热点难点问题的过程作为党务公开的重点，做到有目录、有制度、有台账。

学校校级班子成员有3人，在工作中有分工、有协作、配合默契。每人都有大局意识，遇到困难能够共同协商、集思广益、一起解决。中层以上干部每2人深入一个年级组，建立联系点，参与年级各项事务，开展有针对性的谈心活动，把教师的意见建议带到行政会和民主生活会。在班子民主生活会上，干部们能推心置腹地开展批评和自我批评，交流党风廉政建设主体责任清单落实情况，校级干部在群众测评中满意度高。

学校畅通信访（来访、电访）渠道，在校园网上设立校长信箱，及时听取学生家长提出的意见和建议。

（四）廉政建设

学校党支部把廉洁文化和师德师风建设列入教师教育培训工作的重要内容，持续开展示范教育和警示教育。党员结合“两学一做”学习《中国共产党章程》《中国共产党员廉洁自律准则》；结合教师节，开展严格遵守师德规范“六个不准”要求的学习；结合《新时代中小学教师职业行为十项准则》，全体教师签订师德承诺书，制订师德考核办法。

2018 年上海小学被评为上海市依法治校示范校。学校党支部于 2018 年承担的上海市普教系统课题“基层党组织引领视域下教师专业发展研究——以徐汇区上海小学为例”荣获 2018 年度上海市普教系统党建研究课题优秀成果三等奖。

二、行政举措

（一）领导管理

1. 管理队伍

学校党政班子成员积极深入年级组、教研组等参加学习活动，了解一线的教育教学实际，提升团队的执行力。学校合理设置德育、课程、教学、科研、后勤等部门。通过中心组学习、行政会专题案例研讨等方式，增强中层干部的责任意识、服务意识和管理能力，群众测评对干部的满意度逐年提高。学校管理团队管理高效，能充分利用“八点晨会”、工作微信群、点滴教研、专项突破等机制，实施有效管理，组织教师开展培训、交流和学习。

学校实行年级组长责任管理。各年级组的德育活动、开放活动、实践活动均由年级组独立组织实施。校级分管领导进行审核与动态管理，不仅使管理更有针对性，也培养了一支基层管理队伍。

学校十分重视干部梯队建设，严格按照《中层干部选拔和任用方案》

等文件精神，创造性地开展了“两层三岗”的干部梯队的培养模式。“两层”即基层（年级组长和年级协理）岗位和中层岗位；“三岗”即顶岗、跟岗、轮岗。“顶岗”指的是中层干部因离职、挂职等原因造成岗位上无人，由符合相关要求的教师在此岗位上尝试和体验中层岗位；“跟岗”指的是中层干部因即将外调、岗位调整等原因，由现中层干部在离开岗位前以“带教”的身份指导相关教师开展此岗位的工作；“轮岗”指的是因多种原因造成某一中层岗位缺少中层人员的，学校以轮岗方案为依据，由多位教师按序自愿参加岗位实践。教师参与“三岗”体验和锻炼的时间一般最短为两个月，最长不超过一年。

多年来，学校共有24人次在“三岗”的岗位上学习和锻炼，涉及科研主任、大队辅导员、课程教导、教学教导、总务主任、年级组长等岗位。经过党支部的培养，不少轮岗教师的工作态度和工作能力得到了全体教师的认可。根据相应流程，有12位轮岗教师在学校中层岗位上锻炼，其中有4位教师顺利走上了学校中层的岗位；有5位顶岗教师在大队辅导员岗位上锻炼，其中有1位教师被聘为学校的中层干部；有7位跟岗教师在总务主任助理和年级组长协理岗位上锻炼，其中2位教师分别被聘为学校中层干部和年级组长。

由此，学校管理队伍形成了有序的梯队和稳固的金字塔，保证了学校干部队伍的良性发展。

2. 管理制度

学校落实校长负责制，逐年完善更新民主管理、教育教学、师资队伍建设、人事管理、后勤保障等方面的管理制度。注重发挥学校制度的引导作用，如广大教师最关心的工资分配方案的调整，学校将“多劳多得、优质优酬、鼓励参与改革项目”等指导思想落实到方案中。经过对分配方案的优化调整，以往学校“代课难安排”“重点改革项目多推托”等现象都有明显改观，并在教师间形成了主动顶岗、积极参与项目的良好局面。

随着社会对特殊教育的关注，学校根据徐汇区有关文件精神制订《学校特殊教育三年行动计划》，引进了特殊教育专业教师。我们设置了师生“一对一”“一对二”的辅导课，研制了随班就读学生的阶段评价练习，开设针对随班就读学生家长的专题讲座，规划特殊教育教室的建设等，努力做好随班就读学生的服务工作。

3. 管理机制

学校坚持每年召开两次教代会，对教工绩效工资分配方案、教工补充医疗保险投保方案等涉及广大教职员工切身利益的重大问题，均进行教代会的审议并以高票数通过，保障教职员工行使民主管理和监督的权利。

学校定期召开校务会议，讨论和决策学校“三重一大”事项，注重每周行政会议工作部署与反馈，保证学校决策的高效执行与顺畅反馈。

学校注重考核与评价的过程科学与结果公平，实行富有激励作用的评价考核，保证各项教育教学改革项目顺利推进。

（二）师资队伍

1. 师德建设

学校注重加强师德师风内涵建设，把师德教育工作作为教师继续教育的重要内容，结合学校实际开展“基于二十四字，提升师德修养”“情满校园、感动上小”“文化立校，故事校园”“小鲤德育课程开发和实践”“心系中国梦，做好引路人”等主题的师德校本培训。学校通过培训把全体教师的思想统一起来，真正落实立德树人的根本任务，帮助教师以良好的形象潜移默化地影响学生、感染学生、激励学生，成为新时代青少年的引路人。此外，学校还结合家长开放日活动请家长对教师工作的满意度进行测评；制订师德专项考核制度，把师德考核纳入每月的日常考核中；在职称评聘、年度考核及评优评先中实行违反师德“一票否决”制度。

2. 专业发展

学校对教师队伍建设进行顶层设计，制订师资队伍建设发展规划，指导教师制订个人三年规划，每年组织教师对其进行修订，据此为教师提供发展支持。

积极开展校本培训与组本研修，帮助教师增加实践智慧。近年来，学校共开展5门师德与素养类课程、7门实践与体验类课程，共计27学分。同时，通过班主任例会、暑期专项培训、国培计划、市信息技术应用能力提升工程等形式，逐步提升教师的育德能力、教学业务水平、信息化素养。在教研组、备课组层面，学校开展基于课堂观察的连环推进式组本研修，各备课组围绕一个观察点，聚焦一项PCK能力，开展连环式听评课活动。在跨学科层面，学校定期组织跨学科专题突破式组际研修，针对如何在课堂教学的关键点上有所突破，将部分教师的体验与收获普惠到全体教师。

注重开展分层培训，促使教师个性发展。对于职初期教师，学校加强师徒带教，师傅从“个人成长、学科教学、班主任工作”三个方面进行带教，通过“最佳师徒”评选进行考核。每学年评选出“最佳师徒奖”并召开表彰交流大会。2016年，学校顺利通过了徐汇区教师专业发展学校创建评审，开始承担“区见习教师规范化培训基地校”工作，并在当年的年检中被评为优秀基地校。通过培训，有两位见习教师分别获得市见习教师基本功比赛的一等奖和二等奖。此外，学校针对近年学校职初期教师数量增长较快的现状，专为职初期教师设计了“青年教师成长合伙人”项目，组建专家教师资源库，通过问题导向建立访谈机制，使每一位新教师能够受益于多个不同学科师傅的“同题异解”，形成自己的问题解决策略。学校设计了三份案例研究工具表：提出问题、采访实践和总结提炼。通过预约、访谈、实践、反思、提炼等环节，帮助职初期教师快速成长。[1]

对于成熟期教师，学校立足教师个人三年规划，从教师个人专业成长需求出发，适时点评和关注他们的职业发展，尝试开展“成熟教师二次成长”项目。2016 学年第二学期，我们为成熟教师引入“成长教练”和“成长伙伴”两类角色，选出了 6 位教师，为他们量身定制个性化成长方案。通过体验式学习、专题式研讨、成长教练陪伴式研究、读书分享等方式，帮助成熟教师找到专业发展的新引擎，缓解职业倦怠。目前，这 6 人中有 1 人被评为高级教师，3 人成了学校重点推进工作“学习基础素养项目”的主力。2018 年，学校以“每一位教师都是一座富矿”为主题进行了教师专业发展成果的展示，受到了有关专家和领导的好评。

3. 骨干培养

学校重视每三年一轮的校级骨干的申报、履职和考评工作。坚持评价先行，先修订完善评选与考评方案，明确激励机制，明确骨干教师在课堂教学、项目研究、科研课题等方面应当起到的示范引领作用。学校还制订了将上一轮考核优秀的骨干教师免去评审环节并直接成为新一轮骨干的考评办法。

同时，学校为教师提供各类支持：在课堂教学方面，学校每年开展教师全员“四课制”、教学大奖赛系列、基本功大赛系列，让骨干教师在“赛马”中成长。在项目研究方面，近年来开展的“基于课程标准的教学与评价”“学习基础素养”等专题研究，孕育了一批局、校两级骨干[2]。在科研课题方面，学校力求规范，提供较为完整的校级课题管理流程，保证科研项目开展的科学与严谨；学校鼓励教师在课堂上扎根研究，并

[1] 《双轮驱动助力成长——上海市徐汇区上海小学青年教师“成长合伙人”项目介绍》，载何云峰主编《现代基础教育研究（第 38 卷）》，上海教育出版社 2020 年版。

[2] 毛坚琼：《聚焦基于课标的教学提升校本研修的实效——上海市徐汇区上海小学教师研修探索》，载何云峰主编《现代基础教育研究（第 27 卷）》，上海教育出版社 2017 年版。

在课题结题时请业内专家给予专业评审并及时反馈给课题负责人。这样不仅增强了教师的科研能力，还壮大了科研骨干队伍。

近年来，学校教师执教区级以上公开课（讲座）达68节次；开展向学区等周边学校辐射的研修35场次；立项校级课题93项，从中遴选申报上一级课题25项。通过这一系列的“组合拳”，学校骨干教师队伍不断壮大。目前，学校有一支由2位局学科带头人、4位局骨干、8位高级教师及20余位校骨干组成的覆盖全学科的学校骨干教师队伍，他们在学区化项目、素养课堂项目等舞台上发挥着骨干教师的示范引领作用（附录图7）。

4. 考核激励

学校不断健全与完善教师管理制度，在教师岗位设置、职称评聘方面，细化评审指标，优化评审过程，强化公示与反馈。近年来，在多次分配方案改革中，我们坚持向“多劳”倾斜、向“绩优”倾斜，促进了学校“想干事、能干事、干好事”局面的形成。在教师考核方面，学校注重多元评价，实施个体评价与团队评价相结合的方式，前者主要由年级组和教导处共同完成教师日常考核，学生以问卷的形式对执教拓展课的教师进行评价，家长通过学校编制的调查问卷对教师进行评价。学校还打出团队牌，把正副班主任、年级组、教研组放在一起进行捆绑式的考核，以推动团队的共同进步。此外，学校制订《上海小学教职员工申诉处理办法》，时刻关心教师的生活状况和身心健康，帮助化解教师群体中的复杂问题与突出矛盾，安排教师社团活动、健身活动、疗休养等。

（三）德育心理

1. 德育保障

学校成立了以党支部书记为组长的德育工作领导小组，组员包括校长、副校长、德育教导、大队辅导员，全面把握学校德育工作的方向；

成立了由德育教导为组长，大队辅导员、年级组长为组员的学校德育工作小组，全面落实学校德育工作。2018 年，学校成立了校级少先队工作委员会，聘请了家委会主任、社区派出所所长、梅陇消防支队指导员、团市委宣传部部长等作为校少工委委员，全面指导学校的德育工作。

学校根据育人目标，提出了分学段工作目标与要求，制订学校德育工作整体规划，构建小鲤德育课程，从“小鲤校史课程”“小鲤体验课程”“小鲤服务课程”三个活动板块入手，突出活动过程，强化活动体验，研制了《小鲤活动手册》，设计了学生在校五年的德育路径，并关注过程性评价。

学校注重德育队伍的建设，除了培育“人人都是德育工作者”的意识、“不是班主任胜似班主任”的副班主任精神以外，还明确了年级组长是年级组德育活动的第一负责人，不断提高年级组长的德育管理能力。学校持续多年坚持每月召开一次班主任工作例会，分析教育案例，布置教育任务，反馈教育成效，形成教育合力。正、副班主任的合作搭档是班级实施德育工作的主要团队，为了进一步优化正、副班主任这支德育队伍的主体，学校摸索出了一套正、副班主任双向选择、年级组长结构微调的正副班主任搭配机制，不断优化班主任队伍。同时，学校加大了正、副班主任工作津贴发放力度，期末正、副班主任以“捆绑”形式进行考核。2015 年，学校配备了兼职心理健康教育教师。2018 年，学校又招聘了毕业于华东师范大学特殊教育专业的硕士研究生作为学校特殊教育的专职教师。心理健康与特殊教育的德育队伍逐渐完善起来。

学校德育工作制度健全，学生素质教育活动经费做到专款专用，精心打造学校大队部、心理辅导室、学生活动综合楼及资源教室等场所，为学生提供了丰富的德育活动场地。

2. 德育主题

学校结合徐汇区“创建全国文明城区”“巩固创建全国文明城区成果”

工作，大力推动“习近平新时代中国特色社会主义思想”进校园、进课堂、进头脑，落实好《中小学德育工作指南》《中小学生守则》等相关内容。

2013年以来，学校逐渐形成了德育四大主题系列活动，分别是“我爱上小”“快乐实践”“达德通才”“故事校园”。四大德育主题充分运用午会课、拓展课，以及校园生活、仪式庆典等教育阵地，有的一月一主题，有的一年一聚焦，有的以年级为单位开展，有的以班级为单位实施，激发学生对学校文化及“智、仁、勇”目标的认同感。

而在每项具体活动开展前，学校均成立活动组进行方案设计，明确活动思路，创新活动设计，细化活动项目，活动后及时总结经验。学校把适合各年级学生发展的理想信念教育、社会主义核心价值观教育、中华优秀传统文化教育、生态文明教育和心理健康教育等融入四大德育主题活动中，形成整合效应。

在心理健康教育方面，学校除了专设心理教育月、开展心理健康教育专题活动外，还在四年级开设心理课，由具有专业证书的教师执教，促进学生形成积极健康的人格和良好的心理品质。

3. 德育方法

在“文化引领，故事校园”办学思路的实践中，学校充分认识到，故事是学校文化最好的载体之一，也是最适合小学生年龄特点的德育方法之一。自2015学年起，学校就开始了五年一周期的“故事校园，情满上小”的“感动上小”故事系列评选活动。2016年的“人物故事”，2017年的“事件故事”，2018年的“足迹故事”，2019年的“瞬间故事”，以及2020年的“校景故事”构成了一个系列。在每个主题中，我们组织师生讲故事、演故事、看故事、评故事，从故事中获取，以故事来铭记，在故事中成长。每次评选过程也是师生在学校留下足迹的过程。同时，学校将此评选活动体现在重大仪式庆典中，融入学校线上线下的宣传阵地，从而多维度推进活动的开展（附录图8）。

学校的小鲤德育课程是体验型的活动课程。我们倡导在故事中浸润，在活动中体验，以年级或班级为单位，走出校门，走进社会实践点，为幼儿服务、为老人服务、为社区服务。学生在上海小学就读期间，每学期至少进入一个实践点开展体验活动，以五年十个学期计算，其足迹会遍布至少 10 个地点，这就是学生成长的足迹。为此，学校精心布置了“学生足迹馆”，展示每一位毕业生成长过程中所留下的故事。

学校依据各学科自身特点，结合课程内容，充分利用各学科教学中的德育因素，潜移默化地在学科教学中实施德育教育。例如，在学习基础素养项目中，学校坚持营造“以学为中心”的课堂。学校在各学科的目标设定和课堂实施中，围绕情感、态度、价值观三个维度来体现学科育人的特征，使德育与学科内容、学生的成长需要有机结合，在学科教学中引导学生形成符合社会规范且积极的情感、态度和价值观。

（四）课程教学

1. 课程建设

学校课程体系由基础型课程和校本课程两个模块组成。基础型课程通过加强课程的校本化来落实；校本课程将限定拓展、自主拓展与探究型课程进行梳理重构，形成了小鲤德育课程、小鲤拓展课程和小鲤探究课程。此外，学校不断对校本小鲤德育课程的总体框架进行修订，编制了课程纲要、学生活动手册、活动方案集、评价方案等配套材料，让课程的实施更规范、有序。同时，学校进一步健全拓展、探究中心备课组的人员配置，加大了两类课程的研修质量。

学校课程教学的规划方案较好地体现了学校的办学理念，严格落实国家课程方案和课程标准，开齐开足三类课程，在拓展型学科和探究型学科中突出学校办学特色。其中，小鲤主题拓展主要是以学科类拓展为主，如在语文学科中开设阅读拓展，在各年级开展心理健康的专题教育，在四年级开设游泳课程等。通过这些课程让学生成为智慧善学、仁心有爱、体魄强健的孩子。此外，每周二 12:50—15:50 开展以小鲤快乐拓展为主题的快乐活动日，通过专题午会课、自主拓展课、体锻课、班队会课、体育活动等来保障课程的顺利实施。每学年课时总量不少于 120 课时。

2018 年，根据市教委的课程计划要求，学校在 1～3 年级体育与健身学科中每周增加 1 课时，安排好师资，落实好排课，编排好新增课时的授课内容，认真落实“四课两操两活动”。从 2008 年起，学校依据市教委的要求实施一年级学习准备期课程。经过 10 多年的实践，学校围绕“学习兴趣培养”“学习习惯和行为习惯养成”“师生情感交流”三个要素设计了一年级学习准备期课程。课程分成学科课程、拓展课程和环境课程，并注重课程的评价设计。2018 年 9 月，学校在长华学区进行了实施情况的专项交流，受到了有关专家和领导的好评。

学校着力拓展课精品课程建设，加大投入和购买服务课程等方式，引进了小主持人、专业棋类、定向越野等课程。学校利用周边社区和高校等社会资源，陆续引入了越剧、国际标准舞、少儿理财等课程，同时邀请家长志愿者开设了职业体验课程。在区域层面，学校的“电子百拼”课程和“超轻土泥塑”课程都获得了“汇师杯十佳课程”称号。

2. 课堂教学

（1）“基于课程标准的教学与评价”的校本化实施，聚焦教学评一致。从 2014 年起，学校作为“徐汇区三年课程行动计划”的种子校及徐汇区教育学院“基于课程标准教学的区域转化与指导策略研究”项目的实验校，开展“基于课程标准的教学与评价”的工作。通过编制学校课程规划、学期课程纲要和教学指导手册，学校开展了“四个对接”，不断提高基础型课程校本化的实施质量。

首先，校本化实施要对接学期课程纲要。学期课程纲要是以提纲的形式呈现一门课程在一个学期内的目标、内容、实施和评价这四个基本要素。主要措施有调整学期课程纲要中的评价板块，落实对接关系；实施学生成长档案袋，使其成为评价板块的一部分；研制等第制纸笔测试的评价工具，设计评价的标准和维度；开展学期课程纲要分享课的研究，形成分享课指南。

其次，校本化实施要对接《单元教学指导手册》。聚焦一个单元，对单元内的教学内容进行整体思考和设计。主要措施有邀请学科专家做讲座，把握等第制评价基本理念；开展《单元教学指导手册》研制的校本培训，研训一体；开展区级、校级组本研修展示活动，促进学科间的交流；开展教师大奖赛、教师基本功等活动，提升教师的研制水平；实践并积累评价案例，边实践边反思边总结。

再次，校本化实施要对接《学生成长记录册》。借助记录册，对学生成长过程进行客观地记录。主要措施有研制《上海小学学科分项诊断书》，做到“分项不综合”；构建评语库，开发数据录入平台。

最后，校本化实施要对接“课堂教学实际”。教师的课堂教学实际情况是教师进行教学和评价最重要的载体之一，学校十分注重教师课堂的教学及其相应的评价。主要措施有开放课堂，关注教师的课堂评价点和评价用语；研究课堂，关注学习规范的研究；动态开发并使用具有学校特色的课堂教学评价表。

（2）探索并实践具有学校特色的教学专项管理模式（以下简称“2.0 版本”）。2.0 版本的教学专项管理有利于提升目标—实施—评价的一致性，从而使“基于课程标准的教学与评价”能校本化地实施、高质量地落地。2.0 版本的教学专项管理不是取代传统的 1.0 版本，而是对 1.0 版本的补充和深化。

具体做法：首先制订一套制度方案，确保工作可以落地实施。学校进一步完善学校课程规划，制订《上海小学“基于课程标准的教学与评价”推进工作方案》、重新修订《上海小学教学管理制度汇编》等，把教学制度和教师的日常教学实践融为一体，紧紧围绕一个中心，即“目标带动评价，评价融于教学，力求教学评一致”，切实提高课堂教学的有效性。其次，组建一支骨干教师队伍，成为专项管理团队，直接参与“基于课程标准的教学与评价”专项管理工作。他们主要由学校教研组长、中学高级教师和区、校两级骨干教师组成，共计20人左右，专项工作小组成员围绕教学评一致，每学期交换年段（语数英学科）、交换学科（综合学科）做好“六个一”的互查，凸显教学评的一致性。所谓“六个一”的检查，是指审阅一份《学期课程纲要》、审阅一套《单元教学指导手册》、参加一次专题备课组活动、听一堂研究课、参加一次作业检查、审阅一套等第制评语。每检查一项内容，都需要经历六个环节：召开例会，发布专项管理检查内容；进入备课组，审核（参与）检查项目；共同研讨，反馈调整内容；填写工作检查表格，对检查项目（内容）做出评价；复查项目直至合格，再上传修改或调整好的文本；专项组例会反馈，做好相应总结。

（3）开展学习基础素养项目的实践，研究“以学为中心”的课堂。以学习为中心[1]，基于“建立联系”能力培养的教学研究是上海市教委“深化课程教学改革，发展学生学习基础素养”的区县项目。从2017年开始，学校作为项目校，开展以真实的大任务情境驱动下的学生自主探究，合作学习，引导教师课堂行为的转变，积极营造“以学为中心”的课堂研究（附录图9）。

项目实施至今，我们通过调研访谈，了解现状，制订项目行动计划；推荐书籍，理论学习，引领项目全面铺开；抓住要素，专题学习，核心团队专题讲座；设实验班，研究课堂，尝试素养课堂之变；搭建平台，

[1] 张春莉、贺李、曾琦：《推动我国基础教育课程政策演变的重要力量》，载《中国教育学刊》2020年第7期。

教学实践，体验素养课堂转型；学习总结，阶段汇报，专家点评专业指导；撰写案例，交流分享，指导实践后的反思等方式，使全体教师对学习基础素养课堂有了全新的认识。教师在自己的课堂中努力实践，对“情境、规则、工具”三要素有了更深层次的思考，一些教师的课堂教学行为有了较为明显的改变。我们还于2018年举行了以“素养生长、让学习发生”为主题的两场数学学科和一场语文学科的校级研究汇报课，同时邀请了市、区项目组的专家对此进行研讨和点评，效果良好。

通过该项目的研究，我们努力打造“温暖安全”的一级课堂和“建立有联系”的二级课堂，让学生的学习在课堂内真正发生。

（4）创新评价方式，优化评价机制，以评价促进学生发展。在基于课程标准的教学与评价的工作背景下，学校开展了对评价的研究。

低年级评价方式从学生兴趣出发。一年级第一学期期末，采用“开心乐园活动”评价学生学业水平，以寓教于乐的方式让学生在游戏中学习和体验，完成阶段性评价（附录图10）。第二学期期末，第三方教育专业机构以信息技术（IPAD）为手段进行学科学业成绩的评价。学校利用已经建设完成的英语情境中心，对一、二年级的学生用真实情境再现的方式开展英语学科的口试评价。这样的评价方式，既激发了低年级学生的兴趣，又展现了学生的学习自信，减轻了学生的课业负担。

中高年级评价方式从激励学生出发。开展中高年级学生语文、数学学科期末考查（考试）的学生免试活动：学生提出免试申请，随后通过班级民主评议、任课教师和班主任核定、教导处审核、张榜公示等一系列程序，最后核定为免试的学生可免去所申请学科的考查，其成绩为该科目期末考试的最高等第。同时，该生可参加社会实践类的免试活动，获得免试证书。这些都是借助不同评价方式促进学生发展的有效途径。

（5）以“空中课堂”为导向，线上线下有侧重。2020年年初，新冠肺炎疫情暴发，上海市教委在疫情期间组织全体中小学生以“空中课堂”为本进行在线教育，做到了“停课不停学”，教师们同步“边研边教”，跟进学生的学习内容，保证线上教学的有序性和有效性。学校复课后，继续以“空中课堂”为本，有机结合开展线下教学。首先，学校做好全面保障与管理，组织信息中心按学科下载全部空中课堂资料，上传学校共享平台，供全体教师随时查阅和学习；教导处有序安排和协调管理空中课堂资源的运用（如备课检查、作业检查等）。其次，教研组（备课组）推进研修与共享，各备课组开展两周一次的组内交流空中课堂学习体会，并由组长做好备课组记录；各备课组期末上交一份完整的资料（含教师个体记录和备课组交流记录）；个别学科在此基础上研究空中课堂教学中的“问题链、任务串”等问题。最后，各学科教师轮流观摩“空中课堂”的教学，做好“精彩环节”的记录；通过学习把“空中课堂”的优质资源落实到自己的课堂中，并在《单元教学指导手册》中以替换、补充等方式做好二次备课记录，不断完善教学指导手册；参与每两周一次的“空中课堂”备课组研讨，进一步做到组内共享。这充分展现出学校教师较高的课程意识、关键能力及专业素养。

（6）融合信息技术的教学与评价的尝试。在“融合信息技术的教与学”的背景下，对于如何指向学科核心素养的课堂教学评价，学校通过构建英语情境中心人机对话系统的实验室及构建等第制评语库开展研究。学校以情境中心“环球之旅”六大站点（浦东机场、美国农场、法国餐厅、非洲丛林、英国剧院、瑞士银行）的建设和英语校本课程的开发促进英语学科的校本化实施。现在已开发了“美国农场”的人机对话系统，进一步激发学生对英语的学习兴趣，实现英语交际功能，同时增强英语教师的课程意识，这种以真实情境与现代科技相融合的教学模式，不仅丰富了学校课程建设的内涵，还对形成现代化、多元化的学生综合素质评价体系进行了实践与探索。

此外，在基于课程标准的教学与评价指导下，学校对学生的“学习习惯、学习兴趣、学业成果”三个维度进行分项评价，以“等第 + 评语”的方式开展。语、数、英三个学科分别根据评价指南中等第与评语相结合的案例，分年级撰写结合等第的描述性评定，构建评语库。同时，把评语库内容输入教学管理平台，以活页诊断书的形式提供分项目等第制内容，详细完整地对学生学习的各个维度进行了评价。可以说，等第制评语库系统的开发也是学校运用信息化手段完善学校学科评价管理机制的一项重要的工作。而且，信息化手段是外显的，它的有效开发和利用是进一步为课堂的“教与学”服务的，是适应徐汇区教育发展实际需要的“教与学”模式的技术支撑。

3. 教学常规

学校有较完善的课程教学质量保障机制。(1)制订教研计划和研修计划；(2)开展教学“五环节”检查，将结果纳入相应考核；(3)每学期不少于两次的语、数、英学科校内学业质量监测(阶段练习)；(4)监测结果数据上平台，做好备课组、教研组、教导处三级质量分析；(5)教师对学困生采取个别化辅导，同时做好跟踪与分析，提升学困生的学业水平；(6)教研组公开展示主题研修活动；(7)对教师“随堂课、汇报课”进行评价；(8)每学期开展教学大奖赛或教学基本功大赛。

学校还有明确的、有操作性的教学常规管理制度。2018 年年初，学校重新修订了《上海小学教学管理制度》，进一步明确了备课、上课、试卷命题、质量分析等具体要求。例如，修订后对一份完整的试卷命题做了规定，要求一份完整的试卷应当包含命题目标、命题双向细目表、命题内容、参考答案、评价标准等内容，同时要配备质量分析和讲评课教案，强化操作性与可行性，进一步规范教师的命题工作，为学生学业质量的提升保驾护航。

学校定期开展学生心理状况研究，通过心理健康活动课、心理健康月活动、学生心理健康课题研究等形式关注学生学习兴趣的培养与学习动机的激发，如开展“以校为本的质量保障体系”的市级研究项目，以学生学习压力为抓手，开发团体心理辅导课程，编制压力测量工具及探索和优化相应的教学、作业、评价的策略。

（五）资源利用

1. 经费使用

学校做好年度的预算执行与安排，合理使用好各类经费。学校每年的预算编制能根据学校的发展规划确定使用方向，对“三重一大”项目严格执行政府采购制度，规范公务卡的使用，并严格执行明白收费条目。学校还将有限的教育经费投入学校的课程开发、校本小鲤德育课程编制、学生成长档案袋过程性评价的研究与实践、学生社会实践活动、故事校园文化建设系列及教师的校本研修及业务学习等方面。

2. 设备使用

学校改造了朗西楼英语情境中心、大队部、心理辅导室等活动室，添置了液晶显示屏、校园监控等设施设备，优化了大礼堂设备、添置了教师办公电脑、直播系统等设备，进行了教学大楼修缮、绿化改造等，使校园安全进一步加强，校园环境进一步美化。此外，学校还加强了校园网站、微博和微信公众平台的基础建设，做到微博每天更新、微信公众号每周推送。

3. 校园安全

学校有严格的安全管理制度和措施，有突发事件应急预案，每学年设计全员紧急疏散活动方案，每月开展疏散演练，提高了全校师生应对各种自然灾害及突发事件的应变能力。学校实施师生入校人车分离。食堂严把“四关”——采购关、验收关、加工关和供应关，引入了家委会定期检查食堂工作机制。健全后勤工作各项制度，确保后勤服务工作的规范化与科学化。

三、学生发展

（一）身心发展

近年来，学校每年承办徐汇区“上小杯”小学生田径比赛，培养锻炼了一批小运动员，在区域内有一定的影响力（附录图11）；学校每年于4月底召开春季运动会，学生们都参与其中；每年冬季结合阳光体育健身月，召开全校性的运动比赛，做到每个学生至少参加一个比赛项目。此外，学校依托田径队、社团、快乐活动日等平台开展各种体育健身活动，切实落实“每天锻炼一小时”的要求。根据《国家学生体质健康标准》，学校每年按要求进行学生体质健康测试并如实上报数据，达标率为96.21%；学生体检参与率为94%；每年对学生进行4次视力检测，对视力有所减退的学生，进行追踪关注，严控近视发病率；一年级新生小白卡接种率达100%。

学校充分利用宣传阵地，在楼梯间、长廊上进行社会主义核心价值观宣传，做到抬头可见、驻足可观，努力让每一面墙壁都成为“会说话”的育人导师，促进学生了解并遵守社会主义核心价值观的要求；各班依托“动感中队”创建活动，从班级环境布置及小岗位设置入手，让每个学生在班级中都有服务点，成为学校的小主人，增强对学校的认同感。此外，学校以双周行规训练为方式开展行规教育，以每年十月的“行为规范训练月”为抓手，帮助学生养成文明行为好习惯。2017年学校被评为“区行为规范示范校”。

（二）学业表现

学校学生学业质量平稳发展。2016年上海市“绿色指标”的12项指标中，学校有10项指标的指数皆高于区平均水平。2017年12月，上海市教委召开2016年度小学“绿色指标”综合评价结果及“绿色指标”2.0

研制情况新闻通气会，笔者作为上海小学校长，也是唯一一位小学代表向各大媒体作了题为“践行‘绿色指标’评价，促进学校‘绿色发展’”的专题情况介绍，讲述了学校在教育改革过程中的积极实践，会后还接受了上海电视台关于学生学习压力方面的情况采访。2018 年 1 月，《少年日报》就学校的等第制评价工作作了专题报道。

学校每学期开设四大类（人文与艺术、体育与健康、科学与技术和语言与思维）的自主拓展课。以 2018 学年为例，共开设拓展课程 53 门，覆盖全体学生。其中，人文艺术课程 27 门，体育与健康课程 15 门，科学与技术课程 6 门，语言与思维课程 5 门。学校还有“330 社团”18 个，主要涉及科技、艺术、体育等方面，学生在市级、区级各类比赛中屡获荣誉，成绩显著。通过参与这些拓展课和社团活动，激发了学生的学习潜能，培养了他们的学习兴趣，锻炼了他们的能力，发挥了各自的特长。

（三）生活实践

每学期，学校都会利用安全教育周、假期安全教育等契机，对学生进行预防溺水、交通安全、公共卫生、意外伤害等宣传教育，增强学生面对突发情况的自救自护能力。学校通过告家长书、宣传广播等途径向学生进行疾病预防、营养与食品安全等教育。学校还开展了“快乐实践”主题的系列德育活动，指导学生参加社区活动、公益活动，这些社会实践促进师生以实际行动践行社会主义核心价值观，增强了他们的社会责任感和正义感。

四、学校发展

（一）校园文化

在学校办学思路的引领下，学校通过寻根溯源、故事校史，觅学校文化之源头；通过心灵对话、故事愿景，印学生成长之足迹；开展感动系列，通过故事串联，融学校文化之内涵；教育教学教研，通过故事摆渡，聚教师文化之核心；研究新兴媒体传播规律，故事校园，绘学校文化之未来。学校还充分利用走廊、墙面、转角等空间开辟了校史故事廊、十大系列故事墙、学生足迹馆等生动形象的学校特色文化载体，不断提升师生对学校的文化认同，凝结学校发展的推动力量。

近年来，学校多次获得市、区政府、教育行政部门各类表彰和奖励，办学绩效评估也连续多年获得徐汇区教育局的优秀奖。

（二）社会认同

学校把家长委员会作为建设依法办学、自主管理、民主监督、社会参与的现代学校制度的重要内容，建立并完善了校级、年级、班级三级家长委员会，为家长参与学校管理搭建了平台，形成了育人合力。同时，学校定期开展家长学校活动，邀请心理专家陈默、上海小学法律顾问团律师、徐汇区教师进修学校教研专家等来校向家长举办讲座。此外，每年学校通过一年级入学仪式、二年级家长开放活动（观摩拓展型课程）、三年级十岁生日、四年级亲子定向越野、五年级毕业典礼等不同形式开展家庭教育指导，通过家长活动留言、反馈等形式了解家长对学校的需求及满意度（附录图 12、图 13、图 14、图 15、图 16）。

学校与长桥社区关系密切，连续多年主动用爱心义卖筹得的善款购买慰问品，组织三年级同学与社工一起每季度上门慰问，现已慰问了长桥一村、长桥五村、光华园等社区高龄老人一百余户，受到社区工作人员及居民的赞誉。

学校依托学区化办学机制，在区域内 10 所小学中起着引领辐射的作用。尤其是在学区的各项工作中，组织和策划教导沙龙、主题研修、师德演讲等全学区大型活动 6 场和课程共享活动 10 多次，教师流动（教师

“蓄水池”）等方面率先研究、勇于实践，开展校际交流合作，优势互补，共同发展。2018 年年底，学校所属的长华学区接受了学区化办学工作的中期评估，受到有关专家的肯定。同年底，学校对全学区 10 所小学进行了学区化办学成效的考核。

近年来，学校把办学理念、管理思路、办学成效等辐射到姐妹学校——都江堰北街小学、托管学校——金山朱行小学、共建单位——位育体校，同时接待了 20 多个国内外参观学习团（附录图 17）。

第二章

凝聚有策

故事推动
校园文化变革

“牡丹最贵惟春晚，芍药虽繁只夏初，惟有此花开不厌，一年常占四时春。”月季被誉为“花中皇后”，历来被文人墨客所钟爱。它花香悠远，四时长放，有一种坚韧不屈的精神。

上海小学的校花就是月季。为什么会选择将月季作为校花呢？除了月季的美好寓意以外，也是为了缅怀学校创办人杨月如和贾季英两位先贤。

2013年百十年校庆之际，学校在梳理校史的过程中发现，从1903年创办开始，上海小学经历了艰难的创业初期、近代教育改革中的探索实践、20世纪50年代的艰苦奋斗、新时代继往开来四个发展阶段。每段历史都留下了一桩桩感人至深的故事，让我看到了一位位平凡而伟大的师长。

“我们以故事的形式把这些故事讲给我们的老师和学生听吧，这样大家能更好地了解我们的学校。”我在行政会上提议道。我的想法得到了大家的认可，经过我们反复的讨论和修改，一本厚厚的校史故事集完成了，起个什么名字呢？

“月如首创实验教育，季英兴校治学严谨，盛老毛诗薪火相传，开来继往追梦前行。”——那么就叫《月季盛开》吧！

第一节

讲故事：文化认同中凝聚共识[1]

学校文化建设是学校发展到一定阶段后必须关注的一个非常重要的方面，它深刻地影响着学校的许多工作。而在学校文化建设的过程中，故事是一个极其重要的载体，它承载着学校的文化，演绎着学校的文化。上海小学在理论的支撑下不断探索文化建设的实践路径，通过五个方面的叙事，搭建以故事为载体的学校文化建设的框架，即“寻根溯源，故事校史，给予学校文化之源；提炼核心，故事愿景，共塑学校文化之魂；重构规范，故事教师，构建学校文化之骼；典礼仪式，故事课程，丰富学校文化之体；优化环境，故事校园，描绘学校文化之形”。

学校文化影响着教师思考、感觉和行动的方式，正确理解和塑造学校文化是教师专业水平提升、学生学业成就提高及学校走向成功的关键。文化需要厚重的载体来承担，学校以故事作为突破口，积极营造“故事场”，让老师们把教育教学或人生体验变成一个个故事，围绕着共同的价值观和育人观，以校园为共同的归属感，激发潜在的变革活力。学校通过故事载体，聚焦、凝聚、培育、提升积极的、具有校本特色的学校文化来引领学校的发展，在对学校文化的认同中设定愿景、凝聚共识、砥砺前行。

而除了提纲挈领地把握学校文化建设的来龙去脉，探索学校文化建

[1] 本节节选自毛坚琼：《文化立校，故事校园——上海小学学校文化建设实践案例》，载陆建非主编《现代基础教育研究（第15卷）》，上海教育出版社2014年版，并稍作修改。

设的实践路径之外，学校又进一步聚焦和细化点点滴滴的故事，挖掘故事承载的文化与共识，用故事浸润美丽的校园。

一、缘起：学校文化建设的研究背景

北京十一学校李希贵校长在他的《新学校十讲》中这样描述学校制度管理和文化引领的关系："我们需要在学校管理的每一个领域，让所有的老师知道，甚至让所有的家长都知道：我们提倡什么，反对什么；怎么定义成功，怎么定义失败。特别是当一所优质学校发展到一定程度的时候，就不能仅仅靠制度来管理了。如果仅仅靠制度，就会陷入无休止地、没完没了地订立各种制度之中，搞不好就会抑制创新。当没有一种文化引领的时候，老师们就有可能无所适从，甚至各行其道、南辕北辙。"[1]

也有专家提出学校发展的"三阶段"理论：第一阶段为"人治"，往往不注重规范。人们常说的"一个好校长就是一所好学校"应该算是"人治"的典范。第二阶段为"法治"，往往严格遵循规范。现代学校制度的不断建设和完善正是这一阶段管理的重点。第三阶段为"文治"，即通过超越规范的共享的价值观、信仰、理念、承诺和理想等来引领学校的发展。

我走上学校管理岗位已有10余年，对学校管理领域的关注也逐渐聚焦到学校文化这一范畴。

（一）个人经历：对学校文化的感性认识

我的成长和徐汇密不可分，从孩提时代的学习生活，到师范毕业后的人生职业规划与发展，徐汇是哺育我成长的沃土。到目前为止，我先

---

[1] 李希贵：《新学校十讲》，教育科学出版社2013年版，第65页。

后在五所学校——徐汇区汇师小学（以下简称汇师小学）、徐汇区高安路第一小学（以下简称高一小学）、徐汇区建襄小学（以下简称建襄小学）、徐汇区田林第一小学（以下简称田林一小）和徐汇区上海小学工作过，不同学校的工作经历让我对学校文化的认识逐渐清晰。

汇师小学是我教师生涯的开始，这所学校是 1884 年由法国教会在以徐光启而得名的徐家汇地区开办的一所学校。严谨的校风使学校培养出一批杰出的人才。在汇师小学里，我度过了教师的青春年华，从一名普通的语文老师、班主任，到年级组长、教研组长、教导主任，多种角色的经历锤炼了我对教育思考、实践与管理的多方面经验，也让我在汇师文化的浸润中健康成长。

2001 年和 2002 年，我先后调任高一小学和建襄小学任学校党支部书记、副校长，分管学校德育工作。这两所学校分别创办于 1955 年和 1958 年。高一小学建校初期，学校生源部分为上海市委、市政府及华东局干部子女。而建襄小学的创始人之一是全国劳动模范吴佩芳，“鸡毛飞上天”的教育故事享誉全国。两所创办年代相近、创办背景迥异，办学成效显著的学校，有着各自独特的学校文化，让我感受到了学校文化的差异。

2005 年，我调任田林一小担任校长。田林一小是一所以外来务工人员子女为主要生源的小型公办学校。作为一所坐落在人口导入区域内的新村小学，创办 20 多年来，经历着生源减少与教师队伍信心缺失的双重压力。面对此种状况，我认为学校文化必须重塑与再造。为此，学校提出了“各级各类，争创一流”的理念，鼓励教师专业发展，通过赋予每一个学生阳光发展的信念，推动德育、课程、教学和学生活动的整体改革。在田林一小担任校长的经历，让我感受到学校文化对学校发展的巨大引领作用。

2008 年 7 月，我受命来到上海小学接任校长。上海小学是区域内一所有着百年悠久历史的大型公办学校，百余年的办学积淀，使学校积累了良好的办学声誉。学校有着一支教学基本功扎实、业务能力精良的师资队伍和一整套健全完整的制度体系。但当时区域内公立转制校与民办学校的优质教育资源的集聚给上海小学带来了巨大的挑战，上海小学在区域内的一些评优项目中落选、部分优秀师资的流失及发展方向的模糊，让我颇感责任重大、挑战严峻。

经历是人生最为宝贵的财富。汇师小学百年办学积淀的熏陶，高一小学与建襄小学两所学校文化的体验与比较，田林一小的文化再造实践，这些经历都增进了我办学的经验与智慧，增强了我从事教育的责任感与使命感。面对一所在区域内举足轻重且历史悠久的大型公办学校，我并非“一穷二白”。我有对学校文化引领学校发展的直观感受，有学校文化建设的感性认识与实践体会。面对上海小学这样一所高起点、高定位的大型公办学校，我将重点放在了学校文化建设上。

（二）理论学习：对学校文化的理性思考

有学者对学校文化有这样的描述：“当参观者第一次走进某所学校，他们能够感受到一种特殊的、无法表达的气氛或感受。通过观察学校大门或者他们在学校办公室如何被接待等，他们可以很快感受到这一点。这种感受有时被称为学校风气或气氛，它表征了学校文化的诸多方面，即留给参观者这样一种印象：我们这里是这样做事的。”[1] 可见，一个学校的文化是多么深刻地影响着一所学校。

1. 学校文化的基本内涵

学校文化是由教师、学生、家长和行政管理人员长期以来工作和生活所共同建构的组织传统与规则，并且内化为人们思考、活动和感知问题的方式。学校文化可以分为三个层次：第一个层次主要包括学校文化

---

[1] 谢翌、马云鹏：《重建学校文化：优质学校建构的主要任务》，载《华东师范大学学报（教育科学版）》2005年第1期。

中的仪式、典礼、故事、传说、共享的语言和互动系统等外在的成分。第二个层次包括学校组织成员共享的规范、信念、价值。这些价值和规范不一定有书面文字，但存在于组织成员的脑海中，约束着成员的个体行为。第三个层次是师生行为的出发点和一系列假设，这些假设往往促进或阻碍师生行为的发生。[1]

国内有学者对学校文化做了比较丰富的补充和更为细致的划分：一是将学校文化分为主流文化、校园文化、班级文化、教师文化和学生文化等五种表现形式（李学农，1994）。二是把学校文化分为物质文化、制度文化和精神文化，或者把学校文化比喻为三个同心圆：表层的实体文化、中间层的制度文化、内层的观念文化（刘祖俊，1999）。学校文化建立于学校集体与团队共享的基础之上，从某种意义上说，它是“一条活动着情感、社会习俗和群体行为的河流，永远不断地在学校内部流动着”。

2. 学校文化的外延结构

要理解一所学校的文化，我们可以从以下维度具体认知：（1）庆祝活动所追求的成就取向和对待学生的基本态度；（2）学校的事迹、故事所体现的学校的传统与精神；（3）共同的语言所彰显的团队精神；（4）学校禁忌中所表明的学校所拒斥的价值；（5）对学生内在或外在的回报方式所反映出的学生地位；（6）仪式所反映的学校价值取向；（7）交流方式所体现的学校民主精神；（8）群体行为所体现出的学校组织成员的相互关系和团队的精神风貌；（9）师生进出学校的仪式所反映出的学校对其成员的关注程度，以及学校组织的亲和力和开放性；（10）学校大事所反映出的学校的重要价值取向等。

学校文化的结构呈“冰山”样态，下列表格可以描述其基本构成（见

---

[1] 王骞：《学校文化及其建设路径分析》，载《继续教育研究》2010 年第 7 期。

表 2–1)。我们不应该就其中各组成部分做独立性的理解，而应该把学校文化当作一个不可分割的意义整体来理解。[1]

表 2–1　学校文化的冰山结构表

基本成分	具体内容	主要特点
显性成分	1. 做事方式（包括待客方式、学校成员内部的互动方式、与上级部门的互动方式、处理问题的自动化行为）	可观察和测量的
	2. 学校图腾、标语等	
	3. 学校建筑与布置	
	4. 典礼与仪式	
	5. 榜样与故事	
	6. 学校制度与规范（包括课堂规则）	
	7. 课堂教学行为	
灰色地带	学校传统	半显半隐的
隐性成分	1. 学校成员共享的价值观与信念	需要长期的共同生活方可把握
	2. 学校成员行为和价值观的前提和假设，它往往比价值隐藏得更深，需要作更细致和深入的挖掘	
	3. 制度化行为的动机	

[1]　谢翌、马云鹏:《重建学校文化:优质学校建构的主要任务》，载《华东师范大学学报(教育科学版)》2005 年第 1 期。

3. 学校文化的重要作用

强大的、积极的、合作的学校文化对学校的方方面面有很强的影响，主要表现为：学校文化促进效率的提高和生成性资源的丰富，有助于促进交流与协作，解决实践活动中的问题；学校文化孕育学校成功的变革和改进的潜力，有助于增强教师、学生和行政人员的责任感和认同感；学校文化增加学校成员的能量和活力；学校文化提高人们对学校重要活动和日常行为的关注程度。[1]

尤为关键的是，学校文化是影响教与学的重要因素。第一，学校文化影响着发生在学校里的每一件事，影响着教师群体的专业发展。当一个学校拥有积极的、专业的文化，就会看到教师专业水平的提升、课程改革的实效及学生学业成绩的提高。第二，健康合理的学校文化与学生学业成绩、教师的生产力和满意程度等方面的提升高度相关。第三，学校文化影响着教师对课程与教学的态度，越是润泽的学校文化，就越能更好地促进教师的工作。[2]

同时，学校文化也是学校整体变革的关键。学校文化影响着人们思考、感觉和行动的各种方式，正确理解和塑造学校文化是教师群体提升、学生成绩提高及学校走向成功的关键。所以，学校文化是学校改革的发动机，如何让所有的资源都起作用，就在于学校文化的驱动。

这样，学校不再是一个简单的、为完成某个目的而形成的组织，而是一个知识生产和教书育人的学习共同体，是一个有文化的校园。而正是有了对学校文化的理论学习，更坚定了我从文化立校的角度去思考和实践以促进学校发展的决心。因此，我开始在上海小学开展文化建设的

---

[1] 邢秀茶、何俊华、茹荣芳、边东书：《考试文化、成功文化到主体发展文化——学校文化样态现状与展望》，载《全球教育展望》2012 年第 7 期，第 74-78 页。

[2] 陈向阳：《论学校发展与学校文化生态重构》，载《中小学校长》2009 年第 9 期，第 15-20 页。

探索与实践之路。

二、案例：学校文化建设的探索与实践

多年来，在不同学校文化中的浸润让我感到，没有故事就没有文化，故事是学校文化打造和传播的重要载体。正如特级校长王雷英所说，故事的教育力量是无穷的，故事的背后是形象、是情感、是趣味、是创意、是细节，这些元素介入教育活动，可以让教育过程变得畅达舒展、润泽自然、富有灵性，可以让教育的营养渗透到个体生命的每一个细胞中，可以让孩子喜闻乐见、心向往之。也就是说，教育就是一个一个的故事。每个教育者都要会讲故事，会传播故事，通过故事去教育人、影响人。因此，教学研究人员应该多听教师讲教学的故事，教师应该多听学生讲他们在学习过程中发生的故事。在讲述与倾听中，我们受到启发，从中产生教育的灵感。[1] 我作为校长，应积极营造“故事场”，让教师在这个故事场中留下体验、留下情感。尤其是像上海小学这样已经有了悠久的办学历史、形成了稳定又专业的师资队伍、具备了扎实办学基础的学校，更加应该通过故事载体，聚焦凝聚、培育提升积极的具有校本特色的学校文化。

基于以上认识，从 2012 年年底开始，我抓住纪念学校建校 110 周年的契机，制订并开始实施为期两年的学校文化建设系列工程，定下三条原则：

一是提炼内涵。通过文化建设活动，总结学校办学经验，提炼学校精神文化。

二是故事载体。以悠久的校史故事、生动的身边故事、感人的你我

[1] 王雷英：《王雷英教育随笔》，浙江科学技术出版社 2011 年版，第 43 页。

故事为载体，使参与者获得丰富的情感体验。

三是全员参与。全校师生共同参与文化建设系列活动，使每一位参与者得到成长，使校庆活动成为继承传统、展望未来的动力加油站。

经过将近两年的建设，学校上下形成了对“三个每一个”核心文化的认同，同时完善了“爱国、文明、勤奋、创新”的校风和“诚、敬、勤、精”的校训。更宝贵的是，我们实践了一次以故事为载体的学校文化建设之旅，造就了一种来自教师群体的认同感、自豪感和凝聚力。我想这就是一个以故事为载体，开展学校文化建设的真实案例。

（一）寻根溯源，故事校史，给予学校文化之源

作为一所有着百十年历史的老校，她有战火年代辗转办学的艰辛，有投笔从戎奋勇杀敌的壮烈，有科技演艺人才辈出的博大，有教改前沿探索实践的智慧。在梳理回顾校史的基础上，我感到，只有考证真实的历史、挖掘真实的人物、触摸真实的情感，才能体会学校真正的文化源头，领悟百十年的文化精髓。

1. 深挖校史，触摸真实细节

在整理学校沿革的基础上，学校组织专门力量，到上海图书馆、徐汇区藏书楼、上海中学图书馆甚至是江苏省立图书馆，翻阅查找有关学校的历史记载和文献资料。让我们欣喜若狂的是，我们找到了学校 1933 年建校 30 周年时，由时任校长盛朗西主编的《江苏省立上海中学附属实验小学建校 30 周年纪念录》，该书详细记载了学校从建校起的点点滴滴，其条理之清晰、内容之详实，令人叹为观止。全书包括序两篇（郑通和、盛朗西所作）、校史简述、三十周年纪念歌、第一栏目（纪念文四篇《本校是怎样开办的》《本校之生机》《龙门师范时代的猛进精神》《龙门学者固有之精神》）、第二栏目（关于学制方面的论文五篇）、第三栏目（《三十年来小学教科沿革研究》含各学科论文九篇），以及第四栏目（大事记、教

工名单、学生名单、毕业生名单等）。从中，我们可以真实触摸当时学校办学引领江苏教育风气之先的实验精神。

除此之外，我们查找到了学校校长和教师撰写的教育论文、经验总结、课程教材、教学大纲等200余篇，甚至有老师通过淘宝、古籍书刊交易等方法购置了当时实验小学编制的并被广泛使用的语文阅读教材。这些材料让我们震撼，让我们看到了上海小学办学历史上“黜华崇实”的实验精神。

更让我们激动不已的是，我们觅到了学校当时的校歌——由作曲家萧友梅和教育家吴研因创作的《我的快乐乡》。

我的快乐乡

这是我的快乐乡：
第一部，整齐的门墙；
第二部，弦诵的发祥；
第三部，广袤的园场；
先哲前贤，观澜双杨，供我们仿效敬仰；
图书器械，许多东西，任我们研究玩赏；
朋友先生，几百个人，和我们游戏歌唱。
这是我的快乐乡！这是我的快乐乡！
我在此发展生长，我愿你地久天长！

歌曲所传达的办学理念与当前我们所追求的“为了每一个孩子健康快乐成长”的教育理想可以说是高度的一致！

2. 组织座谈，收集感人故事

我们在文献资料中考证历史的同时，又召开了多场老校长、老教师、老校友座谈会。大家共同回忆在上海小学工作、生活的美好时光，畅叙对上海小学的深情厚谊，表达对上海小学的感激之情。

20 世纪 50 年代，上海小学毕业的老校友展示了其保存完好的毕业证书，感谢母校激发了他对美术和文学的兴趣，更引领他走上了终身从教之路。20 世纪 90 年代，上海小学"语文感悟型教学"课题研究的团队成员共同回忆了课题研究给学校带来的巨大收获：课题的研究成果让上海小学所有的孩子受益，造就了一批在市区内有影响的教师，更重要的是通过课题的研究凝聚了人心，推动了学校全方位的发展。20 世纪 50 年代，主持学校工作的毛诗校长（在上海小学任职十余年）的子女——叶清和叶涵（两人均毕业于上海小学）深情回忆了母亲在上海小学工作期间的兢兢业业和无私付出，展示了母亲在上海小学工作期间的部分珍贵手稿，说到动情之处，几近哽咽。

座谈会上许多学校历史的亲历者，讲述自己的亲身经历，让我们对校史故事感同身受，对学校教育前辈的赤诚之心无比崇敬。

3. 历史寻访，回顾成长体验

学校组织青年教师、高年级同学开展历史寻访工作，寻找学校建校之初在南市区廿二铺的发祥地；走访知名校友——表演艺术家秦怡、优秀教师代表及杰出校友代表；走访烈士教师（校友）曹仁寿的子女并祭扫烈士墓。在上述活动中，一个个鲜活的人物形象呼之欲出，一段段感人的成长故事触动心灵。

秦怡访谈记录

（片段）

问：您能谈谈对学校的回忆吗？

秦：对我的人生，学校的引导很重要。学校的教育要活，不能死。在我的身边，就有正反两方面的例子。我的二姐就是死读书，她的思想就僵化，我的大姐读书活，思想相对先进，就更容易接受进步思想。我当时受大姐的影响比较多。我在念小学以前，在家里念私塾，当时书背不出来，就打手心，很疼，但还是背不出。后来到实验小学念书，老师就是不一样，水平很高的，给我的熏陶也不一样。我在实验小学就曾“自编自导”了一个话剧——《刑》，那是我第一次演出。我记得有一个老师叫朱焕章（音同），他在新中国成立后担任南京市政协秘书长。在我五六年级的时候，他就让我们看莎士比亚的书，看《浮士德》，看《双城记》，看了许多中外名著。当时虽然不一定能全看懂，理解的不一定很深刻，但这种接触、涉猎，对我们后来接触更多的思想很有帮助，我们就愿意接触新的思想。我小学毕业后的初中阶段，正值抗日战争时期，我就在我大姐的影响下（她当时已经是学生会主席），参加红十字会活动，我当时已经是 1 米 65 的个头，女孩子中算很高大了。我们还接触了少年宣讲团（田汉参与的），参加复旦大学的话剧团。再后来，我离开了封建家庭，辗转到了后方重庆，接触到了周恩来同志，参加了不少抗日演出。抗战胜利后，我在周总理的安排下回到上海，参加中华剧艺社，投入电影战线。再之后，我虽然没有再系统地念过书，但有了之前学校的基础，后期又有了社会知识（基础），才能做很多事。这真要感谢我的小学与中学，学校当时的理念就是不让我们死读书，而是接触社会。当时有一个重要的教育理念“学校即社会”，所以我能念实验小学是幸运的。

4. 编撰成册，流传校史故事

我们对大量生动的校史故事进行了来之不易的收集与挖掘，但如何使校史故事真正成为学校文化传承的宝贵财富，如何才能让一代又一代的“上小人”了解与感受其价值与魅力？我们决定编撰一本集中讲述学校历史发展的故事集。它不是历史沿革的图表，也不是年代数据的堆积，它是一本有血有肉有思想的生动故事集锦，它要传递的是对学校文化源头的追溯与传承。

于是，历经一年多，从素材收集整理、框架汇总构思，到故事逐个成文、文稿校对配图，再到序言装帧复印，每一个故事每一个环节，都令“上小人”充满敬畏，又无比自豪。全书分为“诚、敬、勤、精”四个篇章，分别收录了创办初期、实验小学时期、中华人民共和国成立后及改革开放以后这四个历史时期的校史故事。悠久的办学历史，深沉的文化积淀，厚重的光荣传统……无不凝聚于这一则则故事之中。为了缅怀学校创办人杨月如和贾季英两位先贤，为了铭记奠定学校良好发展基础的盛朗西校长，为了传承历代前辈同事培育的学校文化，为了祝愿学校犹如盛开的月季，我们将这本学校故事集定名为《月季盛开》。

（二）提炼核心，故事愿景，共塑学校文化之魂

我了解了学校文化的源头，感怀学校发展的一脉相承，也就明确了学校文化建设的切入口。接下来，我们就需要通过团队建设，形成学校文化建设新的生长点，发展学校上下的共同愿景，塑造学校文化的核心理念。

1. 校本教师研修——内化吸收

与挖掘校史同步，我们开展了“走过百十年　走向‘新优质’”的专项校本研修，旨在将丰富的校史故事与当下的时代要求相结合，帮助教师内化吸收学校文化。

在研修过程中，教师们不仅参加专家学者的报告和讲座，还开展多

种形式的学习校史知识与领会学校精神的主题活动。《月季盛开》校史讲座、校训“诚、敬、勤、精”书法大赛、校史学习网络论坛、校史知识竞赛、“我身边的上小故事”征文大赛、“上小历史寻访”演讲比赛、“上小故事”课本剧展演……每一项活动的开展，都是老师们的一次实践与体验。随着研修项目的逐一实施，老师们越来越深刻地认识到：教师不仅是一份工作，更是一种使命与责任。每个上小人对上海小学百十年的风雨坎坷、百十年的辉煌历程，都应一如既往，传承“诚、敬、勤、精”的文化精髓，弘扬先贤们甘于奉献的精神。

2. 领导寄语动员——使命责任

在开展校本研修课程的同时，我们将校史故事《月季盛开》赠送给时任徐汇教育党工委书记的王懋功同志，并邀请他为全体教师做专题报告。王书记的报告将内容锁定在“对上小文化的理解与上小发展的再思考”这一问题上。他讲到自己读校史故事的感受，敬佩上海小学历史中的仁人志士对教育救国的一片赤诚之心，肯定了学校“融入历史，传承文化”的百十年主题定位。同时，他指出上海小学在百十年的历史发展中一直保持着实验、研究、探索的优良传统。王书记对上海小学的文化传承强调了“五个期望”：期望传承历史，体现当代；期望课程建设要围绕形成特色学科而开展；期望在积极敬业、智慧灵动的教师群像中涌现更多能引领发展的骨干教师；期望在内涵发展、专业引领上领风气之先，做徐汇区小学教育改革的先行者；期望通过这一代上小人的努力，同样能做到不负后人敬仰！通过领导的报告，教师们深深地意识到，每个上小人，每天都在书写学校的历史，大家感受着先哲们的精神，荣誉感油然而生，责任感重负在肩，激励着自身不断前行。

3. 教师沙龙碰撞——触类旁通

学校开展全员的教师沙龙，紧紧围绕“学校是什么？”“教育为什么？”“规律在哪里？”三大主题，进行头脑风暴、思维碰撞，并配以海报绘制的形式，由团队成员阐述对这些主题的理解。此外，在校庆期间，学校还组织全体教师重新审视教育教学理念，寻找或者回归教育的本源，让我们站在百十年的学校文化之上，有发现、有反思、有行动，重启对教育的研究，重塑对教育的敬畏！

4. 拍摄专题影片——融入外化

在上海小学三十年校庆纪念册中，学校以教工名单的形式留下了建校三十年间每一位教师的姓名，也留下了当时每一位教师的足迹。那么，当下我们用什么方式来记录每一个人的足迹与思想，将每一个人真正融入学校的文化当中呢？我们选择了拍摄专题影片的形式。我们将这部名为《共鸣 · 同梦》的专题片定位为“一场跨越八十载时空的教育对话，一份致敬百十年历程的文化责任”。专题片记录了全校每一位教职员工的影像与姓名，是当下学校教师学习校史后对教育理想的阐述与描绘。拍摄过程中尤为关键的是各学科教师代表阐述教育思想的环节，我们没有请专业的编剧，也没有请有关教师代劳，而是将学科教师按学科分组，结合学科特点，组内成员共同讨论、撰写剧本、推荐代表。这样做，既将学校的每一个成员融入学校文化之中，又使每一位教师的思想得到外化。这样一份影像资料，留下了上海小学每一位教职员工的身影，成了一份珍贵的礼物，也成就了一个学校文化的生动故事。

5. 凝练文化核心——共同愿景

有了对核心文化的认同，有了对文化传承的思考，全校上下就不难形成共同的愿景。我们通过新一轮三年计划的讨论与制订，明确了学校的发展愿景——成为在上海领先的公办学校，成为打好教育改革攻坚战的先行者。学校的办学理念是“上达达德 海通通才”。“上达达德”即为通达仁义，从小培养公正、责任、诚信等道德品质；“海通通才”即为广泛涉猎、博学多才、海纳百川。学校的培养目标是培养具有“智、仁、勇”品质的快乐学子。校风是“爱国、文明、勤奋、创新”。教风是“诚、敬、勤、精”：“诚”即诚心、诚信、诚挚；“敬”即敬天、敬业、敬人；“勤”即勤奋、勤勉、勤俭；“精”即精湛、精致、精进。

（三）重构规范，故事教师，构建学校文化之骼

在学校发展愿景的统领下，学校群体共享的信念和价值、学校成员相互作用的规范和制度可以说是支撑学校文化的骨骼。学校在“三个每一个”的文化内涵的统领下，通过发现和传播师生中已经发生的故事，或是循着文化基因创造故事，重构和强化了学校的规范和价值。

1. 尊重奉献，崇尚“诚”

特别礼物的故事

黄昌君老师是上海小学一名普通的体育教师。2013年的3月22日对黄昌君老师来说是一个特别的日子，这是他退休之前最后一次参加全体教师大会。这一天下午，黄老师像往常一样来到会议地点，但他没想到，等待他的是令人惊喜而感动的场景。在悠扬的音乐声中，一群老师突然翩翩起舞，跳起了他最喜爱的国标舞，诧异间学校党支部书记陈丽竟然亲自走向他并邀他共舞。舞曲结束，学校工会主席陆彩霞这才告诉大家今天教工大会之前有一份特别的礼物送给一位特别的老师。话音刚落，两位青年老师上台深情款款地演唱了一首经过改编的《在我生命中的每一天》，当背景屏幕中依次出现黄老师从青年一直到老年的教育、教学等活动照片时，大家惊呼起来：原来是他！黄老师愣住了，眼眶红红的……他激动地站起身，来到了讲台中间，一次次地朝老师们鞠躬行礼，老师们热烈的掌声经久不息。正如歌词中所唱到的那

样，黄老师把他人生中最美妙的时光献给了教育事业，献给了他的学生，献给了上海小学，他的多才多艺令人折服，他那无私奉献、勇挑重担的党员风范令人敬重。活动结束，黄老师的幸福之情溢于言表，他激动地表示：作为上海小学的一员，他是如此幸福、如此幸运！

这样发生在上小校园里的教师故事，还有很多，我们收集它们、传播它们，就是借此弘扬对每一位奉献者的尊敬。

2. 遵循规律，坚持“敬”

要想达成培养目标，就必须遵循教育规律，敬天、敬人、敬业。在上海实施教育绿色评价指标体系后，我们组织教师在学习的基础上，结合本校学生的特点，分成几大板块团队，先后讨论修订了备课板块、上课板块、作业板块、辅导板块和评价板块等教学管理制度，汇编了具有一定特色的上海小学教学管理制度。教师们在讨论修订的过程中，将教学改革变“要我改”为“我要改”。

例如，在作业板块中，我们提倡分层作业、长期作业、实践体验作业等有效作业，要求教师做到及时批改、及时辅导，对学生的作业进行激励性评价，并鼓励教师创设激励机制，如免做作业单、加分单。

而在评价板块中，我们不仅完善了一年级开心乐园过程性评价的做法，而且在其他年级引入了测试加分单和期末免考机制，以激起学生的学习成就感，进一步激发他们对学习的兴趣和信心。此外，我们还聚焦中小学生学业质量绿色指标体系，为学生设立成长档案袋，形成过程性评价机制。

3. 师徒相长，坚守“勤”

师徒带教是一种传统的职初期教师的成长途径。学校赋予这一传统的形式以新的校本研修内容，强调拜师是相互的，能者为师、勤者为师。

具体做法如下：在3年的带教期内，每一年进行“最默契师徒”评选，这也是我们对“勤于提升”的文化的一种推广。一年一度的“默契师徒 快乐成长”的故事会，向全体教师分享师徒间的成长故事。会上，每一对师徒以不同形式来讲述新老教师教学相长、智慧共享的故事，讲述老教师帮助青年教师尽快适应教育环境、成功进行角色转换的感人故事。可见，师徒带教活动既是一段弥足珍贵的经历，又是一笔宝贵的成长财富。

4. 专业发展，紧扣“精”

风格开拓创新，专业精湛高超。学校的文化建设要求教师的专业发展精益求精，不断探索实践。

学校的教师专业发展专项课题“基于PCK提升的校本研修实践研究”就是源于“研究的问题来自课堂，研究的行为发生在课堂，研究的结果落实在课堂”的理念，希望通过案例的剖析获得小学教师不同专业发展阶段的个体PCK能力的特点，为学校整体开展校本研修形成实施框架提供重要的现实基础。

在校本研修中，我们分别选取了职初期教师、成熟期教师、专家型教师各一名作为研究对象，接着多次跟踪听课，对课堂进行实录，然后分别对职初期教师和专家型教师的同题教学案例进行分析，对成熟期教师的课堂教学案例进行分析及个案教师的PCK特点作比较分析。从对研究过程的设计到最终研究结果的呈现，历时整整3年。

我们开发有效促进学科教学知识（PCK）的校本研修活动并使之系列化，教师全员“四课制”、教学大奖赛系列、基本功大赛系列……校本研修中教师PCK的发展过程是教师主体通过合作、交往与对话形成学习共同体的过程。在这个学习共同体中，对话的双方平等沟通、交互反省，通过对话和共同的探索活动实现经验共享。在平等和谐的组织氛围里共同建构知识，从而形成一种合作的、分享的组织文化。

（四）典礼仪式，故事课程，丰富学校文化之体[1]

学校的各类庆祝活动、仪式典礼乃至学校的课程，都是体现学校文化的动态载体，是学校文化建设的重要抓手。学校为学生开设了丰富多彩的课程，以促进学生感知、体悟并沉浸在浓厚的特色校园文化的氛围中。

1. 快乐活动日课程

每周二下午，学校围绕培养目标设置以专题午会课、自主拓展课、体锻课、班队会课等为阵地的快乐活动日课程，使学生快乐学习，乐在其中。

2. “我爱上小”校史校本课程

学校设置了校史课程，帮助学生初步了解学校的发展历程，传承和弘扬百十年积淀的文化精神，增强学生作为上海小学一员的认同感、自豪感和热爱之情，使他们更自觉地勤奋学习、健康成长，努力当一名好学生，为学校增光添彩。

3. 系列化的德育课程

德育课程不仅包括主题月教育活动，也包括感恩教育系列课程。

（五）优化环境，故事校园，描绘学校文化之形

蕴含学校精神与文化的故事载体，需要平台来加以传播，从而营造积极温馨的故事校园氛围，形成明显清晰具有亲和力的学校文化之形。我们在开展环境优化的过程中，主要从硬环境和软环境两个方面着手。

1. 精心谋划赋予学校文化品位的外部环境

我们整体布局学校的外部环境，利用楼廊园道形成具有厚重文化底

[1] 本部分简要概述为学生开设的相关课程，有关内容会在本书第三章和第四章中详细论述。

蕴的校园十景。它们分别是展现历史沿革的校门，以学校创办人、老校长、校友名字命名的教学楼与花园，展示学校概况的校史大厅，表现学校 12 次更名的时空步道，展现“诚、敬、勤、精”4 字校训的阳光厅，呈现各年代学校校歌的校歌墙，陈列在校学生每一年成长足迹的成长照片墙，摆放毕业生富有成长故事的纪念品的学生足迹馆，纪念学校发源地的廿二桥。

上海小学悠久的历史、丰富的文化、共同的价值、办学的特色都呈现在校园这方寸之间，让每一个上小人触摸与感受。与此同时，我们组建了上海小学校史师生讲解团，把学校百十年的悠久历史、校园美景向来宾一一介绍，讲解学校的办学特色、历史人物及校园文化，让师生进一步体会做上海小学的主人是无比光荣与自豪的事情。

2. 着力构建多元互动的学校文化传播途径

随着当前传播渠道的日益多元，承载学校文化的故事也需要有更多元化的传播途径与平台。

除了以往学校建设的网站以外，我们还建立了“话上小百十华诞”新浪微博平台，每天更新学校的那些人、那些事的动态，将三个“每一个”的文化内涵传播给每一个关心学校发展的人。同时，在各类活动之后，全体师生也利用平台积极发表感想、留言互动。

此外，我们组织教师学习数字故事的设计与制作。数字故事就是用文字、图像、声音、音乐等多媒体元素，创造可视化故事的过程。大家掌握了这项技术后，能聚焦教师们身边的小事，用读书笔记、教学反思及教学心得等方法分享故事。

以校庆年为契机的学校文化建设系列活动，让我们实践了一次以故事为载体的学校文化建设之旅。今后，学校将继续在内涵发展与专业引领两个方面保持优势，不断发展，立志做徐汇区小学教育改革的先行者。

第二节
用故事：教育摆渡中变革思维

上海小学用故事展开学校历史的脉络，用故事丰富学校文化的内涵，用故事承载学生成长的足迹，用故事探索学校文化的实践，构建学校文化的理论体系。而面对变革的当下，不仅学校管理者应从自身的角度出发自上而下地讲好上海小学故事，努力形成故事领导力[1]，也应从百十年历史的积淀中承继龙门精神，续写上小故事，从反思实践型的师资队伍中激发故事思维，倾听他们的故事，通过故事摆渡，唤醒学校变革意识，激发学校改革动力。

一、百年老校的变革命题

进入 21 世纪，学校在历史的承继中紧紧围绕教师教育境界与专业水平的提升，持续开展以校为本的研修活动。自 2013 年以来，学校先后参与了上海市“新优质学校”的创建，上海市“绿色指标”评价研究项目及上海市委托管理项目等重大项目，并积极地在项目研究中实践、在实践变革中思考。

是否百年老校先天就有着勇于变革、敢于创新的基因呢？事实并非如此，甚至恰恰相反。我们的教师群体有这样一些特征：他们对工作认真负责，对自己的专业水平有一定自信，但是当新生事物（如重大的教

---

[1] 张新平、柳世玉：《从领导故事到故事领导——故事时代的校长领导力》，载《中小学管理》2017 年 12 期。

育变革）来临时，初期会有本能的畏难情绪，需要有强大的精神与专业支撑来转变思维。

这样一支有思想、有水平、有个性的教师队伍，用什么唤醒其积极变革的动机，开启其实践创新的行动？这可以说是百年老校的变革命题。

（一）辗转回望，故事原型，寻精彩故事之源头

学校深挖校史，触摸真实细节；组织座谈，收集感人故事；开展历史寻访，回顾学校发展足迹。

在这些活动中，一个个鲜活的人物呼之欲出，一段段感人的成长故事触动心灵。学校开展了"走过百十年 走向'新优质'"的专项校本教研；定期组织教师沙龙，紧紧围绕"学校是什么，教育为什么，规律在哪里？"等教育本原问题开展头脑风暴与研讨；组织拍摄专题影片《共鸣·同梦》，将学校的每一位成员融入学校文化之中。

（二）心灵对话，故事愿景，印学生成长之足迹

学校要培养怎样的学生，上海小学的毕业生形象是什么？

学校的校本课程以小鲤的形象凝练育人目标，细化在各板块的课程目标中。校本课程"我爱上小"让每个孩子爱上了学校。每年年底，学校汇集所有班级的集体照和年度精彩活动的图片编印成年度图鉴，发放给每位学生珍藏。布展班级成长照片带，让每一个在读的学生都可以在此找到自己的身影。

学校还设立学生足迹馆，展示每位毕业生在学校成长过程中所留下的故事：只要走进馆内，就可以看到四周墙壁上挂满了大大小小的相框，相框里装的是应届毕业生在学校留下的足迹和故事。对每一个孩子来说，这是对学校无言的诉说，也是与曾经的自己的对话；对每一个参观者来说，这是情感与情感的触动、心灵与心灵的碰撞；而对学校而言，这里

留下了孩子们的成长足迹，是对每一个孩子的关注和尊重（附录图 18）。

（三）“十大”系列，故事串联，融学校文化之内涵

学校以“故事校园，事事充满真善美；快乐小鲤，人人追求智仁勇”为主题，通过每年开展“感动上小十大故事”系列（十大人物、十大事件、十大足迹、十大瞬间、十大校景）评选活动，形成上小师生故事集，突显文化立校，将学校文化内涵移植其中。例如，“感动上小十大人物”评选活动，学校用整整一年的时间去梳理和遴选。这些故事就发生在校园中，故事主人公涵盖了教师、学生和家长，讲述者们把观众带到了一个个温暖的场景中，迸发出感人的力量。故事承载着学校的文化，它们虽然普通和平凡，但是给上海小学带来了无数感动，让更多的身边故事、感人故事扎根在师生的头脑之中，沉淀在学校的历史之中（附录图 19）。

（四）教育教学，故事摆渡，聚教师文化之核心

学校推进教育改革，将教学故事作为摆渡船，架起教师摸索教学规律与开展教学实践的通途。例如，教师不易理解的“学科教学知识（PCK）”概念，就讲教学案例故事，“错因分析失‘一毫’，改进措施差‘千里’”“要不要一题多解”等几个生动的教学案例，不但有效地使教师聚焦了“什么是 PCK”，更是极有说服力地让教师体会到统领性知识、学情知识、课程知识在教师 PCK 能力提升中的不同作用与重要性。[1][2] 一次次艰难的教学改进与变革，就在这一个个真实、活泼、生动的教学故事中悄悄推进。

---

[1] 毛坚琼：《基于 PCK 提升的校本研修实践研究——以上海市徐汇区上海小学为例》，载何云峰主编《现代基础教育研究（第 38 卷）》，上海教育出版社 2020 年版。

[2] 陈沛琳：《论连环推进式的英语课堂观察组本研修》，载何云峰主编《现代基础教育研究（第 20 卷）》，上海教育出版社 2015 年版。

（五）新兴媒体，故事校园，绘学校文化之未来

蕴含学校精神与文化的故事载体，更需要平台来加以传播。首先，学校精心谋划如何赋予学校文化品位的外部环境，利用楼廊园道，形成具有厚重文化底蕴的校园十大景。其次，学校着力构建多元互动的学校文化传播途径，如新浪微博平台和微信公众号等。最后，学校还广泛组织教师学习数字故事的设计与制作，呈现优秀年级组的故事、最佳师徒的故事、给退休教师特殊的礼物等，通过制作故事、分享故事、激发情感、传递思想，使学校文化获得越来越多的共鸣，从而描绘学校文化的美好未来。

二、故事摆渡，催生变革动力

学校近年来的大量实践让我们认识到，故事有强大的力量来克服困难，实现教育变革的“摆渡”。这里，我先讲一个关于评价变革的小故事。

等第制的故事

2016 学年第一学期的期中阶段，我们实行等第制评价，初步尝试由百分制转化而为“等第 + 评语”。改变之初，教师们颇不以为然，在他们看来百分制虽传统但精确公平易操作，等第制反对“分分计较”的思想虽好，但操作起来却不简单。带着这些保留意见，教师们还是尝试着去做了。这一天，是语文期中阶段练习刚结束的晚上，我就接到了家长的电话，说孩子某同学的期中练习当场被监考老师打了个“D”，孩子五年级手册上的“D”影响太大了！怎么办？

第二天，这个班的语文教师仲老师一听我询问此事，马

上拿出了我们教导处在练习前发给大家的工作提示，一边给我看一边说："校长，这个'D'可不是我打的，这是按照教导处要求，卷面上的'书写与习惯'一栏由监考教师根据练习过程中的实际情况进行评价，所以是当时监考的郑老师打在他卷子上的。"我一听，才明白过来，这个"D"是以往只占卷面5%的书写分。以前对有些习惯差的孩子，确实也存在书写分全被扣完的情况，但在百分制里，这5分往往触及不到家长和孩子的神经。而这次，等第制实践中，我们强调"分项不综合"，在练习卷上，特意将书写分5分调整为"书写与习惯"这一评价项目，并明确规定由监考教师随堂评价。这不就成了家长口中的"当场给孩子打了个D"吗！

"不过这次这个D之后的效果，倒让我出乎意料。"仲老师的自言自语打断了我的沉思。

"为什么呢？"我好奇了。

"这个同学成绩虽然还行，但从低年级开始家长和孩子都不重视学习习惯，平常作业少做的、晚交的情况就不提了，练习、测验更是随随便便，经常左顾右盼，老师批评教育都不听。没想这次，这一档一个'D'，放学来接时，家长就认识到问题的严重性了。"

"那今天数学练习时，这位同学表现怎么样？"

"从来没这么好过！不跟别人说话了，也不东张西望了，简直像换了个人。看来这分项不综合，确实对我们平常一直讲却效果不明显的习惯培养和学习过程有帮助呀！"

"这位同学这练习卷上的这个'D'……"

"只要这位同学在日常能坚持良好书写习惯，保持良好学习态度，学期总评不会是'D'的，'C''B'都有可能呢！"

这个故事太有说服力了，评价的变化在学生与家长中激荡起了波澜，反过来又让教师看到了变革的必要。于是，我在一次教工大会上，把这个故事绘声绘色地讲给全体教师听，借此透视大家正在实施的等第制的每一个细节，更使等第制工作的推进获得了教师的理解。之后，各教研组在教导处的组织下，不但形成了具有上海小学特色的等第制分项诊断书作为成长手册的附件，还积累、构建了等第制评语库。

在变革的大河面前，故事形式的摆渡一旦成功，教师们对变革就会充满期待。难怪这位五年级教师要把下面这个故事作为教研组评优汇报的素材呢！

教研组的故事

在学校中开展研修的最小单位就是教研组，大量的工作都需要教研组长与备课组长创造性地去完成。面对比以往繁重很多的研修任务，组长们免不了有些怨言。我们组织了“故事摆渡，直击心灵；换位思考，和谐发展”的半日“三长”专题培训。[1] 我们先以“指导手册怎么弄？”“课堂观察报告怎么又不写了？”“大奖赛怎样才公平？”三个故事开路，道出学校管理者与组长、组长与组员之间换位思考的重要性。

接着教学教导和“三长”代表分别讲述了他们工作中酸甜苦辣的故事，引发组长们对自己的岗位在学校变革中所发挥作用的深思。最后大家头脑风暴，给出了各自理解的如何更好地完成使命的路线图。

[1] “三长”是指年级组长、教研组长、备课组长。

组长们也有意识地将故事这一载体运用到各自教研（备课）组的建设中。2016学年，根据教学改进与变革的需求，学校新修订了优秀教研组的评选标准，对照标准，各组进行总结评优。怎样总结才能真正调动起教师们对变革的认同，组长们不约而同地都想到了故事。在优秀教研组的评优总结会上，播放数字故事、表演小品故事、制作视频故事、再现花絮故事……一个个在教研过程中发生的故事都被搬上了总结会。看着别组的故事，参与着自己组的故事，无论是会心一笑还是全情投入，教师们都为自己正走在这条教学变革之路上感到欣慰和自豪！

三、故事思维，助力学校变革

学校实践了一次次以故事为载体的学校文化建设之旅，积累了大量的感人故事，形成了来自教师群体的认同感、自豪感和凝聚力。

自2013年以来，学校先后参与了两轮市教委委托管理金山朱行小学的项目及市、区两级的新优质学校集群发展项目。在这些平台上，学校努力将课程与教学改革、学校教育管理与文化建设的实践进行不断的总结与反思，并将之与同行分享交流，从而形成新的智慧结晶。这些思考和总结越深入，学校的经验也越富有灵气，同时帮助学校完成了成长的蜕变。

小学生是指7～11岁的儿童群体，教师队伍又以感性的女性居多，面对这样的群体，用什么来领导学校？通过一系列的实践，我们感到故事思维能有效助力学校的变革。

怎样才能讲好故事呢？我们有以下几点体会：

（1）在工作中要有故事思维，有发现故事的眼睛和头脑；

（2）要让故事感动听众，首要的是保证故事的真实性；

（3）真正能发挥变“推动”为“吸引”作用的故事，必须有情感支撑；

（4）故事需要包装，信息化手段、绘声绘色的演绎能使故事更有吸引力；

（5）选择恰当的时机、恰当的场合，运用恰当的方式，能使故事产生更大作用；

（6）学校管理者不仅可以讲好已经发生的故事，还可以搭建平台，“创造”故事。

让故事汇成学校文化的河流吧！因为故事的背后是形象、是情感、是趣味、是创意、是细节。可以说，故事的教育力量是无穷的。

第三节
创故事：平台传播中同绘愿景

撷取身边点滴，传承上小情怀，以故事为载体，留住并创作闪光的感动。上海小学自2015学年起启动了“情满校园，感动上小”系列活动，设计了“感动人物”“感动事件”“感动足迹”“感动瞬间”“感动校景故事”五个主题项目，一个学年开展一个项目，由“方案策划—内容撰写—多元评选—读本编撰”组成项目实施的保障，具体操作层面又不断推进“找寻—记录—传递—分享—评选—学习”等环节。项目体现着学校的活动要让每位上小人的努力都能被赞美和尊重的理念。当这些赞美与尊重化为感动之时，不仅是一份精神寄托，更是一份专属学校的印记，专属“智、仁、勇”的回忆。

一、明确思路，确立载体

（一）方案策划，由简入深

上海小学历史长河中涌现了无数位让人敬佩的先贤和足以改变或影响学校发展的一些故事。那么进入新时代的上海小学，是否还有那些人物和事件在影响着这所百十年老校的发展？这些问题被抛出后，大家的脑海中霎时间涌现出来许多感动的人物和事件。就这样，我们的思维在碰撞中就产生了“感动上小”系列的五个项目内容，即感动人物、感动事件、感动足迹、感动瞬间、感动校景故事。

在五个项目中：“感动人物”最容易引发师生的共鸣，它成了“感动系列”的首发项；通过“感动事件”的整理，大家可以寻找和了解新时代学校发展变革的过程；学校的发展离不开上小人努力前行的步伐，“感动足迹”顺势而生；让师生捕捉刹那间的故事，记录这永恒的“感动瞬间”；校园的一草一木历经着岁月的流转，让它们来见证那些上小人的故事，就成了“感动校景”故事。

“感动上小”完成一轮要经历五年的时间，每个项目又要历经一年，除了方案撰写，怎么让每一个步骤踏准节拍、精准实施呢？项目团队又出妙招：“动线时间轴”“单项负责人”“阶段性交流”成了每个项目实施的扶手，而五个项目的分时推进又成了“感动上小”系列的活动主线，层层负责，环环相扣，看似漫长的五年，在全体上小人齐心协力之下，设定的目标慢慢地就完成了。

在活动的设计中，我们通过以下环节开展：一是确立项目内容是什么；二是排列项目内容的顺序；三是制订方案，并确保正常开展；四是审视项目怎样符合主流价值观。“感动上小”系列活动应该达成怎样的教育目标，是否能体现出立德树人的要求，是否能把培育和践行社会主义核心价值观始终贯穿于活动之中，引领全体上小人树立正确的道德规范和主流价值准则？答案是肯定的。在“感动上小”系列活动中，每一个项目都是去寻找“智、仁、勇”的印记，在寻找的过程中去感悟、学习、萃取、升华。寻找的过程让浮于表面的文字落了地、扎了根。

（二）故事引领，文化浸润

故事这个古老有效的形式，简单质朴、祛惑存真，既能保留学校的文化，又能广泛流传。学校设定了以故事为载体推进感动系列活动的展开，通过写故事、讲故事、演故事的形式，搭建了系列活动的框架。这些故事细细道出育人的初心，让上小人浸润在校园文化的氛围中。

二、活动开展，深入有效

（一）分层启动，逐级推进

感动系列活动的构想源于一位学生为不增加上学期间车辆造成的拥堵，数年来坚持让父母把车停在远处，然后步行到校的故事。当我声情并茂地叙说此事时，在场的每个人都感受到了这种持之以恒、积小善成大爱的利他美德。之后，学校大队部拿出倡议书，号召全校同学找一找身边的感动人物故事，积极踊跃投稿，我第一个响应倡议签上了自己的名字。同一星期里，党支部、团支部分别开展寻找身边感动人物的专题推进会，老教师讲述自己从教经历中的故事，青年党团员在采访老教师过程中找到了身边的感动人物。学生和教师都行动起来了，作为上小一分子的家长也用行动表现着他们的感动：护校的家长、陪读的家长、积极协助班级活动的家长……大家参与“感动人物”故事的寻找与撰写的热情高涨，活动开展得如火如荼。

有了第一个项目活动推进作为基础，我们认识到，在项目活动实施中，分层启动、有侧重点的推进更能将活动落到实处。

（二）教育合力，乘法效应

多年来，学校已经探索开展了一系列教育活动，有主题月教育活动、爱心义卖、十岁生日、毕业季等。这些教育活动都已经有了一套较为成熟的活动主线，面对新生的感动系列，如何融入原有的教育活动呢？这就需要找到一个合适的切入点。

例如，在爱心义卖活动中设计的善款传递环节，加入时任信息部主管的王伟老师去都江堰北街小学支教的故事，从而引出了两校缔结了长达10年之久的情谊；毕业季里参观足迹馆，又拨动了学生书写自己足迹故事的心弦；一年两次的学校体育运动会上的故事，都是满满的感动；语文月的“书迷小鲤”的特质更是用上了“遨游书海、体验美好、书写感动”……

教育不是絮叨，活动的体验也不是为了走过场，我们把感动系列和原有教育体系有机地进行整合后欣喜地发现，故事对学生的教育更灵动、更活泼、更能春风化雨般发挥实效。

（三）你演我讲，感动分享

就在学生将感动系列与原有活动融合开展的时候，教师这边也结合着各项活动开展感动分享。习近平总书记在第三十个教师节的讲话中，提出“全国广大教师要做有理想信念、有道德情操、有扎实知识、有仁爱之心的好老师”的要求，而学校的感动系列找寻的、叙述的、弘扬的正是这样的人与事。

学校党支部组织开展的青年教师师德演讲比赛与感动系列相结合，青年教师从不同角度、不同方面将自己寻访到的校园感动故事作了生动演讲。尤其是金燕副校长讲述的那几位由上海小学毕业而后再回归母校从教的教师故事，即曾经的少年对教师职业的无限向往，成年后不忘初心实现了梦想。他们深情委婉又朴实无华的语言使听者的心湖荡起涟漪，触发了听者的感动。

不记得从五个感动系列项目的哪个内容开始，在学校的文明组室评比中更多的教师愿意来叙说身边的感动故事，活动中再现的故事让每一个人感悟着教育的魅力。

（四）加强研修，学会创作

学校需要教师能认同学校文化，浸润在学校文化里，以此形成一股合力，助推学校在课程改革中砥砺前行。讲好一个故事，可以赋予事实以温情，易让人产生认同感。而“文化立校，故事校园”校本培训课程（如表2–2所示）旨在运用故事思维，讲学校的故事，悟文化的力量。其中，课程约40课时，总计2个学分，以故事为载体，指导教师的行动，使得全体教师不仅能讲故事和演故事，更会创作故事。

表2–2 “文化立校，故事校园”校本培训课程安排

序号	培训主题	培训形式	课时
1	学习校史故事集《月季盛开》	导读＋自学	10
2	讲座《文化立校，故事校园》	讲座＋互动	3
3	学习《感动上小系列活动——感动人物、感动事件、感动足迹》	讲座＋自学	12
4	“育人故事”征集	征文＋评选	4
5	“育人故事”汇报	展示交流	4
6	讲座《故事思维》	讲座＋互动	3
7	“教研故事”汇报	展示交流	4

我们通过研读校史故事，寻找教育本源，让教师站在百十年厚重的学校文化之上，有发现、有反思、有行动。上海小学的每个师生都能感受到自己是书写历史的一分子。

通过上述校本培训，学校教师逐步认同学校文化的“三个每一个”，将学校的每一个成员融入学校文化之中；通过一个个学校文化的生动故事，激发每一位教师寻找对学校的归属感。

通过培训，教师意识到教师职业不仅是一份工作，更是一种使命与责任；每个教师都应传承学校“诚、敬、勤、精”的教风，弘扬上海小学先贤们甘于奉献的精神，从而形成强烈的职业认同感。

三、立体宣传，评议入心

（一）媒体力量，传播主流

当感动系列活动越来越丰富，当故事撰写者越来越多，故事质量越来越高，我们就想让这些故事背后的精神辐射到更广的范围、感染更多的人。

学校请故事撰写者亲身讲述故事，将故事录制后安排好时间播放。学生则通过学校“悠扬一刻”的午间广播时间，倾听每一个感动故事；学校还通过官方媒体宣传上小的故事……随着感动系列活动的开展，教师从一开始感觉到的难、烦、累变成了主动参加拍摄和编辑，这些改变体现了教师们对主流价值的认同。此外，如果说音频与视频的播放只是常规的媒体手段，那么网络媒体应该就是新媒体的主角，它的优势在于变单向信息传输为双向互动交流，信息很容易被扩散、被传播、被评论。学校立足新媒体传播方式的实时性和便捷性的特点，让更多的人了解学校要弘扬的主流价值，让校园内的感动走向社会，深入人心。

(二) 墙面记录，驻足可视

无论是种植花草树木，还是悬挂图片标语，或是利用墙报，我们都从审美的高度深入规划，以便挖掘其潜移默化的育人功能，这就是环境育人。经过五年时间，感动系列的五大项目已积累了不少耳熟能详的故事，墙面也已成为感动系列故事的宣传阵地。让墙面“开口”，需要全员发动，集思广益，对校园文化进行提升与凝练。因此，一个“感动上小故事墙”的工作群诞生了，其中有善于提炼语言的资深语文教师，有善于美化图片的美术教师，有善于电脑设计的信息教师……大家根据个人专长组成若干工作组、各司其职，只用了一个月的时间就把优选出的感动故事布置上墙了。从此，每一个进入上海小学校园的人都能通过这一面面故事墙了解上小人的“智、仁、勇”精神。

(三) 多元评选，优中选优

从感动人物故事开始到感动校景故事，学校的每次主题征文都会有上百篇的投稿。对一些内容相近的故事，我们先进行一轮筛选，选出更符合要求的约 30 篇故事进入下一轮的评选。接着由德育领导小组成员采用背对背的方式细读故事，再从中选出 20 篇故事进入全校复选环节。最后，我们组织了多种形式的投票。那些感动上小故事被一一选出后，学校进行了隆重的颁奖典礼。我在台上致辞时，听到台下的掌声、欢呼声雷动，心里感慨万千，那是真正属于上小的感动。

四、形成读本，学习传承

(一) 细致加工，图文并茂

故事评选完成后，我们想将故事印制成读本，成为学生身边随时可以翻阅的“小人书”。由于撰写故事的师生语言白话、文笔质朴，读本的设计团队需要将之书面化、文本化，于是他们从文字入手，一字一句斟酌调整，让这些感动故事更加生动，吸引读者。为了让读者更有情景代入感，我们寻找了合适的照片作为插图，让故事图文并茂，更加形象有趣。学生们看到那些熟悉的人与场景，更能产生情感的共鸣。

（二）知行合一，再寻感动

学校每年的开学典礼总会有一个保留项目，那就是当年的“感动上小十大故事集”的授书仪式。仪式上，大队辅导员作为主持人，采访故事集的主人公与撰写者，重温感动背后的故事。当我将由红丝带扎起的故事集递到学生手中时，我希望他们能将这种上海小学的文化和精神传承下去。发布会后，学校根据学生的理解程度分别安排不同年级对读本进行专题学习，学生们看一看故事，说一说体会，议一议行动，最后再找一找身边与之相关的感动故事。“感动上小十大故事集”也成为新教师学习身边师德榜样的读本。年轻教师在交流与体会中，认识到了把平凡的事情做好就是不平凡，表示会以实际行动遵守师德规范。

感动的人物在我们的身边，感动的事件叙述学校的发展，感动的足迹留下成长的印记，感动的瞬间让我们记住刹那的永恒，感动的校景积淀着学校的文化。

九0

第三章

规划引领

课程铺就
学生成长跑道

上海小学的吉祥物是快乐的小鲤。这条朝气蓬勃、积极向上的小鲤鱼是怎么诞生的呢？故事要继续回溯到 2013 年初的那场校庆吉祥物征集活动。

“今年是学校百十年校庆了，我们也应该有一个卡通吉祥物。”

“什么形象好呢？动物？植物？”

“要不让学生来试试设计？这样思路会宽些。”

……

经过行政会的一番讨论后，学校围绕“百十上小，你我快乐乡”这一主题，向三到五年级学生发起了校庆吉祥物征集的倡议。学生们积极报名，充分发挥想象力，设计了形态各异的吉祥物。在为期两周的初选后，51 幅作品进入了复赛。校园里一下子热闹了起来，学生们把展示着 51 幅作品的行知堂大厅围得水泄不通，都争相来看未来的吉祥物长什么样。大队部通过广播对作品进行一一讲解，并让大家为自己心仪的吉祥物投下庄重的一票。

最终，五(1)中队楼嘉欣同学设计的“小鲤”脱颖而出，成为上海小学的吉祥物。

吉祥物“小鲤”的设计寓意着鲤鱼奋发向上、努力拼搏的精神定会让上海小学的毕业生们“鲤鱼跃龙门”的。同时，这个设计也体现了上海小学作为龙门师范附属小学的深厚历史文化底蕴，以及“智、仁、勇”的“龙门精神”。

“小鲤”诞生后，学生们又陆续创作了各有特色的“主题月小鲤”。学校的德育课程也根据小鲤的特质，逐步构建了小鲤德育课程体系。希望上海小学的每一位学生都能像小鲤鱼一样，积极向上，奋勇拼搏，鲤跃龙门！

第一节
育人目标：靶向智仁勇素养

上海小学是上海教育科学研究院普通教育研究所的教育科研实验基地之一，也是上海市新优质学校之一。课程建设是一项复杂的系统工程，涉及学校工作的方方面面，我们构建学校课程的目标是培养“智（善于学习）、仁（诚于做人）、勇（敢于担当）”的上小毕业生。学校构建了由基础型课程和校本课程两个模块组成的学校课程体系。其中，对基础型课程加强校本化的实施，关注学生发展性和创新性能力的培养。我们将学校特色与有关课程进行整合，把限定拓展、自主拓展与探究型课程进行梳理重构，形成了含三大板块的校本课程，即小鲤德育课程、小鲤拓展课程和小鲤探究课程，将“智、仁、勇”品质细化在各板块的课程目标中，以目标为指引，用校本化课程铺就学生成长跑道。

一、育人目标的内涵

正如第一章所述，“智、仁、勇”的培养目标与学校“上达达德、海通通才”的办学理念相契合，是对办学理念的显性化表达。一方面，“智、仁、勇”是“达德”的体现。《礼记·中庸》：“知（通“智”）、仁、勇三者，天下之达德也。”“子曰：知者不惑，仁者不忧，勇者不惧。”另一方面，“智、仁、勇”也对应培养通才的博雅教育中的理智的培养（智）、情感的陶冶（仁）和意志的锻炼（勇）。“智、仁、勇”的三维目标首先是并列的关系，代表我们上海小学知识的教育、情感的教育、意志的教育；同时，这三者又是递进的关系，好学近乎“智”，通过“博学之，审问之，慎思之，明辨之，笃行之”，明了什么是善与不善。而“仁”是守善，守善先要明善，因此“仁”要以“智”为基础，就会对生命有更悲悯的关怀，拥有更坚定的信念，从而引发出真正之“勇”。

二、具体的育人目标

学校培养具有“智（智慧）、仁（仁爱）、勇（勇敢）”品质的快乐学子。

智：善于学习，智者不惑。

仁：诚于做人，仁者不忧。

勇：敢于担当，勇者不惧。

三、育人形象载体

快乐的小鲤是上海小学的吉祥物，也是深入学生心中的卡通形象，集中性体现了“智慧（善于学习）、仁爱（诚于做人）和勇敢（敢于担当）”的品质，同时也契合学校历史上的龙门师范附小（鲤鱼跳龙门）的渊源。

第二节
结构体系：建构“快乐的小鲤”课程

围绕着“立足学校百十年积淀，着眼市、区‘新优质’要求；关注学生身心成长，创造和谐师生关系；追求教学高效丰富，满足学习多样需求”的总体工作思路，上海小学遵循国家课程标准建设特色化的课程体系并研制校本化的课程纲要。

一、课程规划与分析

学校系统规划课程，凸显校本特色。根据新时代的教育要求及学校的培养目标制订课程总目标，即通过三类课程的建设与完善，实现基础型与校本课程的融合，整合校内外资源丰富课程；通过校本研修机制的完善不断提升教师队伍的师德修养与核心能力，建设体现学校办学理念的学校课程体系。

（一）依据：学校课程发展的 SWOT 分析

学校的课程体系基于学校的办学实况，基于“智、仁、勇”的育人目标，也基于对课程发展体系建设的分析（见表 3-1）。

（二）架构：课程结构体系

学校的课程体系基于学校愿景、育人目标和学校使命，主要包含基础型课程和小鲤校本课程两大模块。其中，基础型课程包括学科课程、

表 3-1 学校课程发展的 SWOT 分析

分析的内容	优势（S）	劣势（W）	机会（O）	威胁（T）
学校 课程框架	学校课程按市教委要求开足开齐三类课程。	课程框架不能明晰地体现学校课程特色，校本性不强	学校成为由华师大课程研究所引领的区级课程三年行动计划——“种子学校”的建设基地，为学校重新梳理课程框架提供了良好契机	近年来，其他学校课程建设的速度快、质量高，不少学校搭建了清晰的课程框架，同时形成了自己的课程特色
学校 课程管理	学校愿景——“三个每一个”在本校师生中认同度高，学校专设了课程领导小组，统领学校的课程建设	学校各部门管理课程的职责有待进一步明确，课程的精细化管理落实有待进一步提升	以撰写和修订《学期课程纲要》和《教学指导手册》为抓手，落实基于课程标准的教学与评价；通过项目的实施完善学校课程的管理	中层干部新老交替，管理机构设置迎来新的调整，需要磨合与沟通
教师 课程执行	师资队伍结构合理，教师普遍专业素养高，教师群体对课程理念认可度高，在课堂中实践的意愿较为强烈	针对教师开展的“课程”专题培训还跟不上教师课程执行的速度，部分教师主动开发课程的意愿不强烈	学校拟通过科研课题研究、项目引领，来提高教师的课程意识，强化教师的课程执行力，激发教师主动开发课程的主动性	教师职业的特殊性，易引起中老年教师的职业倦怠，特别缺少课程创新等方面的动力
学生 课程需求	学校开设的各类课程较丰富，学生的学习兴趣浓厚，活动能力强；基础型课程各学科发展均衡	学生的学习习惯、学习能力差异较大；课程设置的体验性和个性化不强	基于课程标准的教学的提出，课程更要关注教学评的一致性；课程设置将更关注和满足学生个性化成长的需求	中、高年段区、校级学业能力诊断等压力，信息渠道的扩展带来多元化的价值观与传统的书本传授知识的冲突
学校 课程资源	社会提供的课程资源日益丰富，学校周边的课程资源较好，家长资源也可利用	社会基地收费对课程资源的开发起了一定的阻碍作用，对课程师资也缺乏规范的要求	共建单位可提供课程资源支持，有大批家长志愿者愿意加入课程的建设中	课程的开发面临内容重复以及特色不鲜明等问题；课程资源的利用会受时间、空间、经费等因素的限制

学习准备期课程两个子模块，校本课程包括小鲤德育课程、小鲤拓展课程和小鲤探究课程三个子模块。学科的课程体系如图 3-1 所示。

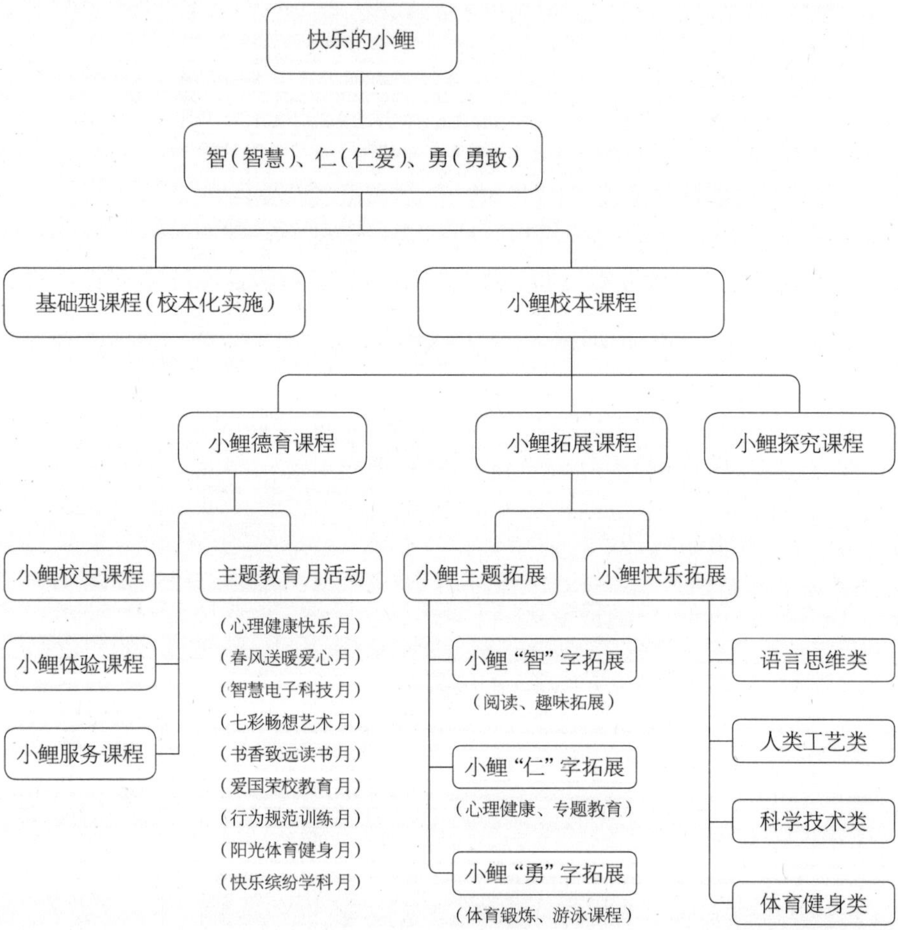

图 3-1 上海小学课程结构体系

二、基础型课程内容

（一）基础型课程课时安排

如表3-2所示，上海小学一至五年级每周分别安排了33～34节课时。

表3-2　上海小学一至五年级基础型课程周课时安排表（单位：节）

课程、科目 \ 周课时 \ 年级		一	二	三	四	五
基础型课程	语文	9	9	6	6	6
	数学	3	4	4	5	5
	外语	2	2	4	5	5
	自然	2	2	2	2	2
	品德与社会	2	2	2	3	3
	唱游 / 音乐	2/	2/	/2	/2	/2
	美术	2	2	2	1	1
	体育与健身	4	4	4	3	3
	信息科技	/	/	2	/	/
	劳动技术	/	/	/	1	1
	周课时数	26	27	28	28	28
周课时总量		33	33	34	34	34

（二）学习准备期课程

为切实减轻小学生的学业负担，市教委在2013年下发了《上海市教育委员会关于小学阶段实施基于课程标准的教学与评价工作的意见》。学校以此作为推进课改的契机，以落实减负增效为目标，从教学研究和作业优化等方面深化改革，以教学评一致为中心，构建和谐师生关系，提高教育教学质量，提高基础型课程校本化实施的质量。其中，经过多年的实践和完善，学校的一年级学习准备期课程体现了学校特色，促进了校本课程的构建。

上海二期课改的课程以“学生发展为本”为基本理念，坚持全体学生的全面发展，关注学生个性的健康发展和可持续发展。新课程背景下实施的学习准备期教学活动，是为了解决如何让一年级新生顺利适应新的学习生活的问题，即消除因幼儿园与小学两个连续而不同的教育阶段的差异所导致的幼儿在接受小学教育时产生的心理适应障碍。这种心理适应障碍就是所谓的“陡坎效应”，而学习准备期教学活动的目的就是将“陡坎效应”变为平滑斜面式的“坡度连接”。[1]

在基于课程标准的教学与评价要求下，为培养一年级学生养成良好的学习兴趣和习惯、基本的行为规范、健康的心理和人际关系，学校围绕“学习兴趣培养”“学习习惯和行为习惯养成”“师生情感交流”三个要素构建一年级学习准备期的校本化课程。2011年，学校申请获批了“小学‘学习准备期’学校课程实施策略的研究”的研究课题，后经3年的打磨与实践，于2014年顺利结题，项目成果被评为徐汇区科研成果三等奖、中国创造学会首届创造教育研究成果二等奖。

学习准备期课程包括基础型课程、拓展型课程、环境课程和学习评

---

[1] 毛坚琼：《小学“学习准备期”学校课程实施的实践与探索》，载陆建非主编《现代基础教育研究（第20卷）》，上海教育出版社2011年版。

价。课程营造了快乐、健康的学习氛围，帮助孩子们从零起点起步，顺利地完成从幼儿园到小学的过渡。课程结构如图 3-2 所示。

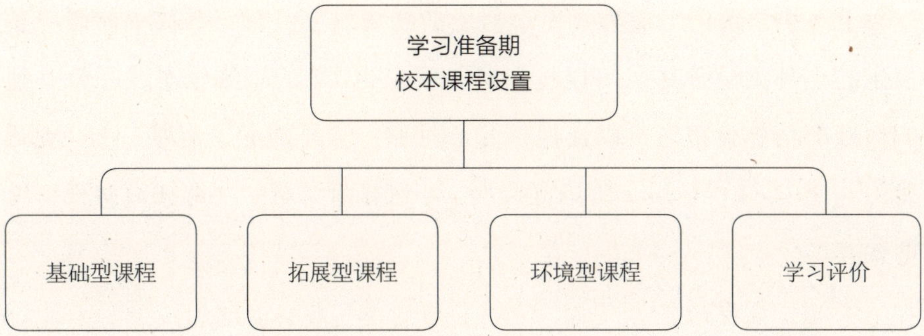

图 3-2 学习准备期校本课程设置

为了培养学生的兴趣和习惯，提高他们主动学习的意识，在基础型课程的校本化实施过程中，学校强调学习习惯和兴趣的培养，主要推进的是《学期课程纲要》中“兴趣和习惯”的评价工作，以评价先行带动课程的实施。另外，在开学第一课——课程纲要分享课中，教师以一年级学生能理解的方式向他们诠释学习兴趣和习惯的培养要求。

学习准备期的孩子首先遇到的问题是环境适应问题，也就是要学会如何与老师、同伴、家长相处和沟通。为了帮助学生建立良好的人际关系，开启快乐学习的源泉，学校针对一年级学生的心理特点，以学校生活的适应性为关注点，在拓展课程中设计了综合活动、专题教育、校本课程等一系列内容。

温情的环境课程为学生带来浸润式体验，助推、呵护孩子美好的憧憬。环境课程没有教材，也没有授课者，而是依托于环境的巧妙设置达到教育目标，内容主要分为精彩体验、环境识字、习惯养成三个模块，像这样的隐性课程也是学校一直在研究和实践的。

三、小鲤校本课程内容

上海小学致力于成为学生学习生活的快乐乡，每一个孩子就像一条快乐的小鲤鱼畅游其中，“以校为基，以生为本”的小鲤校本课程就是他们最好的精神食粮，可以让他们身心健康，快乐成长，有朝一日“鲤跃龙门”。校本课程包括小鲤德育课程、小鲤拓展课程、小鲤探究课程三类课程。

（一）小鲤德育课程

小鲤德育课程围绕争做“智、仁、勇”的快乐小鲤为主要内容，分为五大模块：小鲤校史课程、小鲤体验课程、小鲤服务课程、小鲤主题月教育活动和感动上小系列故事。具体安排如表 3-3 所示。

（二）小鲤拓展课程

小鲤拓展课程包含小鲤主题拓展（限定性）和小鲤快乐拓展（自主性）两部分课程。学校进行了深入的调研，了解了学生感兴趣的课程、教师的专长、家长的意见后，组建了拓展型课程管理小组，由该小组整体设计校本课程。经过多年的实践，学校全体教师通过科目设计撰写的培训，均能开发设计 1 至 2 门课程。学校再根据学生自主选择的情况，开设学生喜爱的优质课程，并经常更换，保持常有常新，不断打造特色课程。主题拓展则更注重拓展学生的学习时空，校内外相结合，让学生在体验与服务中成长。

1. 小鲤主题拓展课程

在基础型课程的基础上，学校开发和建设有学校特色、适合学生年龄特点的校本拓展课程（如表 3-4 所示），为学生提供丰富多样的课程资

表 3-3 小鲤德育课程方案

课程模块	课程目标	课程内容	课时
小鲤校史课程	了解学校，对自己是上小学子感到骄傲，对学校有认同感、归属感	•《我爱上小》校本教材 • 闵行烈士陵园——祭扫校友曹仁寿墓 • 参观校友秦怡艺术馆	32 课时
小鲤体验课程	在体验中提高学生善于反思、自我教育、自我管理的能力，从而找到自我发展的舞台，形成自觉成长的意识	• 入学仪式 • 参观儿童博物馆 • 参观消防队 • 庆祝十岁生日 • 参观民防博物馆 • 亲子定向越野 • 毕业典礼	32 课时
小鲤服务课程	感受每个人都是社会人，是社会正能量的主体，在服务中了解责任与担当	• 校园内外清洁 • 小手互牵混龄活动 • 上海日本人学校互访 • 长桥社区服务 • 长桥地区幼儿园服务 • 长桥地区敬老院服务	32 课时
小鲤主题月教育活动	在活动中以学科拓展的形式，引导学生以专属小鲤特质为目标，努力提高自身能力，获得丰富体验。以争章形式，引导学生形成正确情感态度、价值取向和行为方式	• 一、二月份心理健康快乐月 • 三月份春风送暖爱心月 • 四月份智慧电子科技月 • 五月份七彩畅想艺术月 • 六月份书香致远读书月 • 九月份爱国荣校教育月 • 十月份行为规范训练月 • 十一月份阳光体育健身月 • 十二月份快乐缤纷学科月	班队会
感动上小系列故事	在学生中营造学习榜样、寻找榜样、争做榜样的氛围，将社会主义核心价值观的践行落实到学生心里	• 感动上小十大人物故事集 • 感动上小十大事件故事集 • 感动上小十大足迹故事集 • 感动上小十大瞬间故事集 • 感动上小十大校景故事集	20 课时（午会）

表 3-4 小鲤主题拓展课程

小鲤“智”字拓展	听音说话（一年级）
	看图写话（二年级）
	语文综合学习（三至五年级）
	趣味拓展（一年级）
小鲤“仁”字拓展	心理健康辅导（四年级） 注：双周一节
小鲤“勇”字拓展	体育活动 / 体锻课（一至五年级） 注：一周两节

表 3-5 小鲤快乐拓展课程科目内容（部分）

语言思维类	小鲤鱼记者团、小豆芽读书俱乐部、课本剧、小小主持人、沪语童谣、儿童 TED、批判性思维、音标阅读、绘本阅读、成语故事、动漫《三国演义》、思维训练等
人文工艺类	布艺、剪纸、绒线编织、超轻土泥塑、衍纸画 有趣的集邮、绘画与速写、折纸、少儿茶艺、烘焙 园艺插花、饰品 DIY、合唱、刮蜡画、十字绣、趣味三角插、旅游地理等
科学技术类	电子百拼、乐高拼搭、七巧板、航模制作、科学实验、数码摄影、小小摄像师、3D 打印等
体育健身类	足球、排球、篮球、国际象棋、空手道、乒乓、花式跳绳、瑜伽、飞镖、弄堂游戏、快乐橡皮筋、围棋、国际跳棋、桥牌、五子棋、心理团队游戏等

源，促进学生多元学习能力的增强。

2. 小鲤快乐拓展课程

学校根据学生的年龄特点及不同爱好、特长，利用教材以外的资源开设了50余门自主拓展课程，主要分为语言思维、人文工艺、科学技术和体育健身四大类，学期应修满16课时。学生能根据自己的兴趣与爱好，通过网上选课平台自主报名后进行走班学习。拓展课程如表3-5所示。

（三）小鲤探究课程

探究型课程是学生在教师指导下，学生结合自己的实践经验，运用探究性学习方式，发现和提出问题、探究和解决问题的一门课程。学校立足改变学生的学习方式、丰富学生的学习资源、拓展学生的学习时空、培养学生的团队精神、转变教师的教学行为的课程理念，以“主题实践性”为宗旨，结合学校的育人目标设定本课程目标，将培养善于学习、乐于分享、勇于探索的品质融于年段目标中。以运用上海科技教育出版社《小学生探究型课程学习包》教材为主，在校园生活、艺术、乡土、环保等主题中，教师用游戏活动、社会调查、主题活动、单项能力训练及社会实践等组织形式辅助学生进行探究。中高年级还以项目化学习为载体，结合学校活动进行主题探究式学习，教学中倡导自主探究、实践体验和合作交流的学习方式，学生在观察、调查、收集资料、实验、考察、设计、制作、角色扮演等活动中发现和提出问题，并通过自主研究体验解决问题。如表3-6和表3-7所示。

当然，在探究课的实际开展过程中，探究型课程内容主要是预设的主题探究活动，在探究过程中教师可根据学生的关注焦点与兴趣导向生成新的活动。

表 3-6　低年级探究型课程内容

探究能力	探究活动示例	
观察	身边的安全标志	玩具天地
	手的游戏	变色的水果
	身边的小动物	小球蹦蹦跳
	我的朋友——书包——结构、功能	太阳的变化
设计	设计校园安全标志	形形色色的概念汽车
	让小猪的房子更安全	给书包“减肥”
实验	我让水果不变色	《和太阳做游戏》单元
	小球蹦蹦跳——看谁弹得高	十万个为什么（动物篇）
	紫甘蓝的“魔法”	生活中的塑料
	有趣的水滴	奇妙的鸡蛋
调查访问	爸爸妈妈小时候的玩具	我们爱运动
	同学们喜欢的文具盒	生活中的饮料——哪些饮料受欢迎
收集信息	保护我们的牙齿	太阳的信息
	动物的本领多	认识我喜欢的鱼
	集邮启蒙	饮料与健康
	美丽的地方	认识身边的安全标志
制作	蜻蜓平衡玩具	谁的小车跑得快
	降落伞	邮票设计
	有趣的水滴画	生活中的饮料——超级变变变
展示交流	《形形色色的汽车》单元	收集邮票乐趣多
表演	保护我们的牙齿	演演小动物
	鱼儿鱼儿水中游	手影游戏
绘画	手的游戏——手指画	“魔法”绘画
问题解决	小猪盖房子的故事	我的朋友——书包——设计
	保护我们的牙齿	适合的旅游鞋
比较	小猪怎样盖房子	鞋底的秘密
	比较手的大小	花的世界
	比书包	\

表 3-7　高年级探究型课程内容与项目化学习内容

探究能力	探究活动示例	
观察	植物园里乐陶陶	过年的美食
	石头知多少	东方绿洲地形
	危险我知晓	探访昆虫世界
设计	★爱心义卖海报	社区公告栏
	美丽的风筝	节电小贴士
	环保月饼盒	★校园小导游图
实践	纸天地	漫游石头王国
	放风筝	东方绿洲游
	特色街游记	★校园小导游解说
表演	特色街导游	
调查	用眼习惯小调查	年货的过去和现在
	社区我的家	通信方式的演变
	不一样的新年习俗	
交流讨论	放学路上保平安	珍惜我们的眼睛
	通信方式的特点	★爱心义卖流程
	风筝交流会	校园警示语
	家庭节电小贴士	★校园参观点解说
绘画	卡通片之最爱	节电小贴士
	自己动手画风筝	昆虫宣传画
制作	沙槌的制作	环保月饼盒
收集信息	食物营养小专家	奇妙的植物世界
	沙漠动物的本领	古代近代现代通信方式
	关注缺电	\

备注：表中带“★”的内容是根据学校活动自主设计的项目化学习。

第三节
实施推进：紧贴校本化落实

一、课程实施与管理

（一）快乐小鲤基础型课程的实施和管理

1. 基础型课程实施说明

基础型课程实施中严格执行市教委课程标准、课程计划、基于课程标准的教学与评价及等第制评价等相关规定，结合校情、教情、学情，将基础型课程进行校本化实施。

2. 课程管理说明

（1）学科知识体系梳理

学校在徐汇区“基于课程标准的教学与评价”研究的引领下，结合统编教材新要求、各学科的学习基本要求与《徐汇区小学生学习规范实施指导意见》，以培养学生核心素养为重点，研磨纲要和手册，构建单元整体思维。

学校作为徐汇区攻坚实验校之一，在音乐、道法、体育三门学科中，深入学习区“1 号工程”精神和统编教材新要求，把握学科核心素养，着力于国家课程的校本化实施，努力通过对课程标准、学习基本要求的探究与解读，找到校本化实施的最佳途径与方法。

语文学科根据统编教材要求，以编制纲要、手册为抓手对教材进行二度开发，从契合校情、生情角度，找到最好的结合点和实施办法，提高课程教学的学校适应度，结合学校实际、学生的学习基础及学科特点，提高教师教学和学生学习的有效性。

学校提炼了具有校本特色的实践案例，在教学中落实学习规范要求。加强对《徐汇区小学生学习规范实施指导意见》的学习，通过教研活动，教师对本学科的学生学习规范有了清晰的了解。各学科结合年级、班级和学科特点在全面实施培养学生良好学习习惯的同时，重点培养2至3个学习习惯，结合学习基础素养一级课堂建设，将班级要共同遵守的好习惯布置在教室醒目位置，力求收到实效。

（2）从教到学的课堂转型

学校聚焦“高品质优化基于核心素养的区域课改实践体系”的研究，开展“学习基础素养项目”之项目化学习设计的研修活动，进一步探索从教到学的课堂转型。

学校探索以学习为中心视角的课堂观察，促进从教到学的课堂转型，让学生成为学习的主体。关注两个“力”——教师执行力和学生学习力。这要求教师细化课程标准与学习要求，按照学校教学评的一致性要求进行单元指导手册的撰写或修改，将学期课程大纲细化、落实到单元之中，通过项目化学习优化教学环节的设计，改变学生的学习方式，给学生更多发现、思考、探索、想象、创造的时间和空间，使学生能在教师的启发引导下带着兴趣参与学习过程，完成学习任务，使学生在课堂上更主动地参与同伴间的合作和探究，促进学生的全面发展。

在学科课堂教学评价中，我们强调目标指向性的设计，要充分发挥教学评价的激励、诊断和导向功能，促进学生积极有效地学习，促进教师教学反思及专业发展。

学校除了建设语文、数学、英语评语库，在综合学科中也尝试评语库的设计与实施，让学生全面了解自己的学习情况，并制订适合自己的学习计划。教师也可以根据学生的不同学习情况进行分层指导。

（二）快乐小鲤校本课程的实施和管理

1. 校本课程实施说明

校本课程是彰显学校办学理念、课程特色的关键部分。学校在原有课程的基础上，结合学区化办学的新理念，在充分展现多元化的拓展型课程的同时，要求彰显学校的办学特色与品牌课程，通过区域共享、学区交流等形式进行辐射。

（1）小鲤德育课程的实施。小鲤德育课程分为小鲤校史课程、小鲤体验课程、小鲤服务课程、小鲤主题月教育活动、感动上小系列故事五大板块。学校将前三个板块固定在每周二下午快乐活动日中开展，小鲤主题月教育活动则根据每个月不同的主题安排开展相应的活动。

根据各年段体验活动需达成的目标与社会服务点的实际情况，以年级或班级为单位做好相应安排。每学期初，教导处统筹安排全校各年级的活动时间，同时在午会课中开展校史课程的学习。

学期末，学校对体验、服务课程实践点进行评估，阶段性动态调整课程内容。学校每年安排12个主题活动月，每个主题月有主打的小鲤吉祥物以配合活动的推进。

（2）小鲤快乐拓展的实施。小鲤快乐拓展也固定在每周二下午快乐活动日中开展。学校开设了50多门校本拓展课程，课程包含长课程（16课时）、短课程（8课时）两种不同的课时。在实施过程中，学校不断开发新课程，鼓励家长参与拓展型课程，在家长中征集课程志愿者和拓展课程资源，同时与社区携手，吸引专业人士加入其中，让课程更丰富也更具有专业性。此外，我们注重过程性的课程管理：首先，授课教师需撰写科目设计；其次，通过网络提交课程简介，申请开课；再次，由拓展课程领导小组审核科目设计，确定开设哪些课程；最后，学生网络选课，自主报名，上课形式为走班制。期末学校会进行课程实施情况调研，根据受学生欢迎程度来调整课程。表3-8是2018学年上海小学自主拓展

表 3-8　小鲤快乐拓展课程设置表（2018 学年）

课程名称	课程类型	课程分类	课程名称	课程类型	课程分类
钉纽扣	短课程 8课时	人文与艺术	电子通	短课程 8课时	科学与技术
神奇剪纸			模型		
彩铅画			电子百拼		
钻石贴画			趣味三角插	长课程 16课时	
超轻土泥塑	长课程 16课时		生活小达人		
打击乐配器			数码摄影		
古韵吟唱			少儿理财		
沪语童谣			生物百项		
集邮行天下			计算机 3D 模型的设计与打印		
合唱二队			民间游戏	短课程 8课时	体育与健康
主持与表演			五子棋		
创意瓦楞纸			定向越野		
合唱一队			趣味飞镖		
花样编织			中国象棋	长课程 16课时	
旅游地理			国际跳棋		
魅力衍纸			国际象棋		
人文之旅			围棋		
少儿茶艺			旋风篮球（低年级）		
丝线绣童梦			足球基础班		
绘画与速写			国际标准舞		
生活艺术书法			排球		
我是小小社会人			乒乓		
英语话剧表演	长课程 16课时	语言与思维	空手道		
英语文化阅读与体验			旋风篮球		
小鲤鱼记者团			足球竞赛班		
主题式剪报					
英语口语 1					
英语口语 2					

型课程设置情况。

小鲤主题拓展的内容被编入课表。“智”字拓展课程由相应年级的语文、数学老师授课，每周1课时。“仁”字拓展课程每日安排20分钟的专题教育学习时间，确保学习有主题、有内容，将专题教育落到实处。此外，四年级还开设心理健康教育课，每班每两周1课时。“勇”字拓展课程的体育锻炼类及游泳课程每周2课时，并通过学生体质健康测试的达标率来检测学生的锻炼成果。

2. 课程管理说明

学校全面规划学生拓展课程的实施，强调学生是课程活动的主体。建立拓展课程的开设机制，成立拓展型课程学校核心备课组。所有拓展课授课教师须制订完整的课程方案，课程方案应包括课程名称、课程目标、课程内容、课程计划、评价方式及课时要求等，并做好拓展型课程开课前的准备工作。

（1）成立拓展核心备课组，明确任务提升管理

学校成立了拓展核心备课组，组长在学校教学领导小组的指导下，负责拓展型课程组的各项工作；下设四位组员，分别负责语言思维类、人文工艺类、科学技术类、体育健身类相应科目的实施。同时，为提升相关教师的学科引领能力，学校组织相关教师参加区级研修活动，并通过开展校级研修活动提高课程开展的质量。组长每学年需对自己所承担的科目进行调整与完善，成为科目设计范例，继而指导本组教师修改科目设计。

（2）强化过程管理分类，规范拓展型课程

学校针对不同类型的拓展型课程，进行不同的过程性管理。例如，限定拓展型课程管理在充分考虑课程特色和学生发展需求的前提下，以年级组为单位组织编写教案，教导处在课程实施中进行巡视检查，并配合相应的激励机制。非限定拓展型课程中，鼓励教师发挥特长自主开发

课程，充分发挥核心备课组的力量，集体完善与修改，并在实施中不断调整改进。对于优势课程，强调开发课程资源中的规划和引导，在凸显学校特色的基础上，更要思考课程的可持续性发展。

（三）快乐小鲤探究型课程的实施和管理

1. 探究课程实施说明

课时安排：每周1课时，根据本课程的特点，还可适当利用部分课外时间。

教师设置：一、三、四、五年级由语文教师兼职任教，二年级由英语教师兼职任教，结合探究学习包和学校主题教育内容，规范并落实探究型课程。

课程实施要求：以问题为中心，在实践过程中，着重培养学生发现问题、应用知识解决问题的能力，激发学生的创造能力，培养学生广泛的兴趣爱好。让学生通过实践活动和亲身体验，初步感知和学会科学研究的基本过程，掌握提出问题和研究问题的一般方法；初步培养学生的探究意识和实践能力，养成良好的科学态度。

2. 课程管理说明

（1）成立核心备课组，加强课程建设

学校成立了探究型课程核心备课组，积极开展探究课程的研修活动，组织核心组教师研读《探究型课程指南》并开展研究课，通过落实课程的学习规范，切实提高学校探究课程教学水平。

（2）树立课程意识，完善单元设计

学校树立了牢固的课程意识，探究课教师做到专课专用，并且根据学校总体目标和课程实施方案，结合探究课程特点和各年龄段学生特点来制订《学期课程纲要》，明确各主题单元的学习计划。

(3)加强学习方式培养，注重过程评价

学校注重对学生的探究型学习进行多样化的评价，充分体现学生的主体作用，注意过程性评价，坚持激励性评价，关注差异性评价，关注个性特色评价。也就是说，我们的评价既关注结果，更注重学生的成长过程，充分利用学生的作品、作业、经历和活动记录进行评价。

二、课程的评价机制

(一)基础型课程(校本化实施)的评价机制

学校扎实抓好教学五环节，教师明确教学的重点、难点及其对策，设计不同的评价方式，及时审视与修正教学中的困惑与感悟，提高各备课组集体备课的质量，关注每一个学生学业发展。

1. 对学生学习评价

(1)等第制评价四个“对接”：对接《学期课程纲要》；对接《单元教学指导手册》；对接《成长记录册》；对接课堂教学。

(2)关注过程性评价，构建评语库。纸笔检测不再作为对学生进行评价的唯一依据，学校研制了《学科分项诊断书》，以活页诊断书的形式依据评价的三个维度将学生期中或者期末的学业成果、学习习惯、学习兴趣以等第制的形式对学生进行综合评价。

(3)记录成长足迹，成长档案袋是对《学生成长记录手册》的补充和细化。备课组根据学期课程纲要中的“评价部分”完成成长档案袋中的“项目书”和“成果卡”的制订，随后根据计划分阶段评价学生的学习情况。

成长档案袋评价是基于培育学科素养的过程性评价。在语、数、英三门学科学生成果卡设立的基础上，我们逐步增加美术、音乐等学科，最终完成了全学科全年段的成果卡。教师通过学生作品的展示与评价，从学习兴趣、学习态度、学习能力等几个方面对学生进行激励性评价，以有效促进学生学科素养的协调发展。

（4）减负增效多元评价，不断创新评价模式。一年级学生在第一学期末以开心乐园的形式展开评价，备课组根据学生应该形成的学科素养来设计项目相关内容，在游园互动过程中呈现学生的学业收获。第二学期末，我们引入第三方的教育专业评估机构进行有针对性的学业测试，评价学生一年来的学习状况。学生使用平板电脑，通过玩一玩、学一学、练一练的方式进行现场测试，最后评价机构为每位参加测试的学生提供一份学科评价报告，从中可以全面了解学生的学习状况。

学校的英语情境中心为学生提供了英语交际的实际情境，激发了学生对英语的学习兴趣。我们以牛津上海版英语教材提供的基本语言材料为基础，结合学生的学情，尝试利用现代信息技术真实记录学生朗读、说话方面的情况，并力求运用口语评测系统，通过语音互动点评、数字银行积分等方式激发学生听、说、读的兴趣。教师尝试利用电子档案袋评价系统，实现对学生学习情况的动态把握。

2. 对教师教学评价

对教师的教学评价由课堂教学评价和教学质量评价两个方面组成。教师结合“四课制”进行课堂教学展示，并由教导处和教研组给予评价。学期结束，由教导处统筹安排，对学科进行质量监测，语文、数学、英语学科通过期末考试、考查及阶段练习反馈教学质量，综合学科通过知识和技能抽样监控反馈教学质量。

（二）校本课程的评价机制

1. 小鲤德育课程

学校针对小鲤校史课程、小鲤体验课程和小鲤服务课程三类德育课程，利用各类评价载体开展相应的评价，如表 3-9 所示。

表 3-9　小鲤德育课程评价方式

评价载体	评价方式
学生成长记录册	每学期进行一次互动评价，学生分析自己的优点和不足，得出自我的总体评价
小鲤德育活动手册	根据相应活动内容完成活动手册记录，教师予以评价
每月一星评选	每个主题月教育活动设立“每月一星”的称号，根据当月活动设计不同的评价要求，以“每月一星”宣传卡展示的方式表彰
志愿者服务记录册	根据不同的志愿者服务内容以“特色章”的形式签发
学生足迹馆	五年级学生在第二学期对所经历的德育活动与小学五年的学习生活，做出自我总结与评价，以实物图文相结合的方式进行展馆布置
班级星星榜	设置 10 项行规项目，根据学生日常行规表现，由教师进行即时评价，每月统计一次，所获星星最多的学生，可以获邀与校长共进午餐

2. 小鲤拓展课程

（1）对学生学习评价

小鲤拓展课程的评价为过程性评价，包含作品展示、文艺汇演等方式。教师可以利用学生自评、互评、教师评等多种方式调动学生学习的积极性。部分课程可以与主题月教育活动相结合，开展小报评比、网络知识竞赛等生动有趣的评价方式。

（2）对教师教学评价

学校通过课堂巡视、学期抽查、问卷调查、学生座谈等，采取过程评价与终结评价相结合、自我评价与他人评价相结合的方式，对教师实施课程的态度与能力进行综合评价。

（三）探究课程的评价机制

小鲤探究课程的评价体现了学生探究的过程评价，采用成果卡记录学生探究内容或结果，最后纳入学生成长档案袋。

三、课程的组织与保障

（一）组织领导保障

1. 设立学校课程管理小组，由校长担任组长，领导学校课程的管理。

2. 基础型课程的统整与实施由教导处组织管理，各教研组负责落实与实施。

3. 校本课程以分管领导为组长，教研（备课）组长为组员，负责课程的审核与巡视，并以项目引领课程的开发工作，探索形成课程开发激励机制。

4. 成立专项教学管理小组，通过“基于课程标准的教学与评价”项目的推进，实施专项教学管理工作方案，有效落实等第制评价的工作，完善学校学科评价管理机制。

（二）课程资源建设保障

学校根据三类不同课程的功能与定位继续开展课程资源建设项目，以实现课程的丰富性与多样性，充分保障课程实施的有效与高效。

1. 依托专家教研团队。在基础型课程资源建设中，注重课程软实力的提升，邀请市、区教研员及专家，定期指导课程实施。

2. 选择引进优质课程。在拓展型课程资源建设中，结合学区化办学的思考，根据时代需求和学生发展需求选择并引进优质课程，提升拓展型课程内涵与品质。

3. 编制校本课程读本。学校结合办学理念与课程目标，开发、编写适合本校学生发展的校本课程读本，开展课堂实践，凸显校本特色。

4. 聘请校外志愿者教师。在结合快乐活动日、学校少年宫和“快乐30分”项目中，系统思考课程资源建设，聘请校外志愿者教师共同参与课程实施，如学校少工委、家长志愿者、社区志愿者和热心公益人士等。

（三）教师培训保障

1. 学校聚焦“高品质优化基于核心素养的区域课改实践体系”的课题研究，开展主题研讨活动，探索“以学习为中心”的课堂观察，促进从教到学的课堂转型，提升教师专业发展。

2. 以撰写、修订《学期课程纲要》和《教学指导手册》为抓手，落实基于课程标准的教学与评价。

3. 以“3-3”专项管理模式为抓手，从教师的实际需求、学校的实际工作出发，以科研促专业发展，达成教学评的一致性。

4. 以“1号工程”和“项目化学习”为抓手，阶段性组织全校开展跨学科的组际研修活动，推广不同学科和学段教师的教学经验、靶向课堂教学的关键点。

第四章

培根铸魂

全面建构
学科育德体系

叮咚、叮咚……我的手机微信不停地响起来。

“这一稿的《感动事件》还需要校对一次，大家看怎么分工？”

“还在爱尔兰的同志即将回归祖国母亲的怀抱！”

“@毛毛 我可以参与。西班牙刚有枪击事件，就在我住的不远处……”

“@Eva 注意安全哦！ @毛毛 我在国外，可以负责部分故事的校对。”

“法国的随时等候任务，大家要保重。”

……

这个热闹的群是学校行政班子的群，我给它起的群名叫“上小智库”，我希望群里的每一位中层干部在做好本职工作的同时，都能成为学校某一方面事务的专家，能在群里为学校发展出谋划策。

2019 年暑假，为了编辑好一开学就要用的《感动上小十大事件故事集》，我们持续多日地在群里与华东理工大学出版社的编辑们一起讨论，仿佛大家现场围着圆桌、看着样稿那般真切。而此时我们的副校长在英国，德育教导在法国，教学教导在美国，大队辅导员在西班牙，但微信沟通使我们的“国际会议”同样实现了高效和顺畅。每一位成员都期待看到《感动上小十大事件故事集》的成品呢！

像“上小智库”一样的工作群在上海小学还有很多，为了落实立德树人的根本任务，我们着力探索“同场域、同频率、同成长”的“新三同”工作法，制度化协调各种育人队伍形成育人共同体，进入学生发展的最近场域，就地开展德育工作，营造校内“三全育人”微型生态圈，推动学校重组育人资源、下沉育人力量、优化育人体系，不断提升新时代学校德育的针对性和有效性。

第一节
文道合一：学科中的育德内容开发

一、学科育德下的小鲤德育课程

小鲤德育课程体系如图 4-1 所示。

（一）校史、体验与服务课程

1.《小鲤德育课程活动手册》

目前，基础型课程的教学评一致性体现在《教学指导手册》《学生成长手册》等。为了让小鲤德育课程也能达成实施与评价的一致性，学校以区级课题为抓手，组织道德与法治组教师研发小鲤德育课程的成长档案袋，最终形成了《小鲤德育课程活动手册》（以下简称《手册》）。《手册》的内容主要包括小鲤德育课程体系中的校史课程、体验课程、服务课程。《手册》的主题主要包括自我成长、学会感恩、热爱校园、展望未来等。《手册》既贯穿了学生的小学生涯，记录上小学子的成长足迹，又是教师实施课程的有利帮手，帮助教师引导学生在活动中深度体验，在体验历练中形成品质，在历练中塑造上小学子“智、仁、勇”的品质，使学生在校园文化的浸润与传承中真正养成核心素养。

2. 小鲤德育课程活动案例

综上可知，小鲤德育课程体系由《小鲤德育课程活动手册》为导引材料，能够促进德育课程的显性化，便于归纳梳理与评价。而在细化落实中，校史课程又通过午会课来展现，体验课程和服务课程则通过“快乐

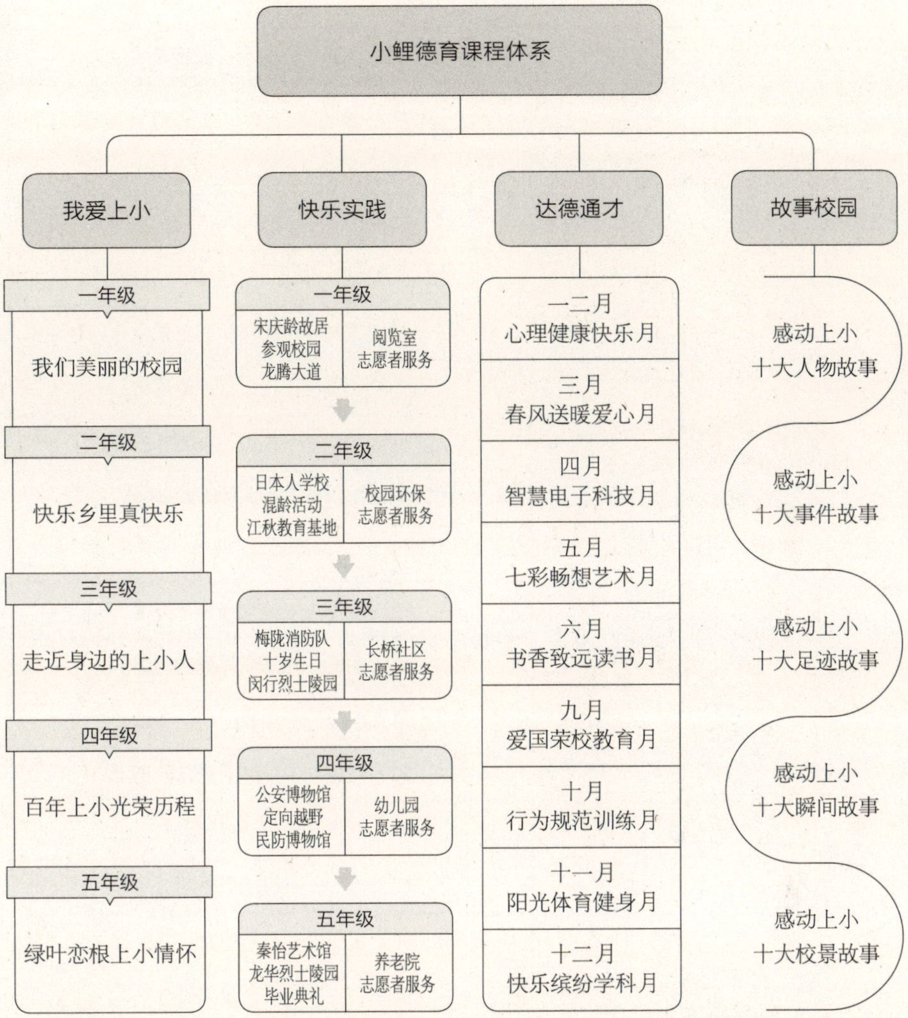

图 4-1 小鲤德育课程体系

活动日”（限定性拓展课）或者在班队会课上实施，并制订细致的要求与规则保证活动的实施。

下面以服务课程为例，展示学校赴久康养老院服务的活动方案与实践状况。

表 4-1 《小鲤德育课程活动手册》目录表

一年级篇：我是小鲤	校史课程——美丽校园我来赞
	体验课程——乐游上小快乐乡
	体验课程——漫步龙腾看变化
	服务课程——校园场所我打理
	小评价——收获园
二年级篇：小鲤学成长	校史课程——校园生活我乐享
	体验课程——伙伴牵手传帮带
	体验课程——佩戴领巾圆梦想
	服务课程——校园美景我装扮
	小评价——收获园
三年级篇：小鲤学感恩	校史课程——校友精神来传承
	体验课程——安全时刻记心上
	体验课程——你我成长学感恩
	服务课程——社区活动我参与
	小评价——收获园
四年级篇：小鲤爱学校	校史课程——校园历史同追溯
	体验课程——观古今文明守序
	体验课程——乐于挑战学合作
	服务课程——弟弟妹妹我来帮
	小评价——收获园
五年级篇：小鲤展未来	校史课程——上小圆我成长梦
	体验课程——追忆往昔迎未来
	体验课程——感谢有您梦远航
	服务课程——爷爷奶奶我孝敬
	小评价——收获园

【活动案例】

“百善孝为先”
实践活动设计

一、活动背景

敬老爱老是中华民族的传统美德。我们生活的城市——上海正逐步进入老龄化社会，关爱老人显得尤为重要。根据五年级学生的年龄特点，学校在“快乐活动日”开展了“百善孝为先”的实践活动，在去久康养老院探望老人的过程中培养学生“奉献爱心、尊老敬老”的品质，弘扬传统美德。

本活动依托久康养老院服务基地设计教学目标，引导学生从学校走向社会，从社会走向家庭，从关爱养老院的老人辐射到身边的长辈。以“百善孝为先”为活动主线，通过开放性、互动性的体验活动，激发学生服务他人的意识，培养学生对老人的关爱之情，引导学生将敬老爱老的言行举止渗透到日常家庭生活中。

基于五年级学生的学情，学校组织学生开展了了解与策划（前期准备）、实践与体验（实践过程）、反馈与感悟（实践后续）三大模块的内容。

二、活动内容

（一）了解与策划（前期准备）阶段

第一次活动：了解养老院

实践前，我们请养老院的周老师为孩子们介绍久康养老院的服务规范，帮助孩子们了解现代、新型养老院的模式，了解养老院中老人大致的心理和性格特征，以及在实践过程中的注意事项。

第二次活动：预设慰问情景

师生模拟慰问活动情景：例如，开展一些适合老人的小游戏；收集一些适合老人的生活笑话；陪老人聊天回忆美好的往事，讨论他们感兴趣的话题；帮老人捶背、梳头等，引导学生学会如何关爱老人及与老人进行交流。

第三次活动：选购小礼品

讨论探望老人时准备的合适的食品、物品，并指导学生为老人送礼物的方法，按照相对平均的原则为老人分发小礼物。

（二）实践与体验（实践过程）阶段

第一次活动：走进养老院

1. 组织实践

在实践中，学生应遵循一定的规则。例如，进入敬老院，见到老人时一定要微笑打招呼；参观以小队为单位，在工作人员的安排下进入老人生活的房间（单间去 2 位学生，大房间去 4～5 位学生）。

2. 实践方式

进入房间后，陪老人说说话，慰藉老人们孤寂的心。

（1）探寻养老院高龄老人的长寿秘诀（健康的生活方式、阳光的心态、喜欢进行的运动），学生进行归纳总结。

（2）了解现代老人的养老观念。学生们在与老人们的交流中得到他们的身份信息，有教师、工程师、干部、艺术工作者等。他们选择敬老院养老，不仅因为子女工作忙、家里楼层高、没人陪自己聊天，还因为在这里能与同龄人朝夕相伴，有共同的兴趣爱好和相近的人生观念，让他们更能感到夕阳无限好。

（3）倾听老人们过去的故事，寻找老人身上的闪光点。老人的叙述能给学生们上一堂生动的课。例如，有一位老人过去是一名翻译家，尽管现在已有 88 岁高龄，但他每天坚持学习 8 小时以上，他告诉孩子们要“活到老，学到老”。这种不断学习的理念给学生们留下了深刻的印象。

（4）有些老人年纪比较大，会有阿尔茨海默病的症状，老人可能会说些学生们听不懂的话，学生就需要耐心倾听。有些老年人可能会有耳背的症状，在交流时学生就需要注意说话速度和音量，必要时可以适当地重复几次。

第二次活动：重阳节 敬老情

1. 重阳节的时候，学生为老人们戴上亲手制作的大红花，献上亲手制作的小礼物。

2. 为老人表演节目（如讲笑话），为老人捶背、梳头。

3. 带老人去小花园散步，呼吸室外的新鲜空气。

4. 服务老人，为他们做一些力所能及的事情。

（三）反馈与感悟（实践后续）阶段

第一次活动：写实践心得

1. 整理实践感想，完善活动方案

表 1　小组活动方案

活动主题	
小组成员及分工	
活动地点	
活动时间及步骤	
活动方式、展示形式	
活动感想	
注意事项	

2. 撰写实践心得

班级博客是学校特色教育的载体之一，每次活动后学生们都可以在博客上抒怀，发表活动后的感想。

第二次活动：爱心辐射，关爱身边长辈

去养老院慰问老人是学校五年级“快乐活动日”的活动之一，具有很强的辐射效应。活动后，家长们欣喜地发现，他们的孩子逐渐懂得关爱老人、孝敬老人，尤其对自己的爷爷奶奶、外公外婆更加孝顺了。

第三次活动：反馈与感悟

1. 评价方式

（1）采用主体性评价方式，在学生中开展自评与互评。结合活动的开展从五个方面对学生进行评价。

表2　活动评价表

评价内容 / 评价人	主动参与	大胆表现	团结合作	成果展示	创意水平
自我评价					
小组评价					

（2）采用总结性评价方式。参加完这次实践活动后，学生对敬老院及老人的生活状况有了更多的了解，也通过自己的努力为老人带来了快乐，同时也引发了思考：以后怎样做一个孝敬老人、感恩社会的好孩子呢？

表3　活动感想

我打算从孝敬父母和爷爷奶奶开始：
我打算尽自己的努力为有需要帮助的人们献上一份爱心：
我的宣传方案：

2. 活动反思

虽然学生在活动中达到了预期的教育目标，但是一次实践体验太少。建议多选几家养老院，一是可以增加学生的服务次数，二是学生可以到不同层次的养老院进行实践，为学生提供深度体验与广泛体验的机会。

（撰写人：仲梅）

（二）小鲤主题月活动

小鲤主题月，即以学科拓展的形式，按月份设计出相应学科的主题活动，并赋予各个主题月专属小鲤形象，形成专属小鲤特质，真正体现全员育德的理念。

1. 小鲤主题教育月活动安排

具体安排参见表4-2（其中，六月与十二月主题每三个学期轮换一次）。

表4-2 小鲤主题教育月活动安排表

月份	主题	特质小鲤	特质内涵
一、二月	心理健康快乐月	快乐小鲤	活泼开朗、乐于沟通、认真负责
三月	春风送暖爱心月	天使小鲤	与人为善、乐于助人
四月	智慧电子科技月	院士小鲤	会动脑、讲合作、爱创新、勇实践
五月	七彩畅想艺术月	明星小鲤	多才多艺表现真善美、勤学苦练追求智仁勇
六月	书香致远读书月	书迷小鲤	遨游书海、体验美好、书写感动
九月	爱国荣校教育月	龙门小鲤	爱国、荣校、勇敢、担当
十月	行为规范训练月	文明小鲤	讲文明、爱公物
十一月	阳光体育健身月	健将小鲤	勇于挑战、快乐运动
十二月	快乐缤纷学科月	智慧小鲤	智慧、善学、乐思、活用
		外交小鲤	Happy English! Happy you and me! 快乐英语！快乐你和我！

2. 小鲤主题教育月活动的实施

小鲤主题月依托各学科教师、结合学科特色设计相应的活动，由学科组负责人在活动启动前两周完成方案设计，由德育领导小组对方案进行审核，并对后续实施进行过程性指导。

3. 小鲤主题教育月活动的评价

每个主题月都有特色徽章，学生可通过相应活动获得相应徽章。对积极投入主题月活动的学生，学校授予“每月一星”称号并进行宣传表彰。

4. 小鲤主题教育月活动的案例

以下案例节选自读书月活动方案。

【活动案例】

品名篇述感动
乐分享沐书香

指导思想：在读书月活动中，学校围绕“书迷小鲤共沐书香”开展一系列主题活动。学生们将“与师长共读品名篇”“与伙伴共读乐分享”“与作家共读沐书香”，学校营造读书好、读好书、好读书的学校文化氛围，让学生在书海中，走近名家，与经典为友、与名著为伴，拓宽视野，提高素养，在读书中学会做人、学会思考、学会认知，养成多读书、读好书的良好习惯。

活动主题：书迷小鲤共沐书香

活动时间：十二月

参与对象：全校师生

活动流程和内容：十二月缤纷读书月安排

表 1　十二月缤纷读书月主题汇总表

时间	主题内容
第一周	共沐书香专题活动
第二周	感动瞬间专题活动
第三周	浸润诗词专题活动
第四周	读书月活动小结

一、共沐书香

我们将此专题活动分为三大板块："与师长共读品名篇""与伙伴共读乐分享""与作家共读沐书香"。此项活动的开展，激发了学生的阅读兴趣，也培养了学生乐于分享的品质。

（一）与师长共读品名篇

表 2　师长共读品名篇活动安排表

活动序号	活动内容	活动时间
1	启动主题活动，由团员老师向全校同学推荐两位作家作品	升旗仪式
2	一年级教师代表推荐一本好书（绘本类）	午间悠扬一刻
3	三年级教师代表推荐一本好书（童话类）	午间悠扬一刻
4	四年级教师代表推荐一本好书（古典名著）	午间悠扬一刻
5	五年级教师代表推荐一本好书（名人故事、传记）	午间悠扬一刻

（二）与伙伴共读乐分享

表 3　与伙伴共读乐分享活动安排表

活动序号	活动内容	活动时间
1	小结“与师长共读品名篇”活动，布置周末作业：准备一本最喜欢的书，在下周班会课上向同学推荐	语文课
2	各班在班内开展“与伙伴共读乐分享”主题活动，评选出 2 名乐分享的书迷小鲤	班会课

表 4　与作家共读沐书香活动安排表

活动序号	低年级	高年级
1	老师向学生介绍《布罗镇的邮递员》	发出邀请函
2	二年级各班推选获得签名代表	三、四、五年级各班推选获得签名代表
3	二年级入场聆听作家讲座	五年级部分班级和“书迷小鲤”代表，进入会场聆听沈石溪讲座
4	“书迷小鲤”代表，获得作家签名	“书迷小鲤”代表，获得作家签名

二、感动瞬间

捕捉感动瞬间，撰写感动故事；听真声音，感瞬间情。

表5 感动瞬间活动安排表

活动序号	活动内容	活动时间
1	感动瞬间主题活动启动，老师和学生共述感动瞬间	升旗仪式
2	三、四、五年级《感动瞬间》征文撰写（附照片） 一、二年级说说校园生活中的感动瞬间（带照片）	语文课
3	三、四、五年级《感动瞬间》征文活动比赛 一、二年级班内交流校园生活中的感动瞬间	班会课
4	感动瞬间主题活动复赛：各年级组推选4篇优秀征文和1–2篇最佳选材征文进入复赛	备课组活动
5	感动瞬间主题活动决赛：一等奖2名、二等奖4名、三等奖6名、感动题材奖（若干）	午间广播

三、浸润诗词

书写古诗词，感受中国传统文化。

表6 浸润诗词活动安排表

活动序号	活动内容	活动时间
1	浸润诗词主题活动启动，介绍我国古诗词，请代表小朋友展示书法、硬笔书法作品	升旗仪式
2	各年级组书写古诗词	班会课
3	在班级外墙张贴学生作品	课余时间
4	每班同学利用小鲤贴纸投选班内最喜欢的作品	课余时间
5	优秀作品展示	课余时间

四、读书月活动小结与精彩片段

（一）宣传动员与环境营造

鲤悦读书排行榜每周展示内容。

表 7　鲤悦读书排行榜周展示内容安排表

时间	活动内容
第一周	推荐新书；统计三至五年级每班一周借书情况
第二周	推荐郭姜燕作品；统计三至五年级每班一周借书情况
第三周	推荐新书；统计三至五年级每班一周借书情况
第四周	推荐沈石溪作品；统计三至五年级每班一周借书情况

（二）读书月“书迷小鲤”评选要求

（1）能在平时的学习生活中体现“书迷小鲤”的特质：遨游书海、体验美好、书写感动。

（2）在读书月中积极参加各项活动，并在主题活动中（如“共沐书香”“感动瞬间”“浸润诗词”等）表现突出者。

根据上述标准，每班结合实际情况，推选 3 名同学为本班“书迷小鲤”，并颁发书迷小鲤徽章一枚。

（三）读书月“书迷小鲤”奖励机制

三、四、五年级每班推选一位“书迷小鲤”参加沈石溪签名活动。

三至五年级“书迷小鲤”和读书月积极分子（若干）可参加沈石溪讲座。

一至五年级“书迷小鲤”和读书月积极分子（若干）可在现场观摩课本剧《假如我是霍金》。

（四）读书月精彩片段

片段一：我们的鲤阅读书排行榜

“最是书香能致远，读书之乐乐无穷。”读书月启动的那一天，同学们蓦然发现，校园宣传屏、电子竖屏、软板展示区都不约而同地出现了“阅读排行榜”，一个个班级榜上有名。大家围着排行榜议论纷纷，好不热闹，孩子们身上表现出不认输的劲儿，约上三五好友去图书馆借书一时成了时尚，关注每天排行榜的变化也成了每个孩子的必修“功课”。

片段二：我来引读你来和

学校通过“与师长共读”“与伙伴分享”等活动，让学生“好读书，读好书”。结合读书月活动，各年级语文教师代表利用校会课动员全校师生积极开展读书活动，并推荐适合各个年级段的学生阅读的书目。此外，每个年级还派出学生代表，在每天中午的《悠扬一刻》广播中向同学推荐自己喜爱的图书或故事，谈谈自己的阅读体会。通过一系列的“好书推荐”活动，全校师生浸润在浓浓的阅读氛围中，让学生真正地走近阅读、爱上阅读。

片段三：名家就在我身边

结合读书月的活动，我们请来了知名的儿童文学作家，与同学们聊一聊他们写的那些故事。例如，著名儿童文学作家沈石溪爷爷来校作题为“亲近生命，走近自然”的讲座；著名儿童文学作家郭姜燕用互动的方式和学生们讲述了一个个有趣的小故事，如《一颗门牙》《爱讲故事的獾》《偷东西的金老鼠》。通过分享与交流，这些名家的讲座让孩子们明白了只要展开想象的翅膀，生活中处处都是有趣的小故事，热爱生活，热爱写作，记录生活，与书为友，我们都能从小读者变为小作者。

二、学科育德的实践与探索（以语文学科为例）

谈及语文，用叶圣陶老先生的话来说，"语文"一词应拆开解释：语——口头语言；文——书面语言。而"道"则是语言文字的命脉。在语文教学中，我们应该努力处理好语文教育（文）与思想教育（道）的关系，真正将"文"与"道"看成一个整体，看成一家。

上海小学作为基础教育的阵地，始终将培养全面的、发展的、健康的人作为首要目的，而语文学科因其独特的人文性、丰富的思想内涵，有利于对学生自然地、潜移默化地进行思想品德教育。

（一）实践

1. 静下心来认真学

借着徐汇区开展重点学科建设工程的"东风"，学校将语文学科作为学校重点建设学科，以"阅读与表达有机结合"的研究为抓手，在语文大组中开展了以"课堂教学与育德意识"为主题的学习活动。各备课组定时定人定内容地进行了一系列的活动，如阅读于漪、贾志敏等特级教师的教学理论文章；学习兄弟学校的教学"五环节"；走出去参加外区县的教学展示，汲取学科德育在课堂渗透方面的经验……在校内各科教师的配合下，语文教师的学习机会多且精，学习的地点由校内延伸到了校外，学习的内容由纯粹的理论变成实践中的案例，学习的方式也由单一介绍转为交流互动。

2. 专业引领请进门

学校按计划、有步骤地邀请多位专家到校，对语文重点学科的建设进行指导，专家们从不同角度就语文教学中培养育德意识进行了深入浅出的分析。在他们的引领下，我们再通过"课堂教学，德育的主渠道""育德意识，教师的生命力"等一系列启发性大、实效性强的专题阶段研讨，从而对“文以载道，道因文显”有了更深刻的理解。其中，区教研员、区科研室等三位专家就“有效教学、有效课堂”“语文学科如何与德育相融合”“如何撰写学科德育案例”等话题，提出了他们独到的见解，帮助大家理解“语文学科与德育应是一个整体”“怎样才能找到教材内容与德育工作相融合的最佳结合点”等难题。

3. 课堂实践多反思

学校在区教研员的指导下，分年段集体研究教材，依据每篇课文的特点，寻找学科德育的结合点与生成点，开展了一系列教学研讨活动。第一阶段，先确定展示的人员，再在备课组内讨论，说课，请专家评课；然后在全校范围内进行教学公开课，最后由专家评课，由全体教师进行网上专题研讨。第二阶段，首先采用全面铺开的形式，一至五年级各备课组先对第一阶段的学科德育案例进行分析，制订本备课组学科德育的内容、计划，确定第一批上课的教师名单。其次，利用语文大组时间进行全校的听评课，备课组讨论，修改教案，接着进行第二批实践课。就这样备课组内人人参与备课、听课、说课。经过一次次的尝试、一次次的反思、一次次的研讨，大家对学科德育的认识越来越清晰、越来越深刻。

4. 群体智慧，网络共享

语文教师在学校网络平台上经常交流研讨的话题是怎样做到“文道交融”，大家及时地将自己新的学习体会、对育德与语文教学关系的理解、实际案例的撰写、有关学习材料的收集，都放在网络上交流、学习、互动。第一阶段的研讨活动后，网上的讨论如火如荼。有人认为“作为一名教师，更应该在平时的教学中追求‘随风潜入夜，润物细无声’的教学效果”；有人提出，“语文教学中的德育教育因素非常丰富，将这些丰富的德育教育因素有机地融合在听说读写的言语实践活动中，才是学生乐于接受的，这样的语文学习才是有效的”。

通过网络这一平台，学校举办一系列的集体研讨活动，教师们在相互碰撞中迸发出智慧的火花。我们坚信，只有从学生的实际出发，以语文教材为载体，联系学生的生活实际，开拓课程德育资源，才能让学科育人的功能充分显现。

（二）思考

通过学科育德的学习、研讨、实践，学校的每位语文教师“学科德育”的意识有了明显提高。正如于漪老师所说，母语学习，从来就是一个民族对其后代的精神哺育。我们的体会有以下三点。

1. 学科德育的内容：以全面的人文素养培植作基点

“德育是长在人文土壤上的庄稼”。我们必须重视语文课程人文资源的开发，注重教学的人文熏陶，注重情感、态度、价值观的引导。通过研究教材，结合各年级学生年龄特点，寻找学科德育的结合点与生成点。低年级从增强爱国情感做起，以爱国主义教育为核心。中年级以中华传统美德和革命传统教育为重点，有意识激励学生从小树立民族自尊心、自信心和自豪感。到了高年级，我们进一步在创新精神和创新能力的教育上着力。

2. 学科德育的途径：以课堂教学为教学阵地

课堂教学是学生接受教育的中心环节，是德育的主阵地、主渠道。我们全体语文教师树立“大语文”的语文教育观念，引导学生从课内到课外，注意联系社会生活实际。在语文课堂教学中，除了充分利用统一教材进行语文教育与思想教育外，我们还根据学生的思想实际，恰当地结合社会生活的现实问题，引进报刊时文的阅读或热门话题的讨论，帮助学生初步树立正确的世界观、人生观、价值观。

3. 学科德育的策略：以人为本，持之以恒，了然无痕

“文道一家”，彼此是有机的融合，语文教学中的思想教育应当而且

完全能够自然融合在语言文字的学习过程中。课堂教学应追求德育教育无处不在，但又了然无痕，只有这样才能真正促进学生思想认识的提高、情感的丰富，才是真正的以人为本。

我们深深感到，只有紧扣文本，引导学生品味、积累语言，理解思想内容与体悟思想情感，以日积月累之功，力求做到“无痕而有恒”，才能实现教师、学生、文本在课堂上达到“人文互动”的情境。

总之，我们在教学过程中努力咀嚼语言所蕴含的精华，彰显学科人文性，激发学生热爱祖国悠久的语言文化的情感，提高他们正确规范使用语言的能力，促进孩子良好道德品质的形成，从而为学生的发展打好一生的底色。

（三）教学反思案例

【教学反思】

《独果》这篇课文叙述了小荣一家在面对一个百年难遇的独果时，三代人互相谦让、都不肯吃“独果”的故事。它体现了一家三口浓浓的亲情，赞美了祖孙三代尊老爱幼的好品德。

现在的学生绝大部分是独生子女，家里最好的东西都会留给他们，可以说“要什么有什么”。在备《独果》这篇课文时，让我想到应该借助课文来对学生进行“尊老爱幼、谦让”的优良品质的教育。也就是说，如何适时、有效地将德育因素渗透到语文课堂中，对于文章所蕴含的教育思想如何让学生能真正地有所感、有所悟，一直是我教学中努力突破的难点。

这篇课文的一个鲜明特点就是通过人物的语言来表现人

物的品格。因此，我在课堂上引导学生根据提示语里人物的表情、动作来读好三人之间的对话，感受她们当时的心情，以帮助学生在朗读中感悟、体会人物的思想感情，使学生们受到心灵的震撼。

寻找课文的空白点，让学生联系上下文根据人物的表现进行合理的想象。教学时，我在两处创设了想象说话的训练。课文中有这样一句话，“猛地，奶奶想起了什么似的”，那么奶奶究竟想起了什么呢？这一处的设计不仅反馈了学生对文章内容的理解程度，还能让学生走进人物的内心世界，感受奶奶对小辈的关心、疼爱。课文中还提到，“我”执意不肯吃独果。那么，“执意不肯”吃，“我”会怎么说怎么做呢？这也是一个留有空白的地方。我创设了小荣与奶奶互相推让、执意不肯吃独果的情境，通过想象引领学生走进小荣的内心世界，从而让学生感受小荣对长辈的尊敬和关心。通过合理的想象设计，这份尊老爱幼、相互关爱的真情不需要我去提炼和解析，每个学生都能发自内心地感受到、真真切切地体会到。

随着音乐响起，全班同学随着老师一起吟诵起《家是什么》片段：“家是一个充满亲情的地方……”这时，学生们的内心再一次被温暖的人性充满，也相信他们会将这尊老爱幼的美德一代代传承下去。

一个由“独果”所引发的感人故事，让我们感悟到了奶奶的善良、妈妈的谦和、小荣的孝顺。一家人，你想着我、我想着你，情意浓浓、充满爱意。学生们也沉浸在这情意融融的课堂中，真真切切地融入课堂，自自然然地融入文本。

（撰写人：郑洁）

第二节
因势利导：德育课程的资源库

在文化内涵及育人目标的引领下，学校“故事校园”的文化氛围日渐浓郁。其中，德育课程以“快乐小鲤”为主题，凸显了校本特色，并在实践探索中生成可利用的德育资源。

一、以故事为载体，生成教与学的资源库

（一）寻故事中的资源

1. 学习、认同——校史课程资源生成

走进上海小学，你就会被她独特的校园气质所吸引，就想了解这样一所历经百年风雨的学校曾经的故事。为了让我们的学生和老师更加了解上海小学的发展历程，传承和弘扬百年积淀的文化精神，我们编制了《我爱上小》的校本教材、《月季盛开》校史故事集，作为全校师生共同了解校史、进行爱校教育的学习材料。另外，我们充分运用校史大厅等环境资源，由团支部和大队部联手，培养了一批师生组成校史讲解团，通过讲解宣传校史，增强了上小人的爱校之情。

2. 走访、了解——体验课程资源生成

现在社会上能够提供给学生参加社会实践的基地越来越多了，这也对如何选择更适合学生、更契合学校教育理念的实践场所提出了更高的要求。我们从校史入手，寻找校史故事中的蛛丝马迹，发现了很多场所和人物都深深地刻有上海小学的印记。龙门村、半泾园路、先棉祠……

这些旧时南市区窄小的街巷再一次因上海小学学生们的到来而热闹起来。年长的当地居民兴奋地讲述着自己孩童时代的记忆，学生们则写着、画着，一幅上海小学旧址寻根路线图就诞生于孩子们的笔下了。随着一次次走访活动的开展，体验课程的资源也不断扩充，秦怡艺术馆、闵行烈士陵园、植物园定向越野、梅陇消防支队……爱校荣校的情怀也在学生真实的体验中逐渐升华。

3. 公益、奉献——服务课程资源生成

《中国学生发展核心素养》指出，学生应能处理好自我与社会的关系，养成现代公民所必须遵守和履行的道德准则和行为规范，增强社会责任感。因此，小学生要有感恩之心，要热心公益和志愿服务。“老吾老以及人之老，幼吾幼以及人之幼”，老人和幼儿都是社会弱势群体，更需要得到帮助。除了将爱心义卖所得的部分善款用于慰问社区独居无业老人之外，学校还从周边社区中寻找资源，让学生走进养老院、幼儿园、社区孤寡老人的家中，开展力所能及的志愿服务活动。学生们用志愿者服务行动回馈社区、回馈社会。

（二）讲故事中的传承

1. 校长讲故事：传递学校理念

每年在新生的第一次家长会上，我总是会以一本台历的故事开始我的发言，家长们听着故事，就会对学校的育人理念有所了解。学校的办学理念与思路也就是这样深入浅出地让家长理解了。

2. 师生家长讲故事：继承优良传统

在学校故事校园的氛围中，我们的教师、学生乃至家长都开始用讲故事的方法来阐述自己的主张，抒发自己的情意。在首届“感动上小十大人物故事”评选活动中，教师、学生、家长纷纷讲述自己身边的故事。不同的故事传递着相同的、满满的正能量，让每个上小人都能学习前辈，继承传统，不忘初心，砥砺前行。

3. 校友讲故事：铭记学校历史

在师生共述学校史的过程中，我们邀请了许多校友来校，将自己与学校的故事一一讲述。听着老人们讲述的学校故事，大有一种“今人不见旧时校，故事领入一脉承”的心境。这些故事唤醒了每一个上小人的角色意识，我们感受到了自己肩上的责任，体会到了那一句“每一个人的足迹书写学校的历史，每一个人的思想汇聚学校的文化，每一个上小师生在快乐乡里快乐成长”的真正意义。

（三）演故事中的成长

1. 教师演故事：汲取智慧

每年的教师节，我们的教师都会将自己身边最精彩的案例以故事表演的形式呈现在大家面前。演故事的人与看故事的人都在为自己的工作注入新动力。

2. 学生演故事：明理成长

高年级的同学通过组织故事巡演团把自编自导自演的“小鲤故事”送到了各个班级。在这个过程中，同学们发挥了协作精神，将“智、仁、勇”三个字化为一个个有趣的故事，又将小鲤演化出不同的特色形态。在故事队巡演过程中，我们看到了孩子们的快乐，看到了他们的成长。

二、围绕小鲤特质，凝练德育核心主题

（一）小鲤德育活动设计

通过多年的活动设计，我们逐渐摸索出一种符合本校学生身心发展规律的教育方式，即以故事为载体，以主题月教育活动和体验、服务活动中以感恩为主题的系列教育活动为双桨。其中，主题月教育活动安排

见前文所述，感恩系列教育安排见表 4-3。

表 4-3　体验、服务活动之感恩系列教育内容安排表

年级	主题	活动形式
一年级	爱学校——我是上小好苗苗	入学仪式（体验活动）
二年级	爱伙伴——牵手弟妹上小行	混龄活动（服务活动）
三年级	爱长辈——一路有你伴我行	十岁生日（体验活动）
四年级	爱协作——团结奋勇乐挑战	亲子定向越野（体验活动）
五年级	爱母校——鲤跃龙门攀高峰	毕业典礼（体验活动）

为了使活动开展既有传承，又有新时期特色，学校针对每个活动均成立活动组进行方案设计，明确活动思路，细化活动项目，及时总结经验，做到专事专人，专时专用。[1]

（二）画小鲤，选小鲤

在上海小学，每一个主题月都是特殊的，每一个主题月都有自己的吉祥物，并且这些吉祥物拥有不同的特质。为了让学生参与到活动中来，学校组织了“画小鲤、选小鲤”的主题月吉祥物设计大赛。学校首先通过三个“一次”征集作品：一次学校宣传动员，一次美术老师绘画技巧指导，一次班主任设计意向协调征集设计作品。三至五年级的全体学生完成设计主题月小鲤形象绘画后，大队部再组织评选，对选出的优胜作品

[1] 毛坚琼：《文化立校，故事校园——上海小学学校文化建设实践案例》，载陆建非主编《现代基础教育研究（第 15 卷）》，上海教育出版社 2014 年版。

进行宣传亮相。在活动过程中，学生们不仅了解了每个主题月活动的主旨，更通过参与活动，为这些特色小鲤提炼了精神特质。

（三）争徽章，赠书签

学校以编写故事集与制作学校图鉴的形式记录每一年的活动，并为每一条特色小鲤制作了书签与徽章。这些徽章还用于少先队的争特色章活动，学生们能够通过相应活动获得相应小鲤徽章。成套的书签也会在毕业典礼上赠送给毕业生。这套书签不仅记录了他们在小学五年里参加的德育活动，更能让他们牢记母校的育人目标：做一个“智、仁、勇”的上小快乐学子（附录图 20、图 21）。

（四）夯实常规，凸显特色（以爱心义卖活动为例）

在开展主题月教育活动时，大队部秉承着“夯实常规、凸显特色”的理念进行活动设计。例如，三月是学校的春风送暖爱心月，在主题月“天使小鲤”的号召下，我们将开展爱心义卖活动。爱心义卖是我们的常规活动之一，但是队员们进校五年，要参加五次爱心义卖，也许第一、二年时还感到新奇，到了后面几年也会产生倦怠，如何让他们感受到“每一次爱心义卖，都是第一次呢”？我们便将目光放到了“凸显特色”上。

1. 百十校庆，找寻尘封历史

在热闹的百十年校庆期间，大队部用学校最初开办时的校名“廿二铺小学”来命名开设“廿二铺爱心市场”，让孩子们以实践体验活动向百十岁的上海小学献一份厚礼，沪语童谣成为义卖开市的预令，在操场设店进行校级义卖，各班开始招募店长、店员、收银员、市场巡逻员等，并由大队部进行统一培训。美术组教师还精心设计了导购图，学校的教学楼和操场都以童趣的图画形式展现在同学们面前，上面标注着一间间店铺名称，同学们根据导购图，按需购买，爱心义卖也成为颇具规模的小市集（附录图 22）。

2. 全校征集，规划善款用途

随着爱心义卖的规范化，义卖善款的金额也年年递增。过去，爱心义卖的善款都会用于对口外省学校的援建和援助。如何拓宽义卖善款的用途呢？大队部在爱心义卖的海报宣传上，特意向同学征询：希望将义卖获得的款项用在哪里？经过大队部统计，当时提出将善款用于慰问老人的建议人数最高。最终，学校与长桥街道牵手开始将义卖善款购买慰问品，并结合三年级社区服务，将慰问品分批次送给独居无业老人。得到捐助的社区的居委代表也多次向学校送上锦旗，感谢学校师生多年的爱心捐助。学校也由于这些善举获得了徐汇区第六届慈善先进单位。

3. 家校协同，共育仁爱之心

爱心义卖越来越成为孩子们每年最期待的活动之一，不少家长也想看看爱心义卖究竟是怎样的。于是，学校将家长开放日与爱心义卖活动结合起来，邀请四年级全体家长来校参与。爱心义卖当天，他们有的和孩子们一起布置店铺，有的拿着导购券寻找不同特色的店铺，有的还在店铺里，或充当营业员，或清点善款。家长们纷纷表示，爱心义卖作为体验活动，不仅让孩子们明白爱心传递的重要性，也让家长们和自己的孩子拥有了一份共同的回忆。更重要的是，经过这几年的义卖体验，学生已经将“仁”内化于心、外化于行，体会到奉献的快乐，懂得感恩。

（撰写人：朱依佳）

正是由于坚持了凸显特色的理念，每一年相同的主题月总能让孩子体会到不一样的快乐。

三、挖掘行为规范和心理健康课程资源

行为规范教育是一项漫长的教育工程，也是一个潜移默化的过程。心理健康教育对学生的全面发展起着重要的作用。学科育德、行为规范教育及心理健康教育都是学校德育课程体系的一部分，应将德育渗透进课堂、落实到日常规则、扎根在学生的心田中。学校在教育过程中不断探索、创新，为学生的自我教育和心理健康教育搭建更广阔的舞台，创设更好的机制。

（一）细化行为规范训练项目，促进导训结合

以申报徐汇区行为规范校为契机，学校梳理了原有“双周行规训练项目”，对应市级行为规范示范校评估“学生行为表现”分年段检测点，将项目进行有序分层，在实践中逐步生成细化的行为规范要求，如表4-4所示。

双周行规检测方式，即每单周的周一提出项目要求，并以多种方式进行辅导，使学生明确自己应做什么、怎么去做；每双周的周一对上一周项目辅导进行反馈，并提出本周训练评比检查方式，根据辅导情况与不同项目设计评价单，在“行规榜”上进行各班行规训练反馈，对于训练情况良好的班级予以小鲤奖章。

（二）建立本校心理健康教育课程资源库

学校根据《中小学心理健康教育指导纲要（2012年修订）》、上海市教育委员会印发的上海市中小学课程计划及说明，以及《上海市教育委

表 4-4　上海小学双周行规训练项目及分年段要求表

项目	年级分层		对应指标
	一、二年级	三至五年级	
进校礼仪	1. 按时到校不迟到，有事缺勤要请假 2. 校服整洁领巾艳，在家装束准备好 3. 见到老师要问好，行礼规范笑微微	1. 按时到校不迟到，有事缺勤要请假 2. 校服整洁领巾艳，在家装束准备好 3. 见到老师要问好，行礼规范笑微微 4. 进校过程不奔跑，等待时候不喧哗	C1 生活习惯 C3 人际交往
文明用餐	1. 安静用餐不挑食，爱惜粮食不浪费 2. 排队取餐守纪律，端汤端饭慢慢走 3. 室内午餐用餐垫，食堂用餐排队走	1. 安静用餐不挑食，爱惜粮食不浪费 2. 排队取餐守纪律，端汤端饭慢慢走 3. 室内午餐用餐垫，食堂用餐排队走 4. 用餐需在用餐点，用毕方可离餐桌	C1 生活习惯
眼保健操	1. 音乐响起人人做，不做其他无关事 2. 专用课前先做操，音乐停后方可走 3. 做眼操时需闭目，静心端坐要专心	1. 音乐响起人人做，不做其他无关事 2. 专用课前先做操，音乐停后方可走 3. 做眼操时需闭目，静心端坐要专心 4. 跟随节奏依次做，穴位准确力度适	C2 学习习惯
爱护环境	1. 爱护青草不践踏，欣赏花木不攀折 2. 主动宣传控烟令，争做控烟小卫士 3. 零食点心回家吃，保持校园洁和美	1. 爱护青草不践踏，欣赏花木不攀折 2. 主动宣传控烟令，争做控烟小卫士 3. 零食点心回家吃，保持校园洁和美 4. 公共场合要轻声，噪声污染要严控	C4 公共规范
教室保洁	1. 地面干净无纸屑，桌面干净书本齐 2. 中控讲台内外净，卫生工具摆整齐 3. 教室内外过道清，墙面洁净无污染	1. 地面干净无纸屑，桌面干净书本齐 2. 中控讲台内外净，卫生工具摆整齐 3. 教室内外过道清，墙面洁净无污染	C1 生活习惯 C4 公共规范
课间休息	1. 下课铃响不匆忙，漫步有序出教室 2. 走廊较窄不追逐，窗户栏杆不攀爬 3. 课间游戏要适度，开开心心除疲劳 4. 遇到老师要问好，微笑点头有礼貌	1. 下课铃响不匆忙，漫步有序出教室 2. 走廊较窄不追逐，窗户栏杆不攀爬 3. 课间游戏要适度，开开心心除疲劳 4. 遇到老师要问好，微笑点头有礼貌	C1 生活习惯 C3 人际交往
规范出操	1. 进退场时快静齐，进行曲毕人到位 2. 做操跑步不嬉闹，集中精力速度匀 3. 横对齐来竖对齐，队伍整齐有节奏	1. 进退场时快静齐，进行曲毕人到位 2. 做操跑步不嬉闹，集中精力速度匀 3. 横对齐来竖对齐，队伍整齐有节奏 4. 节拍相符有力度，动作到位有精神	C2 学习习惯

员会关于开展新一轮上海市中小学心理健康教育达标校和示范校评估工作的通知》(沪教委德〔2017〕37号)要求，开齐开好心理辅导活动课，将心理辅导活动课纳入学校绩效考核中，有计划、有活动、有记录，不断夯实心理健康教育课程。

在课程实施的基础之上，学校充分开发心理健康教育资源，逐步建立内容丰富、形式多样的心理健康教育资源库。通过实践、总结、提炼和共享，形成了未成年人心理健康教育系列展示课内容、培训活动手册、日常心理健康教育课程教案、教师心理健康教育校本培训资源库等成果。

第三节
以德施教：教学中的师德师风示范

学校要树立育人为本、德育为先的工作理念，正确处理以教学为中心和以德育为核心的工作关系。体现在各门课程中，就是将德育与知识的传授有机融为一体，促进教育教学工作的平衡协调发展。立德树人根本教育任务的落实关键在课堂，贵在教师。尤其是德育工作，更需要教师以身示范、以德施教。因此，学校开展以学科德育为载体的校本培训，以促进教师队伍的师德师风建设。

一、教师学科育德校本培训的实施背景

根据《上海市基础教育教师队伍建设“十一五”规划纲要(草案)》和《徐汇区教育系统教师队伍“十一五”规划》精神，学校以本校教师为培

训对象，紧密结合学校的教育教学工作，充分利用校内外的培训资源对在职教师进行培训。

我们发现在学科教学中渗透德育，学校教师存在一些不容忽视的问题：第一，在目前的学科教学中尚不能很好地挖掘和利用这些有利的德育因素，以致被白白地浪费掉，错过了进行德育的大好时机；第二，各科教学虽具有德育功效，但都是各行其是，相互间没有协调配合，没有形成全员育人、全程育人、全方位育人的德育工作格局；第三，教师队伍水平良莠不齐，以智育代替德育，个别教师课堂教学中较为单一地注重知识的掌握、注重成绩的提高，把学科德育离弃于课堂教学之外，极不利于提高德育的实效性。而强化学科渗透德育的过程，提高学科渗透德育的质量，是实施新课程方案、加强和改进学校德育工作的必然要求。

基于上述原因，学校开展了“以学科德育为载体，促进教师专业发展”的校本培训。

二、教师学科育德校本培训的实施内容

学校根据教师的差异和发展需要，探索切实有效的“以学科德育为载体”的校本培训的内容与方式，同时全面为学科教师提供服务，使他们将现有的教育理念转化为工作中的实践智慧，使学科教师掌握本学科德育工作的技能技巧，提升他们的育德能力，提高学校德育工作的实效性，为学校形成全员育德的局面奠定基础。

（一）目标

改变本校教师原先认为学科德育理论高深的看法，扭转部分教师学科渗透德育的意识不强的现状。

部分学科的教师对“学科渗透德育”如何在课堂上实践觉得很难操作。我们在研究中注重在各学科备课组中开设以“学科渗透德育”为内容的专项研究，有计划、有主题地上好研究课、实践课，为各学科德育渗透形成一定量的范本。

部分教师在学科渗透德育的做法上技巧性、艺术性不够，存在“贴标签”或“走过场”的现象。因此，我们通过校本培训——学理论、听报告、上研究课、写反思和共研讨等，让德育回归课堂、回归学科，促进教师的专业发展。

（二）安排

校本培训安排见表4-5。

（三）要点

在整个培训过程中，我们特别强调的是“三个注重”和“三点特色”。

1. 三个注重

（1）注重学习

我们坚持理论学习与建立学习型组织相结合，真正把教育理论学习落到实处。例如，学校为教师提供相关的学习资料，供他们自学和互学，为培训的实施打下了一定的理论基础。同时，我们鼓励教师根据自身的发展需求和所任教学科的实际情况有选择地加强此方面的理论学习。教师群体中的骨干教师要做到先行一步，带头做好导读与指导工作。

（2）注重交流

各学科的教研大组活动或者全教会组织每月一次的“学科德育实践交流会”。每次定主题、定内容、定地点、定主讲人，如“我的教学经验谈”“我理想中的课堂”“实践新课程”等。除此之外，我们在校园网上还专门开辟了论坛，开设“学科德育大家谈”的网络论坛，教师将自己所学

表 4-5　上海小学《课堂教学与育德意识》校本培训一览表（部分）

序号	培训主题	形式
1	《学科德育与探究型学习指导》	专题讲座
2	《促进教师教学内容知识（PCK）发展的校本培训机制与策略研究》的解读	报告讲座
3	《爱需无痕　教必有方》	报告
4	《让语文课堂教学涌动对学生生命的关爱》	讲座
5	《如何选择与学科德育有关的课题进行研究》	讲座
6	《学科德育与育德意识》	讲座
7	《拓展型课程如何进行学科德育课标解读》	讲座
8	《让德育浸润课堂》（上海小学学术节系列之教学观摩研讨活动）	展示课专家点评
9	听课评课小组研讨	教研组研讨
10	学科德育的探索与实践专题研讨活动	研讨
11	学科德育大家谈	网络论坛
12	体现学科德育的自报课	实践课、研究课

到的理论知识发表到学校论坛或者自己的博客上，供有同样需求的教师共同学习和分享，从而使学习不再是“一刀切”的模式，而是有的放矢的，是与自己的工作实际相匹配的，是根据自己的薄弱点来有所选择的。通过交流互相学习，教师学科德育的意识不断增强、能力不断提升，形成了教学新气象。

（3）注重实践

我们把学校教师分为“职初期教师”“有经验教师”和“专家型教师”三类。针对这三类不同的教师，我们采用“师徒带教”“骨干培训”“同伴互助”等方式敞开教室大门，互相评论，连环跟进，共同进步。学习教育理论，目的就是总结教育经验，反思教学行为，在实践中不断有新创造。通过学习，教师真正转变了教学行为，切实解决学科育德中存在的突出问题和难点问题，提高自己的学科育德能力。

除此之外，在培训过程中，我们要求教师结合学校教研做自报课的机制，结合学科德育的内容，上好一堂实践课；同时，根据教师自身发展的需求，结合学校校级科研课题的研究方向，主持一项小课题研究。教师可以把自己的学科德育课堂实践进行细化和总结，把实践经验进一步升华。

2. 三点特色

（1）坚持“由面到点”的特色

学科德育的校本培训，我们始终坚持“由面到点”循序渐进地逐步展开。

首先，邀请学科德育专家来校向全体教师做报告、讲座，强化理论学习。其次，由学校中层干部带头学习，以导读或者述学的形式向全体教师交流自己的心得和体会。例如，我开设的《学科德育与育德意识》讲座强化了德育意识是教师的生命力的理念，育德必须与基础教育改革发展的形势相结合，必须与学校发展与教师自身需要相结合。最后，专家走进各备课组对教师进行面对面的指导，帮助教师上好学科德育的实践课。同时，学校也给教师们搭建各类平台，让教师们一展身手。例如，将“让德育浸润课堂”教学观摩研讨活动办成上海小学学术节系列活动之一。我们在三门学科中开出四堂教学观摩研讨课，分别是语文学科的《带着尺子去钓鱼》和《微笑着承受一切》，自然学科的《小电珠发光》和信息学科的《简单的头饰制作》。全校教师根据自己任教的学科有选择地观摩了两节课。同时，我们邀请三门学科的区教研员、专家进行现场观课和评课。通过专家们的点评，教师对如何在课堂教学中渗透德育有了更深一层的了解，育德意识与学科德育的能力得到提升，从而让德育真正地浸润课堂。

这样“由面到点”的培训，既有全员培训，又有个别培训，由全体再到个体的形式符合学校教师分类学习的需求。

（2）坚持“由无到有”的特色

学科德育的校本培训最主要的内容之一是培养教师的学科德育意识，我们注重的是意识的培养。我们要求教师在每一节课的教学中始终要有一种学科德育的意识，是基于每堂课的，并不是上好一到两节的学科德育的实践课就可以了。在这里，“无”指的是学科德育在课堂教学中的“无意识”；“有”指的是学科德育在课堂教学中的“有意识”。

“由无到有”指的是通过培训教师在课堂教学中学科德育的意识要从“无意识”到“有意识”。在培训之前，在教师的课堂中也有学科德育，只是没有意识到，或者没有很好地归纳和整理；通过培训，教师们要把学科德育变成自主的意识，而且要做到“了无痕迹”“润物细无声”的效果。

（3）坚持“教师主体”的特色

在校本培训中要发挥教师的主体性，让教师的个性得到充分张扬，激发、唤醒沉睡的教师主体意识，鼓励主体性的成长，才能使培训变为教师主动学习、敢于创新的自觉行为。在接受培训的过程中，每位教师都能在自己实践学科德育之后留下培训的“痕迹”，或是心得或是感悟或是反思，点点滴滴都是教师个人成长的真实记录。

例如，区语文教研员在评价高年级的《微笑着承受一切》这堂课时说道：教师能抓住高年级语文课的特点，通过语言训练让学生感受课文内容，从中受到启迪。 在语文课堂教学中，处处涌动着教师对学生生命的关爱。教师在这堂语文课中将隐性的教学目标——人活着的意义是什么，该如何面对生活中的挫折——挖掘了出来。在整个过程中，教师的“德育意识”始终是存在的，但又不是外露的，在旁人看来是不经意的，这种不经意就是教师主体意识的体现。

所以，我们认为这样的培训是有针对性和实效性的。

（四）效果

新课程的全面实验，要求教师跳出无反思的、习以为常的工作状态。以“学科德育为载体”的校本培训，是教师专业成长的必然要求。教师们经过有目的和系统的培训后，在以下几个方面有所提高：强化了教师学科渗透的意识；探索了学科渗透的有效做法、成功经验，以学科组为单位推而广之，形成共享机制；以学科德育为载体，形成新的校本培训的机制，以此来促进教师的专业发展。

（五）成果

研究报告：系统总结课题研究过程、重要发现与结论。

案例集：反映个人、教研组在校本培训中以“学科德育”为主题的实践课教案集及反思集。

指导性文件：每学期形成《“学科渗透德育大家谈”理论篇和实践篇》的内部学习资料集。

（六）保障

健全组织，明确责任。学校成立由分管领导和有关负责人组成的校本培训组织机构，以加强对此项工作的领导和协调，一级抓一级，层层抓落实。

整合资源，实现共享。优化整合各学科整体资源，促进各学科德育渗透的有机融合。

加强宣传，促进交流。校本培训设专人负责日常工作的管理、资料整理、信息沟通与交流；在学校开辟专栏，研讨交流培训的进展、成果和经验，发布培训重要信息等。

建立评价、督查制度，创造良好的校本培训研究氛围。

三、教师学科育德校本培训的反思与改进

通过校本培训，我们发现教师们的学科德育意识加强了，但是在课堂实践中，学科德育的方法和技巧还有待进一步探究。在课堂教学中，学科德育的内容有些是游离在教材内容之外的，有些则与教学内容贴合不紧密。这些现象促使我们要在今后的培训中寻求更好的方法和途径来加以改变。

我们设想在今后的校本培训中，要收集各学科的学科德育的成功典型案例与教师共同分析和研讨，同时在每个年级的每门学科中请骨干教师上好学科德育的示范课，实现同伴分享案例并逐步内化为个人的育德能力。

第五章

挖掘富矿

研修激活
教师专业成长

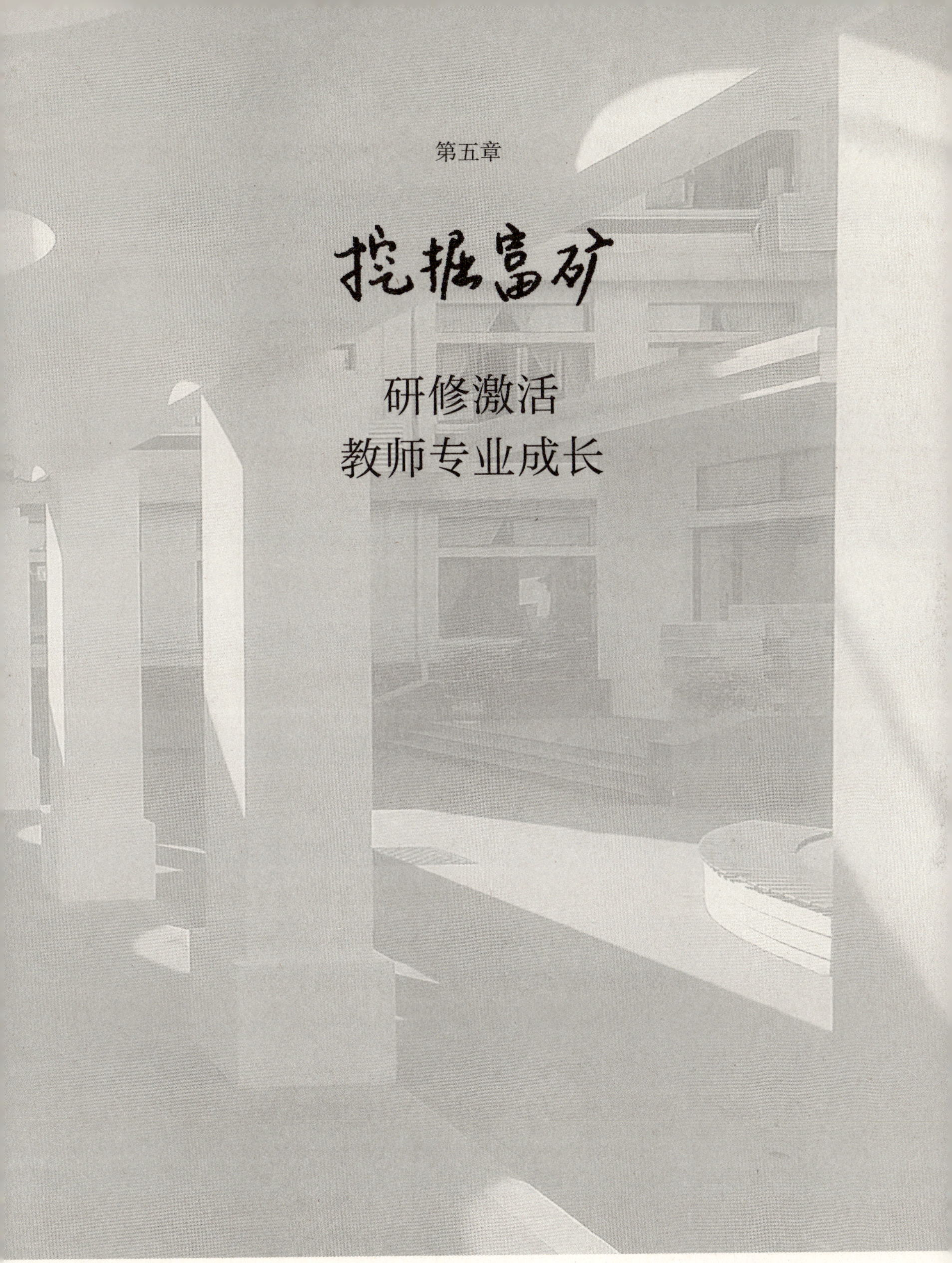

面前这位皮肤白皙的年轻女教师是我们学校新进的一位职初期教师——小李老师。此时此刻，她正愁眉苦脸地向我诉说从教两周来班级那个经常让同学受伤的“特殊生”，每一次无论是严肃的批评教育还是口干舌燥的劝导都见不到一点成效。面对这个孩子，她渐渐生出一种无力感，无论怎么教育，他似乎仍是一只暴躁的“小怪兽”。

我耐心地听完她的诉说，让她不要急，先把自己的困惑整理成问题提纲，然后在教师规培中即将开展的“成长合伙人”项目里请我们学校的专家型教师“把把脉”。

过了一段时间，我又遇上小李老师，看见她笑盈盈的样子，我便向她询问现在那个“特殊生”的情况如何。她说按照“成长合伙人”仲教师的建议，她调整了教育策略，并为孩子设立长期的行为规范评价办法，孩子进步已经很大了，待人变得宽容、随和多了。

“成长合伙人”项目到底有什么魔力？在本章中我将解开其中的秘密。

第一节
激活内驱的成长项目

学校坚持"每一位教师都是一座富矿"的理念，针对不同阶段教师专业发展的特点，为处于每一阶段的教师开设教师研修项目，并采用多种方式，为学校培养各类教师。[1] 通过项目引领、任务驱动、团队合作，助推每一位教师进一步的专业发展。

一、激活内驱的成长项目之缘起

20 世纪 90 年代，上海小学开展的"感悟型语文教学模式的构建与实践"，作为一项具有标志性和独创性的教学科研课题，给学校留下了科研兴校的基因。踏上"新优质学校"创建之路后，学校又紧紧围绕教师队伍专业化水平的提升，持续开展以校为本的研修活动，同时学校借力市、区多项教育改革项目，有效推进教师队伍的专业发展。

经过持续不断的校本研修活动，学校的青年教师快速成长，产生了相当数量的成熟教师，并且逐渐形成了合作分享、互动共生的研修文化。学校的教师队伍在结构上有一个显著特点，教龄为 10 至 20 年的教师占近半数，小学高级教师数量也较多，而未满 3 年教龄的职初教师占比也较大。在学校里，他们本应是校本研修活动的主力军和提升空间最大的

[1]《双轮驱动 助力成长——上海市徐汇区上海小学青年教师"成长合伙人"项目介绍》，载何云峰主编《现代基础教育研究（第 38 卷）》，上海教育出版社 2020 年版。

受益者。但是，近年来在持续开展校本研修的过程中，在推动各阶段教师专业发展的过程中，越来越多的教师反映，他们在工作中，更多的是疲于奔命和走过场的应付，缺乏专业成长内驱力。

二、激活内驱的成长项目之内容

多年校本研修的实践让我们充分认识到，应从不同专业发展阶段的教师的专业特点出发，更多关注教师个体的发展需求，为每一位教师的职业成长设计校本研修项目。因此，我们聚焦学校教师队伍当中占较大比例的上述两个群体，从 2017 年 4 月就开始酝酿并实施青年教师“成长合伙人”项目和成熟教师“二次成长”项目。

（一）青年教师“成长合伙人”项目

本项目的研究对象是任教年限为 1～3 年的职初期教师。设计思路是对传统师徒制进行改良，除了按学科配备一对一的师父外，还构建起支持新教师起步的“自助”培训课程。该项目主要包括两个方面：一是将学校多年研修成果开发为教师微型课程，以专题的形式组织青年教师开展具有针对性的专题研修，帮助其解决一些教育教学中的共性问题，尽早融入学校特有的研修文化；二是以问题为导向建立访谈机制，促使一位新教师能够受益于多个不同学科“成长合伙人”的“同题异解”，以此汲取养料、内化反思。[1] 之后通过任务驱动建立起编撰机制，总结出多位师父的可操作、有特点的高效能经验，以形成个性化的问题解决策略。具体分成以下几个步骤。

[1] 《双轮驱动 助力成长——上海市徐汇区上海小学青年教师“成长合伙人”项目介绍》，载何云峰主编《现代基础教育研究（第 38 卷）》，上海教育出版社 2020 年版。

1. 组建专家教师资源库

学校从 35 岁以上的成熟教师中遴选了 17 位暂不担任师徒带教工作的、具有教育教学丰富经验与鲜明风格的教师，组成青年教师“成长合伙人”专家教师资源库，他们的特长涵盖了教育、教学、综合等多个方面。

学校在教师节当天，向他们颁发聘书，并专门印制了《专家教师介绍册》，这既向青年教师展示了他们的特色，又是对他们即将毫无保留地向青年教师分享智慧的一种赞许与致敬。

2. 合伙人专题培训

学校对合伙人教师进行专题培训，阐明项目的目的和意义，明确提出要求，即合伙人对青年教师进行指导时，要做好充分的准备，保证充裕的时间，以教育教学案例的讲述为主要形式，分享自己的经验。

同时，我们结合合伙人教师自身特点，帮助他们梳理已有经验，围绕职业感悟与师德修养、课堂经历与教学实践、班级工作与育德体验、教学研究与专业发展四大模块，形成了 20 门微型课程，有机地分布在一学年中，组织青年教师进行专题研修。

3. 青年教师专题培训

学校组织青年教师就如何聚焦自身关键问题，向合伙人进行讨教咨询，并最终形成案例，进行专题培训。我们要求每一位青年教师最终完成的案例分成三个阶段，每个阶段形成一个子案例。第一阶段为提出问题阶段，子案例包括个人基本情况分析、工作中遇到的关键问题的描述、自己处理问题的方法和效果分析，以及自己拟采访的专家名单。第二阶段为采访实践阶段，子案例包括青年教师在采访前梳理出的采访提纲和采访后的实录。第三阶段为总结提炼阶段，子案例包括采访后的实践情况、专家建议实施后的分析与反思，以及对今后处理类似问题的策略提炼。

4. 形成“预约访谈—对症咨询—实践案例”机制

学校印制了一式两联的咨询券，每位青年教师每学期将得到5份这样的咨询券，他们可以就同一个问题，最多向5位不同学科的合伙人进行预约咨询，也可以前后几次向相同的合伙人进行连续跟踪式的咨询。在为期三个月的时间里，青年教师通过预约、访谈、实践、反思、提炼等关键环节，形成一份有一定深度和借鉴意义的案例。合伙人教师手中的咨询券也将作为专项考核的依据之一，这不仅为经验的分享与学习搭建机制，更是促进了中青年教师的同心同向、共同成长。

5. 学期回馈，交流展示

每学期组织一次案例展示交流活动，聚焦共性问题，共悟解决策略。

6. 案例积累，形成课程

青年教师每学期完成一个案例，以两个学期为一轮，进行汇总、分类与归纳，形成以问题为导向的案例集，为日后的青年教师提供自助培训课程，以及新一轮“成长合伙人”项目的运行提供参考。通过自助培训课程，我们积累了丰富的教育案例和教学案例，不断地对青年教师这块“璞玉”进行雕琢，调动青年教师学习与反思的自主性和积极性，引导其将课堂教育教学实践的观察、感悟及时生成素材，开启自助式专业成长的第一步。

2017—2019年度青年教师“成长合伙人”的案例约收集了119份，学校将两大主题的案例集按照内容划分为不同的维度。如表5-1所示，案例撰写模式在形式上大致包含了案例名称、基本信息、问题描述、采访实践、提炼反思等流程。在撰写案例时也有一定的要求，如采访提纲下要展示详细、完整、具有故事性的实录，以新手教师与专家教师的对话作为展开形式，着重描述专家教师的经验与方法，以及新手教师实践的成效与反思。

表 5-1 “成长合伙人”案例撰写模板

案例名称
一、基本信息
青年教师： 问题概要：
二、问题描述
（一）工作中遇到的问题 （二）已经采取的处理方法和效果
三、采访实践
（一）采访实录 （1）第一次采访 时间：__________ 地点：__________ 合伙人（被采访者）：__________ 采访提纲： （2）第二次采访 时间：__________ 地点：__________ 合伙人（被采访者）：__________ 采访提纲： （二）实践情况
四、反思提炼
撰写人：

从内容上看，教育案例主要包括班级管理、特殊生教育、自我养成等主题。班级管理又细分为课堂纪律、班级荣誉感、同伴相处、师生相处、家校沟通、小干部履职等方面；特殊生的教育主要包括具有暴躁性格、好动性格、活跃性格、游离课堂、爱打小报告等特点的学生的教育方面；养成教育主要包括学生习惯的培养及教师自身的成长等方面。教学案例主要包括课堂中的共性问题，如课堂教学的实效、教师教学用语、学生课堂参与度等方面。除此之外，教学案例还包含提升学生能力的方式方法的问题。

在评价上，学校对这些教育教学案例标出星级水平，但由于篇幅的限制，下文展示一篇5星级教学案例的片段。

【教学案例】

教师怎样说，学生才会听

（片段）

……

三、采访实践

……

采访提纲：

- 我说的话学生当作“耳边风”，您在职业生涯中遇到过类似情况吗？
- 遇到这种情况时，您会如何处理？

- 如何进行有效的师生交流？
- 如何在树立威信和建立亲切感中保持平衡？

（1）第一次采访

时间：3 月 27 日第六节课

地点：一年级办公室

合伙人（被采访者）：沃老师

……

王：我们一直表扬小 Y（爱捣乱的一位学生）写得一手好字，还请他到讲台上领读，他确实很高兴。不过，这孩子实在太反复了，我总觉得束手无策。他还有个坏习惯，喜欢在墙上乱涂乱画，我已经批评过多次了，但是没有效果。今天我跟他妈妈也沟通了，希望她能对孩子要求严格一点。我还分享了我的方法，如果小 Y 在学校里违反纪律，我就让他留下来读英语。

沃：嗯嗯，我觉得教师在保留底线的前提下，可以适当做“恶人”，做一些家长无法做的事。当然，要“恩威并施”，让孩子感受到教师是有威信的，是温和而坚定的。

沃：像我们美术课上，有些捣乱的孩子经常会把蜡笔弄坏，不整理好，我反复地说，但是他们就是不听。我说：“好，你不爱惜学校的东西。老师也不能把学校的东西借给你，下次你得自己带文具来。”有些孩子确实学会了爱惜文具。从这周开始，我让每个班级以小组为单位进行教具整理，每组按学号轮流做组长，组长先自检，然后督促组员整理，确认检查好了再举手让我检查。同时规定，如果我发现这一小组有同学没有整理好，下周整个小组就要自己带文具来了。经过一番检查，我发现还是会有孩子没有整理好，这个时候我就会说："下周我可不能借你们东西了，这样也不用你们整理了。其他小组恭喜你们通过，下周可以继续使用沃老师的东西。"后来我想想，严格的规则还是要有缓和的余地。我又接着说："你们下周不能借学校的东西了怎么办？爸爸妈妈还要去买新文具，也很麻烦，沃老师给你们想两种办法：第一种，马上让爸爸妈妈去买文具，下周拿来用；第二种，请老师再给你一次机会整理好画笔。"一年级的孩子很可爱，真的会很认真地想，想好后点点头，说："老师，再给我们一次机会吧。"其实，我心里想，我的最终目的不是让他们去买文具，而是培养他们的责任心与规则意识。总之，反反复复的情况难以避免，我们还是要根据孩子的心理特点，给他们一些改正的机会。

还有，一定要跟爸爸妈妈多沟通哦。有时，通过孩子的传话，父母听了可能没有意识到问题的严重性。同时，你在交流的时候记得看看父母的反应，听听他们处理事务的意见。

……

（2）第二次采访

时间：3月27日第三节课

地点：二年级办公室

合伙人（被采访者）：陶老师

……

陶：你说的这种情况还是比较常见的。例如，抓订正这件事，其实我不太建议下课"抓订正"。下课时间12分钟，学生随着下课铃声响起，心也"飞"掉了。他们其实是很想放松、很想活动的。

王：对的，您说的没错，上次我就拖堂拖了一会儿，学生们就不高兴了呢。

陶：是的，现在孩子对上课拖堂、课间抓订正是很不喜欢的，这是因为他们觉得12分钟是属于他们自己的时间，就算去订正了效果也不好。往往在课间把本子交给你的都是很乖的学生，就算你不在场，他们也会很乖地订正好交给你。所以，还不如你跟班主任协商好，中午进教室10分钟，专门批改订正。中午时，大家都在午自习，学习氛围比较好，学生们也能静下心来。所以我认为，抓订正的时间还是放在中午比较好。

王：好的，陶老师。另外，如何纠正学生的一些不太好的行为，例如课上不专心、说闲话、违反纪律等。我经常采用的是谈话的方式，但总觉得没有什么效果。

陶：首先，我认为在课堂上，对个别违反纪律的学生点到为止，尽量不影响其他同学听课，保证教学活动有序地进行下去，课后再单独找这位同学进行沟通，找家长进行沟通，让孩子觉得在你的课堂上捣乱好像很不划算、很麻烦。也不必对孩子很严厉，可以不厌其烦地跟孩子强调纪律及遵守纪律的意义。几次下来，孩子就会乖一些。

我在网上找到了一本书叫《老师怎么说，学生才会听》。书中说，师生之间的对话要注重技巧性，当中有一些方法都蛮实用的，推荐你看哦。

……

（3）第三次采访

时间：3月28日第一节课

地点：三年级办公室

合伙人（被采访者）：凌老师

……

凌：先说订正这回事儿。首先，你可以拿着一叠本子进教室，注意一定在班级安静的情况下、大家都在听的情况下，你宣布："小朋友们，现在我们要订正作业。""如果谁先订正好的，或者谁今天订正有进步的，老师会奖励他一块糖或巧克力，现在老师要把本子发下去了。"这样要求十分明确，保证每个孩子都听清了你的要求。如果在吵吵嚷嚷的情况下，说这些话效果就很差，有的孩子的确是没听到，或者有些孩子在玩的时候忽略了你的话。

王：嗯，有些同学会打开本子看一下，马上合上再去玩。

凌：我们班有这样一位同学，他很喜欢看书，非常入迷，影响了各个学科的学习和订正。我就跟他说，书可以看的，不过要到下午两点半以后才能看。你还要观察班级里订正最慢的和态度最不好的几个学生，态度最不好的你要抓一抓。订正慢的人，你要观察原因，是不会做还是速度慢。有些孩子确实不会，你叫他怎么订正呢？可以在班级里成立一个互帮互助的小组，先挑出你觉得订正比较困难的几个孩子，再安排几个比较好的同学，在他们面前开个小会，跟孩子们说："以后订正有困难，可以找这几个同学寻求帮助。"这样就解决了部分孩子订正慢的困难。所以，还是要从表象深入下去，找到原因，才能对症下药。否则，觉得做老师好失败呀，他们怎么都不听我的？

王：凌老师，我还有个疑问，奖励机制确实有效，但能长期使用吗？

凌：奖励绝对不能长期使用，一般情况下在刚开始时强化，到后来就要淡化这个机制。

王：之前，我跟我们班的孩子说谁的作业完成得好，老师奖励谁一枚章，之后他们就一直问我，老师这次可以敲章吗？会有这样的一个情况。

凌：我教有些班级时，我会采用这些办法，不过两三个星期过后，就算老师没有讲，也要认真去写。这才是最终目的。但是，也要做个有心人，该奖励的时候奖励，该惩罚的时候惩罚，不然学生会觉得这个老师没有威信，就容易钻空子。所以，你一定要做到说一不二，说出去的一定要做到。

……

王：我们班的小 Y 同学是经常故意捣乱，影响同桌，喜欢涂墙，让他擦了好几遍，还是屡教不改，甚至他的妈妈也来教室擦了好几遍，但是他还是改不掉这个习惯。

凌：这样的孩子，还是要多给他爱和关注。而且，还要找周围的同学，跟他们说，"小 Y 是想引起你们的注意，他觉得没有人理他，所以喜欢碰碰你"。但是，你要跟学生讲清楚，上课的时候不要理睬他，"他碰你们，你们就稍微让让他，几次不理他，他也就没辙了"。把周围的学生教好后，再对小 Y 说："现在很多同学对你很不满，老师知道你很想交朋友，但是你以一种很不文明的方式吸引别人的眼球，这种行为是错的，会让别人感到厌烦的。你不妨试试看，多做几件好事。例如，当旁边的孩子遇到困难时，你去帮助一下，借文具给他，我相信别人一定会喜欢你的。我知道你也很想得到老师的爱，但是通过捣乱来吸引老师的注意力的方法是错误的。你可以上课坐端正，认真完成作业，这些老师都会观察到的，而不是采用相反的方式让老师和同学越来越烦恼。”

王：嗯嗯，好的，凌老师，我试试这个办法看看。

凌：今天我跟你讲的这些方法，就像是做菜，需要一个火候，或者说需要很漫长的时间，可能在你工作的2～3年内都会碰到这个困惑，所以一定要耐得住性子，关注每一个细节，说到做到。还有，教育孩子要赢得家长的支持，从细节入手，在生活上关注孩子，平常学生活动、做作业时也可以给孩子拍照发给家长。家长最喜欢看到孩子的笑脸了，让家长觉得孩子在学校中是快乐的。经常这样做，就会帮你赢得家长的支持。

王：谢谢凌老师教了我这么多具体的方法，我会去实践的，辛苦了！

（二）实践情况

……

听取了三位教师的建议后，我采取了如下措施：

（1）多关注小Y，每次他犯错误时，和他谈心，了解其背后的原因。

（2）和小Y周围的同学进行沟通，做到能对小Y的捣乱行为不予理睬；当小Y表现好时，告诉老师，老师在班级里公开赞赏和鼓励。例如，小Y画画真棒！今天上课可真认真和积极！其他同学要向他学习！

（3）树立教师威信，“说到做到”，奖惩分明。例如，小Y犯错误、违反纪律时，采取“特别的惩罚”，如为班级集体做三件好事；在孩子进步时，进行及时的表扬和鼓励。

（4）与家长保持密切沟通，从细节入手，让家长时时了解学生在学校的动态，对孩子取得的进步表示赞许，争取家长的配合，探讨教育方式，保持立场统一。

（5）对于订正问题，了解订正慢的同学背后的原因，是开小差还是不会做，并找到相应的解决办法，如采用分配小老师或小组合作等方式，鼓励按时完成订正或有进步的学生，对于故意拖沓的学生进行适当的教育。

（6）多阅读关于教育的书籍，针对不同情况的孩子找到不同的应对策略，对症下药，并做到及时反思和总结。

四、反思提炼

在聆听了合伙人专家教师们的建议，并在班级中进行了一段时间的实践之后，班级的情况有所改善。

……

我总结了以下几种帮助学困生的方法：

- 多关注学生，经常与学生谈心，了解其行为背后的原因。
- 利用班级集体氛围以及学生的好朋友，帮助学生改正行为习惯。
- 树立教师威信，出现问题时采取“特别的惩罚”“恩威并施”，做到奖惩分明。
- 与家长保持密切沟通，争取家长配合，促进家班共育。
- 对孩子有爱心，让孩子感受到老师的爱，接受老师的表扬和支持，积极改正自己的缺点。
- 认识到教育的反复性和复杂性，保持初心，不丧失信心。

（撰写人：王欣）

依托“成长合伙人”项目，学校逐渐形成了一个合伙人专家教师团队，开设了一门适合职初期教师的课程，加快了青年教师队伍的专业成长，撬动了合伙人专家教师队伍的成长……“双轮驱动”格局形成，是促进新手教师和专家教师共同成长的重要举措，也是挖掘教师“富矿”的价值和意义。

（二）成熟教师“二次成长”项目

这个项目的设计思路更关注成熟教师个体在专业成长过程中所遇到的问题，进一步激发成熟教师二次成长的动力与活力、突破瓶颈期、找到专业发展的新引擎，逐渐缓解职业倦怠。[1] 我们试图通过“创新—系统—体验”的方式，针对成熟教师进行个性化培养。

1. 目标定位

突破专业发展瓶颈期，助推研究成熟型教师的二次成长是本项目的目标。学校坚持每一位教师都是富矿的理念，通过个性化培训方案，挖掘教师自身的能量，让成熟型教师看见自己的进步轨迹，进一步反思自己的实践过程，将之萃取并转化为关键经验，以明确二次成长的生长点，并为更多的教师提供借鉴。

2. 培训思路

引入“教师成长教练”这一角色，为教师定制个性化成长方案，并在市、区、校重大项目的实践与探索中，运用一系列反思工具唤醒教师的意识，让教师从“我就是感觉应该这么做的”走向“我可以清楚地说出自己为什么这么做的原理、步骤及效果”。

---

[1] 陈鹏：《后见习期教师专业发展困境与支持策略》，载《上海教育科研》2020 年第 9 期。

3. 研修方式

(1)成长教练启发式研究：用适切的任务和问题解决过程中的进阶设计唤醒教师的自我成长意识，做更好的自己，并逐渐形成自己的教学主张或教学风格。

(2)成长伙伴陪伴式研修：为每一位参与项目的成熟教师选择一位中层干部作为研修伙伴。他们应在学科背景、专业发展阶段、生活工作压力等方面具有相似性。这也是为成熟教师提供一位“闺蜜”来互相鼓励并共同完成任务。

(3)体验式学习：在研修过程中通过度身定制的工具研发来促进教师独立思考，反思已有教学经验，进一步提升教育教学的水平。

(4)专题式研讨：通过听评课、主题研讨等方式促进教师思维方式的转变，学会用更多元的视角思考问题。

(5)合作式读书分享：采用有针对性的读书配给方式，分块面阅读《像冠军一样教学》《追求理解的教学设计》两本书，让教师找到帮助自身定位的参照系和持续发展的频谱仪，通过阅读与分享看见成长进步的轨迹。

此处展示“成熟教师二次成长”项目展示微报告与微访谈各1份。

【微报告】

“成熟教师二次成长”项目展示——微报告

（片段）

“读”“思”结合明理论　由“混”至“清”助发展
——读《追求理解的教学设计》体会

我是林磊，一位有着11年教龄的数学教师，并连续两次被评为区中青年骨干教师。

今年4月，华东师范大学的周文叶博士联系学校，说她的一位研究生小张要做表现性评价的课题研究，希望能与我进行合作。当时，教学进度为《表面积的变化》一课，于是，我们的第一项表现性任务就是礼物包装，侧重学生运用表面积知识解决问题。教学评一致性的《教学指导手册》编制思路已经成了我常规教学工作的一部分，于是我驾轻就熟地先研制了评价目标，再制订评分规则，最后设计表现性任务。可是，在依据评分规则给每一位学生进行评价时，我们发现，有不少评价的关注点是重复的。就在这时，小张提出了一个大胆的建议，即在设计表现性任务时，能否先设计评分规则，然后再定目标和任务。当时我立即否定了她的提议，但小张却在一旁不停地劝说：“既然想要评价学生解决问题的能力，那么就在解决问题这个大概念下设计相应的评分规则，这样既不会受内容的制约，又可用于问题的解决……”

当我冷静下来后，觉得小张的话不无道理，没有试过，又怎么知道它行不通呢？于是，在设计第二项表现性任务时，就大胆尝试了先设计问题解决的评分规则，果然避免了评价维度之间的交叉重复，而学生完成的效果并不比第一次差。我不禁思考，为什么评价先于目标设计也是可以的呢？是偶然吗？有没有人也这样做过？一连串的疑问在我脑海里萦绕了很久，甚至快要遗忘之时，我得到了答案。

在参加“成熟教师二次成长”项目活动时，我阅读了《追求理解的教学设计》一书，在与成长教练的几次交流中逐渐明白，虽然那次设计看似是从评价开始，其实在自己心中早已定好目标了。不同的是，以往在根据教学内容拟定教学目标时，我们往往被内容所牵制，内容影响着整个设计，这只能称作“基于标准的教”，而如今更追求学生的理解及认知参与程度，在这个理念下进行目标的制订、评价的设计和任务的选择，才是真正的“基于标准的学”，指向学生素养的提升，凸显教师教学设计的质量。

在这本书中，还有一处也帮我拨开了眼前的浓雾，虽然它的核心只有短短的四个字——儿童语言，即用儿童语言设计问题，以便使问题更容易被学生理解。这是由于在和小张一起做表现性任务时，好不容易解决了设计评分规则的问题，接踵而来的问题就是学生不会根据它来进行自评和互评。这些规则语句较长、语义抽象，虽然在课上，我会对每一个规则进行解释和提炼，并配有相应的作品进行评价演示，可是，学生在自评和互评时依旧存在很大的困难，评价的结果往往与真实水平相差甚远。在翻阅了一些国外比较成熟的案例之后，我们不禁被他们简洁、通俗的文字所打动，我们何不借鉴他们的做法，以学生的口吻去撰写规则呢？从人称、词汇、语气等各个角度去调整，让它成为儿童语言。既然《课程纲要》撰写了教师版和学生版两个版本，那么学生版本不仅要在呈现方式上儿童化，更要在语言表述上下功夫。

总之，原先一些割裂的事件、模糊的意识、不确定的做法，当我读到本书的某些章节和语句时，在一瞬间连珠成串、清晰明朗了。回看原先的自己，早已沿着步步台阶，走到灯火阑珊处。

（撰写人：林磊）

【微访谈】

“成熟教师二次成长”项目汇报展示——微访谈
（片段）

成长篇

一、自我成长

经历了一个学期的教师“二次成长”培训，我最大的体会就是自我成长。

记得一年多以前，我校作为区“基于课程标准教学的区域性转化”的基地校，语文组由二年级备课组领衔，承担了区级展示的工作。接到这个任务后，我的压力很大，但每一次到二年级组参加备课组活动时，总能看到二年级组组长在推敲课堂教学的环节设计，鼓舞组内教师的士气。即使加班加点，遭遇瓶颈期，她也从未打过退堂鼓。我们在一起讨论得最多的就是如何让课上得更有实效、单元的目标与评价的联系更突出、活动更出彩。整个备课组齐心协力，最终呈现了一次精彩的课程展示。结束后，我们都感到如释重负又收获满满，参与其中的人得到了极大的成长。

我想，成长无非就是给自己找事做、自己给自己定目标。这样想来，学期初制订的计划就不再是为了计划而计划了，听课、上课就不再是例行公事了，开展语文组的活动就不再是过得去就行了。"自讨苦吃，以苦为乐"，大概就是成长必经的路程吧！成长的底色是苦涩的，像一幅美好的油画，在沉闷的、接近抑郁的深蓝底色上，颜料层层覆盖，色彩渐次明亮，终能开出梵高的向日葵。

"二次成长"项目给我提供了一个沉淀、回顾、反思的机遇，促使我不断审视自己、督促自己及挑战自己。因为这不只是在从事一份工作，而且是在干一份事业，一生为之努力、不断获得成长的事业。

（撰写人：乔琦）

二、学生成长

我的关键词是学生成长。我的感受就是教师的成长，除了应满足自我要求、学校的发展需求之外，还应满足学生成长的需求。

例如，对《学期课程纲要》和各学科《课程纲要》的解读与学习，我们一开始是通过新教师培训、教研组研修等活动开展不同层级的培训。后来我们发现，如果纲要只是用于教师学习和了解，而学生对本学期的学习内容、学习方法、评价策略还是“云里雾里”、一知半解。尤其是实施等第制以来，学生对学业和评价方式的关注度日益增强。我现在任教五年级语文，学生往往会询问：“老师，我的B是怎么来的？我该如何努力，才能达到这个分项的A？老师我比他认真，为什么我和他都是C？”学生希望的评价是清晰而又明确的。

于是，我们以教研组为单位开始了连续两年的《学期课程纲要》分享课的研究。在这个过程中，教师的教学行为在不断地调整和改变：（1）将原先各教研组自行研修的方式，调整为以教研组为单位进行校级公开展示的研修活动，促进组内的互助互学；（2）将原先只有教师版的课程纲要，调整为更利于学生理解的学生版课程纲要；（3）将原先边教学边进行评价的方式，调整为在每学期的“开学第一课”中与学生进行纲要的分享，切实做到评价先行；（4）将只对学生开放的课程纲要分享课在开学初的家长会上公开展示，帮助家长理解学校的教和学，促进家校合力的形成。

为什么会有这样的变化？我想，正是学生成长和发展的需求与特点，改变着我们的教学行为，让我们的教师在变化中与学生一起成长！

（撰写人：金燕）

三、激活内驱的成长项目之成效与展望

以上两项教师专业发展的子项目实施时间虽然不长，但已经给我们的队伍带来了一些明显的变化。

(一)两类教师专业发展的内驱力得到唤醒

职初期教师在“成长合伙人”的指导下，共完成教育教学案例119个，共计107万余字，平均每个案例近9000字。在案例中，职初期教师原先聚焦的难点与问题，大多得到了合伙人教师的有效指点，并通过实践使原先的问题得到了解决。同时，也缓解了职初期教师的挫败感与焦虑感，使之感到关心与帮助的力量，从而促进其专业发展水平的提高。

成熟教师通过关键经验的萃取，克服了原有的路径依赖和职业倦怠的心理，在实践中不断激发出更大的内驱力和创造力。项目开展至今，项目组成员组织或主要参与的区、校重大教研展示活动达10余项(语文学科：区级2次、校级1次；数学学科：区级2次、校级1次；综合道德与法治学科：区级2次、校级2次；自然学科：校级1次；心理学科：学区级1次、校级1次)，1人获区“骏马奖”提名奖，1人参评区“耕耘奖”，1人获评高级职称，2人积极申报高级职称。

(二)对教师队伍产生超出预期的积极效应

在这两个子项目的设计之初，我们思考的是通过项目的实施，促进占整个教师队伍60%的两个不同阶段教师的专业发展，但是通过实施，我们看到，这两个项目的开展不但对两类教师群体有影响，而且撬动了整个教师队伍的成长。

在“成长合伙人”项目中，原先被设定为输出对象的专家教师合伙人的收获与成长不亚于职初期教师，在提炼自身关键经验的同时，也感受

到了一种不忘初心的力量。“成长合伙人”这一机制的逐步形成和完善将使学校形成“双轮驱动”（师徒带教与“成长合伙人”）格局，促进新老教师的共同成长。

而成熟教师“二次成长”项目，使更多成熟教师能更好地将自己是怎么做的、怎么想的说清楚，从而更好地带动教研组备课组的研修，促进学校良好的研修文化的形成与发扬，提高研修活动对课堂教学的积极效应。在成熟教师的带动下，学校除了持续开展“基于课程标准的教学与评价”校内研修展示活动、构建分项诊断评语库、编写教学指导手册等多项专题研究外，还接受了市教委“基于课程标准的教学与评价”的“飞行督导”，广大教师对此项教学改革的理解、实施与所呈现出来的精神面貌，都受到督导组专家的肯定。

（三）重新审视校本培训中教师的专业成长

对于教师队伍的建设，应充分认识到，即便是职初期教师也不是一张白纸，他们都有独特的个人经历，有认识和理解事物的思维方式和处事风格，也有各自的优势与不足。因此，一个面向未来的、具有持续能量的教师专业发展支持体系就应该靶向不同专业发展阶段的教师的潜能的唤醒和发挥，激励教师在学习与借鉴中沿着自身的轨道找到成长的感觉。唯有如此，才能消除当前校本培训的适切性弱、需求度低、实用性差等弊端，找到校本培训的新入口。

在今后的项目发展中，青年教师还需按计划根据新的难点与问题积累实践案例。同时，学校仍要将其分类整理，形成案例集，为新教师自助式培训课程积累素材。成熟教师还需进一步在市、区研究项目中实践与历练，在校级发展项目中反思与体验，从而逐步形成稳定而有特色的教学风格。可以说，一个项目周期的终点是下一个项目周期的起点，如此循环往复，将形成学校教师专业发展的研修机制，帮助不同发展时期中的教师发挥潜能、发现自我、持续成长。

总之，依托“成长合伙人”项目与“二次成长”项目，我们让更多的教师拥有持续成长的内驱力，这既是每一个教师专业发展的需求，是一所学校持续优质的前提条件之一，也是促进教师共同成长的重要举措，真正体现了“每位教师都是一座富矿”的理念(附录图23)。

第二节 指向PCK的能力建设

20世纪80年代，美国学者舒尔曼(Shulman)首次提出学科教学知识(Pedagogical Content Knowledge，以下简称PCK)的概念，即教师个人教学经验、教师学科内容知识和教与学的特殊整合的知识。它对教师来说非常重要，是教师最有用的知识，影响着教师课堂教学任务的设计及学生学习的效果。在校本研修中聚焦教师PCK提升的问题，既是推进有效教学、促进教师专业发展的需要，也是对校本研修模式在实践中存在困惑的回应。我们开展了以行动研究为主的“基于PCK提升的校本研修实践研究——以徐汇区上海小学为例”的理论研究。我们在收集、梳理关于教师专业发展、教师PCK、校本研修等相关文献资料的基础上，选取三位处于不同专业发展阶段的语文教师的课堂教学案例进行聚焦剖析，归纳出不同专业发展阶段小学语文教师PCK特点，并以行动研究的方式呈现学校开展的基于PCK提升的校本研修的实践过程。我们从完善基于PCK提升的校本研修制度、整合基于PCK提升的校本研修资源、建设基于PCK提升的校本研修文化等方面提出了促进教师PCK催生与分享的校本研修实践策略。[1]

一、对教师 PCK 能力建设的审视

综合美国学者舒尔曼(Shulman)、格罗斯曼(Grossman)、史密斯(Smith)和尼尔(Neale)等学者的观点，我们认为教师的 PCK 主要包括三个方面的重要知识，即学科内容知识(content knowledge)、课程知识(curriculum knowledge)和教学知识(pedagogical knowledge)。[2]也可以说，PCK 是关于教师“教什么”和“如何教”的知识，即学科知识和学科教学方法的知识。“教什么”指向学科知识，主要是各学科具体内容的知识；“怎么教”指向课程知识与学科教学方法的知识。其中，课程知识即转化与重构教材、选择课程资源、理解教学目标等的知识。教学知识包括学生如何思维，如何展开教学、采用什么教育教学技能等在内的一般教育性知识。此外，PCK 具有的实践性、个体性、情境性、整合性等特点，对提升教师的专业发展水平极为重要。因此，教师 PCK 的提升是教师成长的关键要素，是教师专业发展的动力源，是进行有效教学的实践条件。也可以说，加强教师队伍建设，关键在于教师 PCK 的不断催生与共享。

校本研修是催生、提升与共享 PCK 的平台，然而近年来在校本研修的实践中，我们依然存在一定的困难，如，校本研修没有聚焦教师专业发展的当下需求、缺乏规划和整体设计、没有成熟的执行机制和模式。而解决上述困难，就需要我们把握核心问题，即从教师的 PCK 入手，不断依据教师需求提升 PCK 的适切性，从顶层进行设计，构建教师 PCK 能力建设的思路框架与体制机制。

---

[1] 毛坚琼：《基于 PCK 提升的校本研修实践研究——以上海市徐汇区上海小学为例》，载陆建非主编《现代基础教育研究（第 10 卷）》，上海教育出版社 2013 年版。

[2] 刘义兵、郑志辉：《学科教学知识再探三题》，载《课程·教材·教法》2010 年第 4 期。

二、教师 PCK 能力建设的思路与框架

指向 PCK 的校本研修研究的思路及框架，如图 5-1 所示。

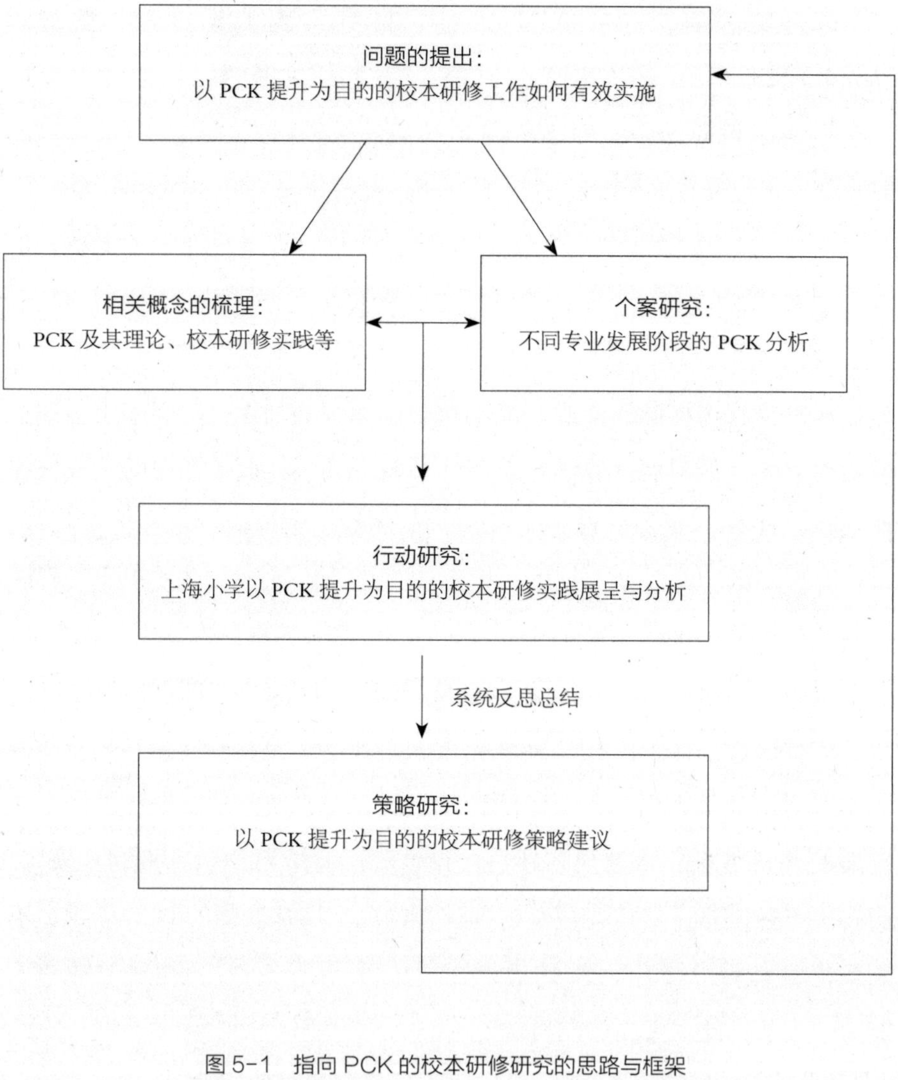

图 5-1　指向 PCK 的校本研修研究的思路与框架

三、对学校教师 PCK 能力的剖析

教师的 PCK 发展都有一个过程，处于职业发展不同阶段的教师的 PCK 也呈现出不同的特点。在教师 PCK 能力建设的初期，学校选取三位处于不同专业发展阶段的语文教师的课堂教学案例进行深度剖析，为日后学校校本研修实施框架的研制提供了重要的现实基础。

我们选取的个案是职初期教师 D、成熟期教师 S 和专家型教师 W。个案的基本情况如下。

职初期教师 D：从教 2 年。

成熟期教师 S：从教 9 年，学校一年级语文备课组长。

专家型教师 W：从教 25 年，学校语文教研组长。

我们分别听了三位教师的 5 轮公开课，每轮 1 节(共计 15 节)，并抽取 5 个样本案例进行比较分析，可以发现教师专业发展不同阶段 PCK 的构建具有量和质的差异，如表 5-2 所示。

研究教师的 PCK 形成过程，离不开对教师成长阶段的关注。[1] 教师专业发展的阶段理论告诉我们，教师成长在职初期主要是“生存关注”，成熟期主要是“任务关注”，而到了专家型教师这一阶段则主要关注“自我更新”。三个不同发展阶段的教师的关注点不同，使得他们建构自身的 PCK 能力时也呈现出不同的特征。

(一) 职初期教师 PCK 特征

对处于“生存关注”阶段的职初期教师而言，其关注点主要包括两个方面：

---

[1] 金燕：《二期课改背景下“三新”教师校本培训的实践研究》，载《上海师范大学学报(基础教育版)》，2008 年第 4 期。

表 5-2 教师专业发展不同阶段 PCK 的构建比较

	D（职初期教师）	S（成熟期教师）	W（专家型教师）
关于教学目标的知识	对于教案以及课本的内容准备得非常充分，对于本单元及本课教学目标有比较清晰的认识及把握	对于教案及课本的内容准备得非常充分，对于本单元及本课教学目标有清晰的认识与明确的把握	对于教案及课本的内容准备得非常充分，对于本单元及本课教学目标有非常清晰的认识与明确的把握
关于学生的知识	对于学生可能会出现的问题没有清晰的认识，缺乏课前的问题预设	对于学生先前的知识储备和认知能力有一定的了解，在教学过程中能够有意识地将学生先前知识与正在学习的内容建立联系	对于学生的知识储备、认知能力及在学习课文的过程中可能出现的问题有清晰的认知和预设；在教学的过程中，W 教师能引导学生将正在学习的知识与先前知识建立联系，建构和生成新的知识结构
关于课程的知识	对于教案及课本的内容准备非常充分，对于教学目标有非常清晰的认识及明确的把握	对于课程的知识能够较好地把握，并且能够在教学过程中将教学难点与教学重点进行明确的区分	从教 20 多年，对于三至五年级教材非常熟悉，在本轮执教一、二年级过程中，对于每一篇课文都会花心思进行研读，并与自己高年级的教学经验相呼应进行思考。同时课余时间经常阅读教育类的期刊和书籍，对于课程的知识有着较好的把握，对于教学内容的理解较为深刻，将教学中的重点与难点进行明确的区分
关于教学策略的知识	在课堂当中对于学生的评价语言总是比较笼统，很少会针对每一位学生给予有针对性的评价	从不笼统地评价学生，教师会明确地指出这名学生的优点在哪里，他的回答为什么好或者是教师为什么要表扬或批评这位学生	教师从学生的立场来推敲自己要说的每一句话，评价语等都要反复琢磨，勤加练习，力求最精准

一是课程教材内容本身。对职初期教师而言，课程教材大部分是陌生的，尤其是教材的重点和难点，是难以把握的。“大学中师范生学习的‘专业学科知识’与中小学生所用教材中所蕴含的知识不存在对应关系，而且中小学教材中的许多知识教师可能根本没有听说过，需要教师自己先学习然后教给学生。”[1]

二是教学常规。如怎样确定教学目标、怎样写好教案、怎样进行常规课设计、怎样对课程的内容进行分析等。

总之，处于这一阶段的教师往往只是提取学科知识与一般教学法知识来构建自己的学科教学知识，从教师教的视角展开课堂教学，即“教会”学生。

（二）成熟期教师 PCK 特征

对处于“任务关注”阶段的成熟期教师来说，其关注点主要包括两个方面：

从追求“教会”学生向“会教”学生转变，即开始从“学生学”的视角考虑教学的方式与方法。“教师原来的知识‘灌输’教学观，随着学生意识的增强也有所改变，变得不再仅强调‘灌’，而是要让学生理解教学内容。不过，这时教师还只是在教学方式、方法方面的转变，教学目的限于知识学习的认识，与生存关注阶段相比没有发生根本变化。”[2]

同时，此阶段的教师开始关注整个学科知识体系结构，关注不同章节在学科知识体系中位置与作用。

总之，对于这一阶段的教师来说，其学科教学知识的建构，逐步从学科知识与一般教学法知识的融合，转向以关于学生的知识为主体的，

[1] 刘义兵、郑志辉：《学科教学知识再探三题》，载《课程·教材·教法》2010 年第 4 期。

[2] 刘义兵、郑志辉：《学科教学知识再探三题》，载《课程·教材·教法》2010 年第 4 期。

学生的知识、学科知识、一般教学法知识的新融合。

（三）专家型教师 PCK 特征

对处于"自我更新"阶段的专家型教师来说，他们大部分已经成为各种层次的骨干教师，较强的业务能力使得他们对学科知识能驾轻就熟，因此，此阶段的教师更多的是从整体、全面的角度考虑教学安排。

这一阶段的教师，在学生观上，认识到学生是学习的主体；在教学观上，不再把教学看成"教给"学生如何去理解的过程，而是教师帮助学生去理解、构建意义的过程。教学不再仅限于帮助学生学习知识，而且要在师生互动过程中使得学生获得全面发展。[1]

对处于该阶段的教师来说，其学科教学知识的建构，不仅融入关于学生的知识、学科知识、一般教学法知识，更有关于评价的知识、情境的知识、环境的知识、课程的知识、社会文化的知识、课堂管理的知识等。

由此可见，随着教师专业发展的逐步成熟，教师学科教学知识的发展呈现出从点到面、螺旋上升的态势，即高一层次的学科教学知识是在吸收与借鉴低一层次的学科教学知识的基础上而建构的，这种建构不仅有量的增加，更有质的飞跃。

四、教师 PCK 能力建设的实践探索

基于校本研修存在的问题，我们开展了精准的教师需求调查分析，进行了系统的规划设计，开始把校本研修的主题聚焦在 PCK 问题上，并

[1] 刘义兵、郑志辉：《学科教学知识再探三题》，载《课程·教材·教法》2010 年第 4 期。

建设了一系列的机制和平台，保障基于教师 PCK 提升的校本研修实践工作得以顺利推行。

(一)理论学习、实践体验，聚焦教师 PCK

为了开展好这一基于 PCK 的校本研修项目，我们在项目初期收集并分析了有关教师 PCK 的国内外理论研究成果及实践经验。在向全体教师介绍这一理论研究成果的同时，组织学校各学科备课组长、教研组长与区教师进修学院语文、数学、英语学科教研员一同研讨教师 PCK 案例，以此作为教师 PCK 知识运用于实践的生动教材。以下列举这一过程中产生的一个案例。

【教学案例】

两位数学教师的同课异构教学设计

教学内容：列方程解应用题的第一教时(见表 1)。

两位数学教师都努力将新课程的理念体现在自己的教学设计之中，但两位教师在“一门学科的统领性观点(关于学科性质的知识和最有学习价值的知识)”与“学生对于特定学习内容理解和误解的知识”这两项 PCK 知识认知上存在差异。教师 A 的设计“复习铺垫到位，学生认知起点靠谱。”而教师 B 的设计过于关注一题多解，无助于学生对方程思想的体会，反易将学生带入误区。

表 1　列方程解应用题教学设计

设计教师	教学目标设计	教学重点	教学难点	专家点评
A	1. 根据题意，找出正确的等量关系式； 2. 根据等量关系列出方程； 3. 会解方程，并检验，完整解答	会找等量关系并列方程解答	找等量关系	教学目标适切，全面；复习铺垫到位，学生认知起点靠谱；等量关系与数量关系的区分有新意，练点明确
B	1. 能根据线段图和关键句列出等量关系式； 2. 能根据等量关系式，找出对应的量，正确地列方程并解答； 3. 掌握列方程解应用题时基本格式并初步学会检验； 4. 培养学生的自主学习能力和小组合作学习能力，拓展思维，能用多种方法列方程解应用题； 5. 体验列方程解应用题时简易性和直接性	会根据数量关系列出正确的方程并解答	会根据数量关系列出相匹配的方程	教学目标清楚，重点明确；练习形式丰富，教学设计的环节意图具体、实在。但体会方程思想，不可要求一题多解

类似的典型案例极有说服力，使教师深刻认识到 PCK 对于提高教师教学能力、加强教学有效性的重要程度。同时，我们意识到，PCK 在教师之间的传递并非直接通过简单地讲解、教授而完成，必须在实践平台上反复体验与操练才能获得。

（二）构建教师 PCK 知识库，提炼教师关键 PCK

对 PCK 有了更直观与准确的认识后，我们开始以语文学科组为试点，开发学科核心教学内容知识库，试图积累与明晰、梳理及分享 PCK 的方法、策略与机制。

1. 搭建小学语文 PCK 知识库的框架结构

构建 PCK 知识库前，我们重点研究了格罗斯曼对 PCK 概念的增添与完善。之后，依据学科特点将知识库分为课堂教学和习惯培养两大模块，并形成专题群。每个专题从 PCK 知识四个方面的维度形成典型案例。

语文学科的统领性观念：它应是语文学科本身最核心、最基本的知识；它包含着本学科的思想、方法、精神和态度；它对学生今后学习和发展是最有价值的。因此，我们认为，它不仅包含着学科知识，还包含着学生习惯的培养。

知识间的联系：它包含了某一知识在整个学科体系中的地位和作用；上位知识与下位知识的联系；新旧知识间的联系；所学知识与学生生活、经验的联系。因此，我们梳理了一至五年级各年段教学目标，以此来设立一些 PCK 研究专题。

易误解和混淆的问题：我们要了解哪些知识学生易解，教师可以少讲、不讲或让学生自学？ 哪些问题是学生容易混淆或难以理解的？学生常见的错误是什么？如何辨析和纠正？为此，我们引导每位语文教师根据自身的经历与经验，搜集实证例子，总结问题，归入研究专题。

将特定的知识呈现给不同学生的策略：了解不同学生的认知基础、认识方式与差异；呈现多样化的选择与应用；对呈现效果进行检测与反馈。在教师收集实证例子、总结问题后，我们引导教师对解决问题的策略进行反思和提炼、归纳与总结，逐步形成小学语文 PCK 知识库框架。

2. 完善小学语文 PCK 知识库

我们依托语文学科备课组校本研修的平台，结合语文大组的力量，充分发挥学校每一位语文教师的实践智慧。以格罗斯曼所指出的 PCK 知识四大部分作为分析框架，我们梳理典型的、反映教师 PCK 的教学案例以形成案例知识库。除此之外，我们在教研员的指导下进一步潜心研读新课程标准、学科专业书籍，认真做好总结与反思，并将所总结的内容运用于实际教学中。通过这样的方法，不断促进 PCK 知识库的适切性与丰富程度，使其具有不断发展的生命力。

在语文学科先行试点的基础上，我们在数学与英语学科中也开展了 PCK 知识库的构建，分别以“知识树”（数学）、“任务链”（英语）为学科构建线索，以 PCK 核心知识为呈现点，积累扩充学科核心 PCK 知识库。

（三）优化观课—实践课—评课机制，萃取教师 PCK

基于对教师 PCK 的重要性与主要成分的认识，我们开发了教师 PCK 知识发展的观课标准、观课表格，以及“备课—上课—评课”实践课公开课流程，使之成为公开课特别是校内实践课、竞赛课中萃取教师 PCK 知识的方式与途径。

以下为我们基于 PCK 的实践课流程。

1. 教师独立备课

集体备课和独立备课是教师备课的两种基本方式。基于教师 PCK 课题的专项研究，我们更注重教师的独立备课，这样可以彰显教师个体对教材的独到见解，也能在教案中进一步真实地呈现教师 PCK 能力。

2. 教师制订教学预设单

我们发现，教师 PCK 能力在很大程度上影响着教师的课堂决策行为及学生的学习行为。此处教师所制订的预设单是在一份教案中预设 1 ~ 2

个学生不易理解或者容易出错的知识点，同时罗列出解决问题的策略和教学呈现的方式。这比传统教案中重“呈现教学重点和难点”、轻“解决重点和难点的策略”有了进一步的发展。

3. 课堂观察者制订课堂观察系列量表

此处的课堂观察者可以是教师同伴、项目研究者等。此系列量表是在教师的教案和教学预设单的基础上制订的。它可以对课堂执教者的某一方面（如学生活动等级、教师行为等级、师生互动等级、资源应用、学生课堂行为等）做客观真实的记录，并做出相应的等级评价，为后期评课记录反思与建议提供有力的数据。

4. 教师上课，观察者观课，课堂录像同步进行

学校根据实验项目进程组织各学科教师上公开课，教师同伴、项目研究者、学科教研员、专家等进行课堂观察和量表记录。同步进行课堂录像，以备回放课堂教学的每一瞬间，便于“切片式”评课和执教者的自我回顾与反思。

5. 在备课组内或观课者范围内开展小型评课活动

在一定范围内及时地开展小型评课活动，可进一步帮助执教者解答“不识庐山真面目，只缘身在此山中”的困惑。教师可重新审视课堂教学中因不确定因素而面临的新问题、新矛盾、新局面，还可以反思教学预设与生成内容不相符或处理不当的策略，为进一步提升教师 PCK 奠定基础。

6. 教师重温课堂实录，做好反思日志

结合小型评课活动内容，教师可以重温课堂实录，进一步梳理、归纳成反思日志。

7. 项目研究者、专业课堂教学研究人员重温课堂实录，形成听课记录反思建议

项目研究者、专业的课堂教学研究人员在重温课堂教学实录的基础

上，结合教师的反思日志，形成听课记录反思建议，为教师的 PCK 能力提升提供支持力量。

8. 教师呈现作业设计，反馈作业情况，展示优秀作业

结合教师布置的作业，通过学生作业的反馈，进一步证明教师 PCK 对学生难以理解或者容易混淆的知识采取的教学策略的有效性。

9. 教师结合实际，采纳听课记录反思建议

教师通过对听课记录反思建议的反思及根据实际情况有选择性地吸收，在课堂中不断提升自身的 PCK 能力水平。

10. 课堂教学研究人员对教师进行访谈

对教师进行访谈，能够从最朴素的话语中触及教师 PCK 知识的增长点。例如，就自身在校本培训过程中的成长变化来说，你认为专家型教师、成熟期教师和职初期教师的 PCK 最大的不同是什么？如果从个人身上提取普适性的 PCK，最具代表性的是什么？

11. 教师根据相关听课记录反思建议，调整下一轮教案和教学预设单

（四）开发系列促进 PCK 的校本研修活动，催生教师 PCK

校本研修旨在从学校教育教学实践中的具体问题出发，在专家的引领与指导之下，通过全体教师的共同研究与实践，解决教育教学问题、提高教育教学质量，以促进教师的专业发展。

基于对教师 PCK 的认识，我们重新梳理已有的校本研修模式，并从促进 PCK 发展的目的出发，设计活动方案，开展有针对性的活动，并及时总结活动经验，促进校本研修活动的系统化。系列活动与制度主要包括如下两个方面。

1. 教师全员"四课制"系列、教学大奖赛系列、基本功大赛系列

这三类活动的论述将在下一节详细展开。

2. 师徒结对制度

学校实行师徒带教制度，为教师专业发展搭建平台，促进青年教师PCK的提升。带教教师将自己宝贵的经验无私地传授给青年教师，这对青年教师的成长以及业务能力的提高是极为有效和有利的。具体做法如下：（1）搀扶新教师“学走路”。针对新教师课堂上呈现出“满堂灌”这一现象，带教教师进行手把手指导，同时进入课堂为她们上示范课，然后在另一平行班听课与评课，点评青年教师在课堂教学中的优点、不足以及改进措施。（2）试着让新教师“自己走路”。引导新教师通过“三次备课”提高独立备课的能力，并由带教教师对教案设计进行检查与修改，促进青年教师重构教学内容的适切性。（3）引导青年教师感知不同课型。在新教师具备一定的自主研究教材、分析教材的能力之后，在规定阶段集中力量引导教师感知课型，实现突破。总之，通过师徒结对机制，学校相当一部分青年教师的教学能力可以说实现了质的飞跃。

（五）搭建核心学科教学知识共享机制与平台，分享教师PCK

1. 建库成机制，组本研修促分享

在对PCK的研究过程中，我们认识到，教师的PCK并非通过简单的传授讲解就能获得，而是需要不断实践与反思才能形成。所以，我们构建了PCK知识库，并以此作为学科备课组研修机制的载体，探索出一条分享教师PCK的途径。

每个学年，各教研组、备课组在计划中都单独列出完善PCK知识库的计划与目标，在学科大组的协调指导下，根据本学段教材及教师特点，开展基于教师PCK知识的“备课—上课—评课—形成案例”活动。在活动中，组内中老年教师、成熟期教师（骨干教师）、成长期教师、职初期教师积极互动与交流。这个过程既以案例的形式积累和丰富了学科PCK知识库，又是不同发展阶段教师相互分享PCK知识的过程。

2. 网络建平台，知识管理促分享

为了促进学校教师 PCK 的分享与传播，我们搭建了学校内部网络平台——“智慧学习园”。其中，我们开辟了“评课论坛”“教研组研修”“教师博客”“专题学习”“知识分享”等专栏，每一专栏都支持学校注册用户发表主题帖、评论与跟帖，同时支持教师们上传教学附件。我们还汇集了丰富多样的资料，有专家报告、经典案例等学习型资料，“四课制”实践课执教教师教学反思（附教案）与备课组内教师评课资料，骨干教师教学博客等交流互动性资料，PCK 知识库框架、“有效作业金点子”等未完型资料。每学期末，我们将专栏与资料的发帖率、回帖率、点击率等多项指标的数据进行统计，以知识管理的模式努力将教师个人的隐性的 PCK 显性化，实现教师 PCK 的分享与传播。

五、实践教师 PCK 能力建设的成效与建议

教师 PCK 具有丰富的实践性、个体性、分享性及情境性等特征，通过实施教师 PCK 能力建设的措施，学校达到了四个优化：（1）优化了课程，形成了校本特色课程，完善了学校课程规划，积累了基础型课程学期课程纲要；（2）优化了教学与评价的方式，深入推进学生成长档案袋过程性评价；（3）优化了学校文化，明确了对教师“诚、敬、勤、精”的要求，实践了以“文化立校、故事校园”为特色的学校文化建设之旅，提升了教师群体的认同感、自豪感和凝聚力；（4）优化了研修的方式，促进教师学习共同体的形成，也建设了特定的教研文化。本项目实施以来，学校教师在区级以上层面进行的公开教学展示及参加的课堂教学竞赛中获奖达 48 节次，校级和组级研究课近 200 节次。教师发表于各类学术杂志的教育论文、经验总结 70 多篇，通过中学高级教师评审的有 7 人，语文教研组获得新一轮区级优秀教研组的荣誉……可见，教师 PCK 校本研

修项目的实效得到了充分的体现。

同时，我们也在实践中进行反思与总结，并对提升教师PCK的校本研修策略提出以下三点建议。

（一）完善基于PCK提升的校本研修制度

基于PCK提升的校本研修制度能为教师PCK能力建设提供保障。例如，基于PCK的教师校本研修绩效考评制度，从教育、教学、教研各方面制订评价指标；从问题的针对性、目标的适切性、任务的合适度、方法的科学性、结果的实用性和成果的规范性等方面，全面评估教师的专业发展水平；建立以备课组为平台、以课堂教学实践活动为抓手、以PCK知识库构建为载体的日常集体备课制度；建立以“学、试、评、悟、练”为主要步骤的“以赛代训”的专题式校本研修活动制度等，将教师PCK能力的建设活动与日常教学、教师学习、教学竞赛等进行有机结合。

（二）整合基于PCK提升的校本研修资源

基于教师PCK提升的校本研修离不开丰富的资源保障。

在人力资源保障上，学校应积极通过与学科教研员、高校学科教学论专家的协作，建立校本研修的专家库和协作共同体。此外，学校还应充分利用好校内优秀教师这一重要资源。当然，前提条件是促进校内优秀教师隐性知识的显性化、零散知识的系统化、个体知识的集体化。

在学习资源的建设中，学校应积极建设教育资源库、学习专题网站、师生天地、数字图书馆等以开发课程资源为主要内容的学校专题校本研修平台，并且动员和支持教师个人博客、微博乃至专题教学研修网站的建设、开发与共享。同时，学校积极利用校园网与国内各级教育资源网站进行链接与资源共享，为一线教师教育教学提供实用、有效、丰富的资源与服务。

此外，还应注意到财物、技术等资源的投入，这无疑也是校本研修得以顺利实施的重要保障。

（三）建设基于 PCK 提升的校本研修文化

校本研修中教师 PCK 的发展过程是教师主体通过合作、交往与对话形成学习共同体的过程。教师在平等、和谐的组织氛围里共同建构知识，从而形成一种合作的、分享的组织文化。因此，我们可以说，教师个体或组织成员参与校本研修的过程也是特定的教研文化的生成过程。在校本研修中，除了教师与文本的对话外，更重要的是教师与他者的对话，即在同伴互助间和专家引领下的对话。在这种对话互动的过程中，每个教师都是积极主动的参与者，他们不断地审视支配自己教育教学行为的内在信念，从而修正自己的观点、解决面临的困惑。这种教师与学生、教师与教师、教师与专家多个主体之间的“主体间性”的交往活动过程是教师 PCK 发展的重要环节。

总之，根据学校教师队伍的发展现状，我们在“最近发展区”中寻找着力点。从教师专业素养中最核心的部分——PCK——入手，从高远处着眼，从细微处着手，既有保障机制，又有操作步骤，优化教学策略，盘活校本研修，提升教师对学科教学的个性化理解、重构与实践，帮助教师突破专业发展的瓶颈。同时，我们引导教师关注学生，基于学情，为学生提供丰富的课程选择，培养学生的个性发展与全面发展；关注课程标准、教学、评价的一致性，深化学校的课程教学改革。这又与回归本原的理念相契合，与“每一位教师都是一座富矿”的理念相照应，驱动着我们的学校朝着新优质的道路不断前行。

第三节
基于标准的校本研修

校本研修是针对学校教师需求和特点的教师专业发展的重要方式，不仅强调教师在教育教学研究中的主体性，而且注重理论与实践的结合。因此，学校校本研修的开展应当以解决本校教师在教育教学中的现实问题为切入口，组织教师开展教学实践研究活动，更新教师对基于课程标准的教学与评价的认知，以提高教师教育教学能力，促进其专业发展。

从学校教师队伍的数量与结构上看，相当一部分教师是有教学经验的成熟型教师，但专家型教师数量较少，教师专业发展水平有待提高。因此，学校校本研修的理念是突出教师专业发展的校本特色，注重教师不同专业发展阶段的分类指导和培训，引导教师基于课程标准、立足课堂、着眼教学，面向学生，帮助教师积累案例、形成有效经验，以提高教师的专业发展水平。

一、基于课程标准的校本研修思路

《课程标准》是确定一定学段的课程水平和课程结构的纲领性文件，关注“为什么教”和“教到什么程度”等问题，学校的《课程规划》和各学科的《学期课程纲要》应以《课程标准》为实施依据，并且应在这个基础上体现校本化的实施。因此，教师需要正确理解《课程标准》，结合学校《课程规划》《学期课程纲要》的要求，将课程标准进一步分解为学段重点要求，进而具体化为每学期和每单元的主目标、次目标及单课时的课堂教学目标，而后才能结合班级学生的实际进行单元评价设计、单课时练习设计及单课时评价点和师生活动的设计。

（一）抓住重点，立足课堂

根据上述思路，我们设计了依托教研（备课）组的“教师在新课程背景下的教材分析”校本培训课程。

培训课程由校学科带头人及外聘专家领衔，以备课组为基本单位，运用教师任教年级的教学内容，采用单元循环的方式展开。其中，单元循环方式包含了组内说课和交流讨论、课堂教学及课后反思评议。培训指定专家担纲负责评估培训的质量。培训主要分三大阶段：初期——学习二期课改的理念，形成一致的思想；中期——外出培训和学习相结合，教师之间互相听评课；后期——开展研讨活动，展示研究课，形成教师反思论文集等。培训中主要采用了以下方法与策略。

1. 将《课程标准》的学习贯穿始终

（1）在教研活动中关注《课程标准》

我们发现，教师们大多渴望在教学实践的基础上进行一些理论的学习，尤其是年轻教师在观摩了其他教师的汇报课后，只是把课原封不动地搬回到自己的课堂中——“依样画葫芦”，课的本质和精髓都难以成“型”。

因此，每学期前两次教研活动中，我们都会特别关注《课程标准》的学习。教师们人手一册，根据不同年级的要求，理解和学习本学期的课程目标、阶段目标、学生要掌握的和拓展的知识点。

（2）在具体实践过程中重温《课程标准》

教师在说课、备课的过程中，难免会出现凭着经验“想当然的教学”。例如，王老师多年执教低年段语文。在教授汉语拼音的过程中，她不放心让学生只拼读不书写拼音，担心孩子记忆不牢固，但又唯恐学生的学业负担过重。那么，到底应该是写还是不写呢？鉴于此，教师们在教研组活动中一起重温了《课程标准》，其中明确了一、二年级对汉语拼音的要求是“正确认读声母和韵母，会拼读音节”即可。王老师随即修正了拼音教学的方式。由此可见，通过不断重温《课程标准》，能实现教师教学要求的一致性。

(3)在意见分歧中审视《课程标准》

备课组内不同教师对于教育教学的理解是有所不同的。他们在对某一节课或知识点的评价与分析时，难免会有不同的意见和处理方式。到底应该以什么为标准呢？答案肯定是以《课程标准》为准。

例如，某次一年级的单元测试，有一题要求学生数出文中有几句话。其中有一个标点符号是省略号，但许多学生不知道省略号是不是一句话的标准。一部分教师认为学生认知太浅，应该知道省略号的作用；另一部分教师认为，这超出了一年级的教学要求，此题不应该计分。在意见不统一的情况下，教师们再次翻阅了《课程标准》，对一、二年级的写话要求是：学习使用逗号、句号、问号和感叹号。此处没有涉及省略号。据此，大家做出了“这道题不计分”的决定。可见，化分歧为统一也是我们回看《课程标准》的结果。

2. 加强“紧贴式”专业引领

每学期，学校都会结合当前的二期课改热点和学校的教改实际，通过专家(定期外聘的教研员专家、市普教所专家、区科研室专家)引领和校学科带头人开设讲座，深入各年级组为教师进行诊断指导，开辟主题性研讨活动及学科沙龙活动，不断提升教师专业素养。

(1)解读《课程标准》

在外聘专家的引领下，教师共同学习《课程标准》。新学期伊始，学校组织教师通过圈圈画画、谈谈议议的方式不断加深教师对《课程标准》的理解与重构，以提高对课标的重视程度、教师教学思想的一致性和对内容的熟知度。

(2)组织教学研讨

在外聘专家的指导下，我们开展了多主题、多形式的教学研讨活动。根据教师在教学中遇到的困惑与难点，设计了多样的教学研讨主题，如一年级第一学期语文教学如何贯彻落实三维教学目标；小学低年级语文教学内容如何拓展更具合理性；小学一年级的识字教学是否可以以“读音 + 识记 + 组词”为基本模式；如何实现看拼音、读课文、识字三者间的有机统一；如何运用游戏来提高二年级语文教学的效果；三年级“画文同步”的实践探究如何设计与实施等。

在教学研讨方式上，我们开展主题沙龙研讨活动，邀请外区县兄弟学校的教师前来“送课”与研讨，学校教师去外校参加其他学校的研讨活动等方式进行研修。

(3)编制与分析学习能力诊断卷

外聘专家每学期都会编制各年级的学生学习能力诊断卷。学习能力诊断卷能客观地评价出学生的智力因素和非智力因素两个方面，检测出学生的认知能力和实际水平。此诊断卷用于总复习之前，对每个班级的学生进行诊断。学习能力诊断结束之后，在外聘专家的指导下，本校教师统一阅卷标准、阅卷时间与地点进行阅卷，再统一进行质量分析。

(4)检查并反馈学生作业

在外聘专家的带领下，学校每月都全面检查学生的作业，这也是全面培训教师的一种方式。具体方式为，教师定期每月检查一类作业本，包括作业本的格式、教师的批改规范、学生的书写字迹及作业的准确性。检查结束后给予反馈，教师展示优秀作业，让大家互相交流、取长补短。

3. 专题研修：“学、说、评、跟”一体化

对《课程标准》的学习贯穿于学校校本研修的全过程，以此为前提，我们结合课堂教学中面对的共性问题组织专题研修，形成了“学、说、评、跟”一体化的专题研修方式。

（1）学课（教材分析）

在年级组内，执教研究课的教师要对选择的课文进行教材分析。在此过程中，不仅有同伴的出课划策，还有专家的专业引领，教师可以为上好一节有质量的课做好充分准备。

（2）说课

一周后，教师在教材分析的基础上将执教的课文在全组内进行说课。说课涉及教学的重点、难点及教学策略等。

（3）备课

教师在教材分析与说课的基础上，把同伴和专家的建议融合在自己的理解中，并进行独自备课，为实践研究课做好充分的准备。同时，制作教学多媒体课件和所需的教具。

（4）上课、听课

教师开展实践研究课，全组教师参加听课。正式课前可在平行班上试教课，不断进行打磨。

（5）评课

全组教师听完实践研究课后进行评课，评课过程通过全组教师各抒己见与专家点拨指导两部分进行。

（6）跟课

同组教师参与完前五个环节的磨课后，把研究课精彩的部分迁移到自己的课堂教学中。

以上环节为一次研修的常规模式，可以有效促进教师的教学既有教研组的共性，又有自己的特色。我们认为，在这样的“打磨”过程中，不仅磨出了一节节精彩的课，更是“准经验”教师专业提升的有效途径。

4. 年段交接会：将经验传承制度化

由外聘专家指导学校教师进行教学研究的方式取得了一定的成效。这种类型的教师培训是从教师的实际需求出发的，所以深受教师们的欢迎。我们尝试着将已取得的一些有效做法在其他年级进行推广，建立了“年段交接会”制度。在交接过程中，我们注重年级之间的紧密性、承接性和可持续性。例如，在每个学期的开学准备周，教研组组长召开“年段交接会”，同时备课组组长填写“年段交接表”，分别以口头和书面两种形式对下一年级的教师做好培训和推广工作。

（二）关注差异，“因材施培”

职初期教师和骨干教师除了参加相关的校本培训外，还需要“因材施培”，参与有针对性的培训。

我们为每一位工作未满三年的职初期教师配备带教师傅，学期初签订带教协议，通过师徒相互听课、评课，指导备课、作业等教学常规工作及研究汇报课等形式，使职初期教师尽快适应学校对教师教育教学的要求。学年末，学校通过师徒带教档案交流、职初教师汇报课的展示等形式，评出学年“最佳师徒奖”，进行公开表彰。这样的方式激励了职初教师的成长。

学校对于已被评为区、校两级骨干的教师，还注重促进其教育科研能力的提升，搭建了校级课题研究平台：出台了一系列与科研工作相关的制度，提倡、鼓励骨干教师、教研（备课）组申报研究专题；编制立足课堂的校级课题指南，为校级课题的立项申报、教学研究、总结成果提供全过程的帮助；聘请科研专家对课题申报过程中的问题进行个别指导，有效提升课题研究的质量，提升骨干教师教育科研的水平，提升自身专业发展的水平。经过一轮的培训，这些教师全部获得校级课题立项，其中多项课题成为市重点课题“新课程实施的区域性推进策略改进研究”的子课题、市教科院普教所基地课题及区教育学会课题。

制度建设是校本培训有效实施的关键。我们制订了校本培训的导向机制、激励机制和保障机制，整合了校长室、教导处、教研组、备课组和年级组的力量，并完善了直接服务于教师发展的、开放的教研网络。我们发布的主要制度有教学评比制度、教师学年各类汇报（展示）课制度、教师基本功竞赛制度、各年级学科学期交接制度、教研组长例会和研讨制度、教师评价与奖励制度、师徒带教制度、校级骨干教师评选制度、校科研课题管理办法等。

总之，学校通过立足课堂、分层分类的校本培训，使不同发展阶段的教师的教育教学能力在原有水平上都有所提升，真正发挥了校本培训在师资队伍建设中所应起的作用。

二、校本研修机制的特征

（一）顶层整体设计，体现“课程化”

学校是实现教育改革的策源地，也是教师实现自身专业发展的起始地。为了使校本培训更加有利于学校与教师的发展，学校应切实了解教师发展需求，结合本校特色来进行顶层设计，使区域教育综合改革与校本培训相结合，促进校本培训的“课程化”。这不仅能使学校的管理工作有序进行，更能让教师明确培训目标，了解培训方式，增强教师的参与度与积极性。学校的课堂观察培训以课程标准为基准，以基于课标的教学与评价实施过程中的难点问题为观察点，以促进教师专业发展为目标，有计划、有主题地扎实推进，体现了“将理论教学和实践学习结合成一体”的课程化核心特征。基于课标的课堂观察维度划分，如图 5-2 所示。

（二）内容层层推进，体现“系列化”

校本培训设计必须遵循教师专业发展的规律。教师内在成长的特征是连续的而非碎片的，多角度的而非单一维度的，慢慢积累的而非速成的，因此学校在设计校本培训时，必须注意培训内容的层层推进，将前后主题

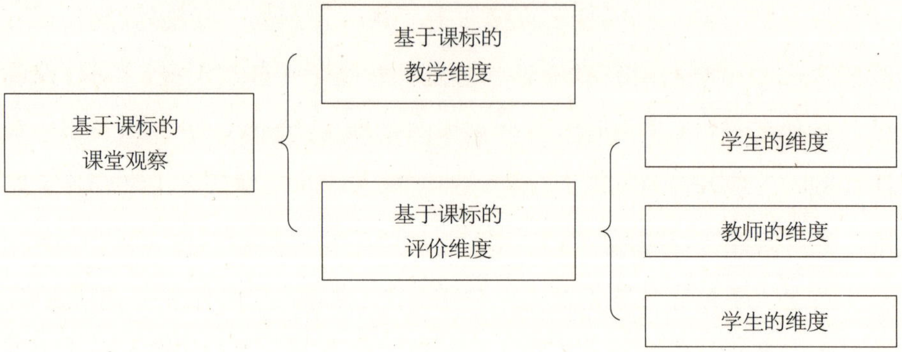

图 5-2　基于课标的课堂观察维度划分

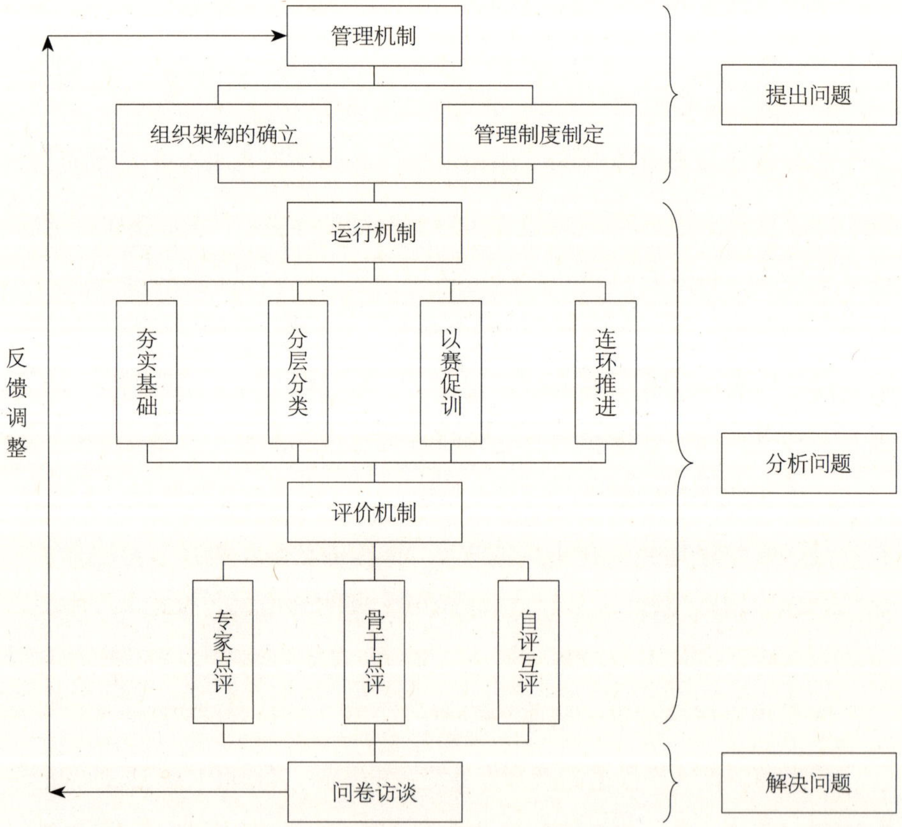

图 5-3　校本研修机制的运行框架

与教师发展相关联，从多角度为教师提供专业发展助力，设计循序渐进的培训计划。学校根据教师的成长特征，在设计校本培训内容时尤其注意递进式的推进，体现了培训的“系列化”。教师通过校本、组本相结合的系列课程培训，从多角度开发自身的专业素养，循序渐进地实现专业水平的提升。系列培训可以使教师浸润式地学习进修，从而避免校本培训流于形式。

（三）聚焦学科素养，体现“学科化”

学校在校本培训课程中比较注重“学科化”，从具体学科的角度解决具体问题。注重组本教研，以学科教研组为单位，根据各学科课程标准，灵活变通，运用适合本学科的指标和方法来解决问题，发挥组本培训在校本培训指导下的“学科化”的关键作用。

三、校本研修机制的运行框架

校本研修机制的运行框架，如图 5-3 所示。

四、校本研修的管理机制

（一）组织架构的确立

“校本管理”的核心在于致力于推行以学校为中心的教育，将教育的责任和权力转移到学校层次，给学校以管理的自主权。因此，校本培训也需要管理、组织及制订培训计划，拟定教育发展规划、培训制度和措施，同时需要调动校内外各方力量进行协助，确立组织架构。[1] 以学校

[1] 蒋忠：《校本培训激励机制的构建》，载《江苏教育研究》2009 年第 2 期。

为例，从宏观层面上来讲，校本培训要融入教师360学分管理系统，区教师进修学院是参与组织管理校本培训的领导机构，合作单位有市教育研究院、上海师范大学教育学院。而从微观层面而言，学校的校本培训组织机构由常设校本培训组织机构和课题研究组织机构组成。

（二）常设校本培训组织机构

校长室直接领导校本培训工作小组。工作小组由科研室负责人、教导处负责人和课题负责人组成，进行日常工作安排与实施。

科研室对校本培训的工作主要有四个方面：一是收集教育和教学的前沿知识与热点资讯，并负责及时向教师传达；二是组织校内教师教学观摩和研讨；三是让教师撰写“个人三年发展规划”，帮助教师获得专业成长；四是促成教师与专家之间的交流，即组织区级、校级课题申报成员与专家的交流会，分享彼此想法，研究困难问题，讨论解决办法。

教导处负责人的职责是根据校本培训专题的不同而调整。例如，实践体验类培训由教学教导负责、师德素养类培训由德育教导负责、课程建设类培训由课程教导负责。

课题负责人的职责是召集课题组成员对围绕课题展开的校本培训进行过程性资料的收集整理、相关培训资料的补充和调整、阶段研究成果的梳理等。

（三）课题研究组织机构

以学校于2013年开始的“教师课堂观察”校本培训为例，除了校本培训工作小组外，还由课题申报人——学校副校长——牵头专门组建课题组。课题组成员由学校负责教学管理的主要领导、各学科教学组长及区、校两级部分骨干教师组成，以保证课题研究的有效落实。除此之外，课题组还邀请有关专家做指导，以确保课题顺利完成。

（四）管理制度的制订

在由常设校本培训组织机构和课题研究组织机构结合的组织架构之下，学校还出台了校本培训与教师教学管理结合的相应制度。例如，《学校校本培训制度》从校本培训的组织和计划、内容和方式、实施和评价三个方面明确了校本培训要注重方法的多样性与步骤的合理性；组织以校级层面和教研组层面点面相结合的、有主题、有固定时间的教育教学实践研究活动；提供必要的人力、物力、财力；将教师参与教研的具体行为表现与成果纳入教师考核之中，不断推动校本教育教学研究向日常化、规范化、科学化的方向发展；及时调整培训行为；加强对自身行为的反思，梳理培训中存在的问题，思考解决的对策等。

为了完善校本培训与教师管理结合的制度，学校还注重健全制度，建立了《校级骨干管理制度》《校本教研制度》《校级课题管理制度》《师徒带教制度》《教师听课制度》《教育科研管理制度》《优秀教研组评比办法》等。

五、校本研修的评价机制

评价要被当作渗透于教、学过程之中的一个成分，与教学、学习一起构成了三位一体的整体。[1] 在学校的校本培训中，管理小组和课题研究小组讨论设计了“促进培训的评价”，从“专家点评与评奖表彰相结合”“骨干点评与团队激励相结合”和“自评互评与问卷访谈相结合”的多元角度将评价融入培训过程中，用评价促进教师培训的质量，促进教师专业发展。

[1] 崔允漷：《促进学习：学业评价的新范式》，载《教育科学研究》2010 年第 3 期。

（一）专家点评与评奖表彰相结合

学校培训管理者从一开始就明确介绍了课堂观察培训的目标：促进教师的专业发展。教师应清楚地认识到，评价要收集的就是教师在培训中达成预定目标的过程性材料与表现情况，即各阶段的课堂教学预设单、课堂观察分析报告、课堂教学实录和教学反思。同时，以指导专家预定的培训目标作为衡量教师培训状况的标准之一。形成专家点评与评奖表彰相结合的评价机制，促进专家知识和教师的实际经验的整合，助力教师专业水平的提高。

（二）骨干点评与团队激励相结合

采用校本培训的方式促进教师专业发展的原因在于，学校为教师提供体系化的组织支持，不仅包括理论培训、专家指导和点评，而且更为重要的是同事之间的合作与交流。因此，以骨干点评与团队激励相结合来加强教师间的合作，既能提高团队的凝聚力，也能促进教师的专业成长。

（三）自评互评与问卷访谈相结合

校本培训的空间不强调学校以外的场域，主张教师的教育教学实践场所就是专业素养提高的场所，培训空间与发展教学的空间合二为一。无数行动研究案例证明，校本培训着眼于建设一种教师自我教育、自我提高、自我完善的学习文化氛围，培养了教师的内部学习动机，激发了教师专业成长的自觉意识，把学习当成专业发展的内在需要及职业生涯的不竭动力之源。

在三年的校本培训期间，学校有 3 个教研组被评为徐汇区优秀教研组，9 个教研组被评为校优秀教研组。

六、校本研修的实践探索

（一）夯实基础——与“基本功大赛”相结合

1. 进一步学习《课程标准》，撰写《学期课程纲要》

关注“为什么教”和“教到什么程度”等问题的《课程标准》是课程实施的依据，即教学应该是基于课程标准的。但是，走进中小学的课堂，我们却发现，这一意图至今并未很好地得到实现。[1]

因此，教师正确理解课程标准，依据标准制订适合教学实际情况的教学目标是将课程标准有效落实于课堂教学中的一个关键环节。因此，学校将教师对《课程标准》的学习和《学期课程纲要》的撰写作为教师基本功来开展培训，分步骤进行学习、讨论和检测。总之，教师通过对《课程标准》的学习与检测，以及《学期课程纲要》的撰写，进一步深入领会了《课程标准》的精神，促进了课程标准与学校教学实际的真正结合。

2. 填写特色预设单，为观察做好专业准备

学校开展的课堂观察的流程主要包括课前准备（量表的确定、课堂预设单的填写、观察的分工等），课中观察（听课及量表的填写），课后研讨（交流观察情况、汇总数据），反思交流（交流观察报告、执教者反思交流）四个步骤。其中，填写课堂预设单是基本功大赛的要点之一，课堂预设单的设计对于课堂观察来说是重要的观察点，对于教师来说是教师理解课程标准、重构教学内容的体现。因此，课堂预设单的制订应突破传统教案重“呈现教学重点和难点”，轻“解决重点和难点的策略”的束缚，凸显特色与实效。具体来说，特色的课堂预设单呈现教案

---

[1] 崔允漷：《课程实施的新取向：基于课程标准的教学》，载《教育研究》2009年第1期。

中特定的内容，体现知识之间的联系与应用，预设 1～2 个学生难以理解或者容易出错的知识点，罗列解决问题的策略及教学方式。这为进行课堂观察的教师提供了深入了解执教者教学思路的材料，能够增加观察的针对性。

（二）分层分类——与“四课制”相结合

为了促进教师在校本培训中进一步遵循教育规律、落实课程标准，学校以“四课制”的形式，为广大教师搭建一个展示、交流、沟通、分享、学习和成长的平台，以“聚焦课堂教学，提升教学能力”为主题，开设了职初期教师汇报课、中青年教师展能课、中老年教师风采课和骨干教师示范课，在对四类教师的课堂观察、听评课活动过程中促进不同专业发展阶段的教师快速成长。

1. 四课制上课的情况

教师们踊跃参与“四课制”，从中涌现出许多高质量的课，堪比区级的各类公开展示课。可见，一大批教育新手和能手通过“四课制”正在茁壮成长，提升了自身的专业化素养。

2. 四课制听评课的情况

听评课能促进教师对教学能力的检验和提升，是教师专业发展中的重要环节。在各类课程的开展期间，同一学科、同一学段的教师通过全员参与的方式，参与听评课活动。据教导处的统计，各门学科的听评课参与率分别为：语文 93%，数学 94%，英语 92%，综合 93%。

3. 开展“四课制”的实际意义和价值

(1)“四课制”保证了展示课的真实性

美国当代著名教育家李·舒尔曼认为，在专业工作中，行动与理解同等重要，甚至更为重要。一个专业人员只停留在理解层面是远远不够的……不管他是否已经拥有足够的信息，都要准备好去行动、去执行、去实践。[1]“四课制”所提倡的正是正常教学秩序下的课堂教学内容，能比较客观、真实地反映教师的实践状态和专业素养。

(2)“四课制”为教师提供了展示、交流、分享和成长的平台

“四课制”为不同专业发展阶段的教师搭建了一个教学展示和能力展现的舞台，教师们在这个过程中留下了一个个成长的足迹。

随着学校教师教育教学水平的不断提高，越来越多的教师获得了例如“骏马奖”“耕耘奖”“园丁奖”以及市、区教学评比等荣誉和奖项。可见，“四课制”为教师们创设了这样一个展现自己教学能力的舞台，不断历练教师、成就教师。

（3）“四课制”实现了教师教学能力的可持续性发展

“四课制”实际上为各个不同发展阶段的教师提供了一次检验自己的机会，使教师们能从横向和纵向比较自身教育教学能力的发展情况，明确今后专业水平提升的方向。

纵向上，教师通过与过去的自己进行比较，总结自己在专业化成长道路上迈出的每一步；通过与不同年龄段教师间的比较，找到自己今后可持续性发展的方向。横向上，教师通过与相仿年龄段的教师间的比较，检验自己的教育教学能力，找到自身的优势和不足，以优化和改进自身教育教学行为。

职初期教师通过“四课制”增强了自己课堂的驾驭能力、教材的理解能力、实践操作的能力和语言表达的能力。

青年教师通过“四课制”不断形成了专属的教学风格和特色，积累了更多的教学智慧，调动了他们投入教学、科研的积极性与主动性。

中老年教师则在“四课制”的激励下，开始突破“职业高原”与瓶颈

---

[1] ［美］李·舒尔曼：《标志性的专业教学法：给教师教育的建议》，黄小瑞，崔允漷译，载《全球教育展望》2014年第1期。

期，形成了一套更为成熟的教育理念和方法系统，朝着专家型教师不断奋进。

区、校两级骨干教师则在“四课制”的熏陶下，对自己提出了更高的要求，在不断提升自己、勇于挑战的同时涵养责任感与使命感，不断发挥着组织、带教、示范和辐射的作用。

（三）以赛促训——与“教学大奖赛”相结合

学校将教学大奖赛作为校本培训运行机制中的有效方式，基于课程标准的教学与评价的要求，征集教师意见设定大奖赛的主题，并分四个步骤开展层层推进的活动，激励教师在比一比、赛一赛的实践体验过程中展示本领，获得提高。

1. 初识“课堂观察”，学习、研讨“两手抓”

在大奖赛准备阶段，学校邀请专家做高效课堂辅导报告和课堂观察辅导报告。我们知道，对于教育对象，要研究学情，分析学生的个体差异，结合有针对性的学习方法和学习策略的指导；对于教学内容，教师应依据课程标准来确定教学目标，要根据教学目标来设计学习活动，有效调控教学进程。

考虑各学科在落实基于课程标准的教学与评价时碰到的难点是不同的，各教研组的需要和困难也是不一样的，因此在学习了如何进行课堂观察的相关理论后，学校组织语文、数学、英语、综合四位教学组长先讨论各学科的观察点，并在学科教研员的指导下，各学科组长深入各教研组与备课组、教师们讨论、完善基于课程标准的小学课堂观察点框架和观察量表。

各学科教师群策群力，分小组设计了一份份有操作性的观察量表。例如，语文学科关注了课堂练习设计、教师课堂评价有效性和课堂提问的有效性；数学学科关注了课堂互动的广度、积极度与公平度及教师语言性理答；英语学科关注了教学活动设计的有效性；音乐学科关注了教师课堂提问；美术学科关注了课堂教学中生成资源及课堂互动的广度、积极度与公平度；自然学科细致观察了具体某一名学生课堂关注度的表现；信息学科关注了教师和学生对学习任务的布置与完成的具体行为。以语文课堂练习有效性评分表为例，展示其内容设置概况，如表 5-3 所示。

2. 尝试“课堂观察”，观课、分析“露锋芒”

以观察量表为主要工具，全体教师分语文组、数英组、综合组三组，对骨干教师示范课进行课堂观察，并对自己的观察量表数据进行统计与分析。教师们认真地观察、仔细地记录、轻声地交流，一节又一节的骨干教师示范课有条不紊地进行着。经过小组数据的分析与共享，大家结合自身的教学实践撰写了一篇篇分析报告。学校邀请教研员为每位教师的观察报告进行打分和点评，许多教师的分析报告都得到了教研员教师的高度肯定。

3. 实践高效课堂，赛课、展能“促发展”

进入复赛的教师尝试上一节高效课堂实践课，由区教育学院各学科教研员听课、评课，学校深入各学科的行政人员也一起参与听评课。在课堂教学的复赛环节，我们听到一些让人印象深刻的好课，教师们充分运用他们的实践智慧，将观课的体会内化为专业能力提升的动力，较好地体现了“有效课堂”。而教学大奖赛中获得一等奖的选手也自然成为下一学期区级、市级教学比赛的推荐人选，为教师的进一步发展铺好了台阶。

4. 深度总结体会，交流、借鉴“树榜样”

根据专家的评审结果，培训管理小组的成员对专家的打分和点评进行梳理，并在学期结束时就课堂观察开展情况进行深度解读，各学科组组长们交流观察量表的设计思路，一篇篇优秀观察报告的分析也让教师们进一步了解了观察报告的撰写思路和要点。

表 5-3　上海小学语文课堂练习有效性评分表

授课人		年级		授课时间	
课题		课型			
评价项目	评价要素	评价等级			备注
		好	较好	一般	
练习设计	1. 年段目标清晰，单元目标适切，课时目标落实				
	2. 符合语言学习规律				
	3. 具有合理的逻辑关系				
练习内容	4. 内容安排难易适度，突出重点，突破难点，有坡度，有层次				
	5. 听、说、读、写有机结合，能进行情感熏陶				
	6. 恰当整合、补充、扩展				
练习过程	7. 面向全体学生，民主平等互动				
	8. 总结规律，关注方法指导				
	9. 课件运用合理有效				
练习效果	10. 学生精力集中，积极参与				
	11. 学生掌握所学知识，练习正确率高				
	12. 练习活动具有创新性				
总评意见				总分	

学校校本培训管理小组还选取在两轮大奖赛中观察报告撰写有明显提升的职初期教师、成熟型教师和专家型教师的代表撰写心得体会，畅谈并分享自己的专业成长心得。

【反思案例（片段）1】

职初期L教师的反思片段

在第二轮观察前，我吸取了第一轮比赛失败的教训，查阅了大量的资料，了解了要观察的内容和运用的量表。

但在运用量表进行课堂观察时，我发现这张量表其实并不成熟与完善。首先，这张量表较为简单，容易使记录者产生混淆。例如，在教师提问时，观察者们的记录难免带有主观色彩，意见不统一。有的观察者认为，该教师的提问属于单纯的提问范畴，不是此次的观察角度，不用记录；有的观察者则认为，它是理答范畴中的反问、追问与探问，应记录一笔，这样记录产生的数据往往会影响数据分析的结果。其次，这张量表的内容较为单一。因为我的本科毕业论文选题是课堂反馈的相关内容，因此对于课堂反馈或教师理答比较熟悉。教师的课堂反馈或理答方式有很多，除了语言反馈和理答，还有教师的肢体、神情等非语言性的反馈与理答。因此，我们有必要对此观察量表进行内容上的扩充，从而使观察的角度更为广泛。

【反思案例(片段)2】

成熟型Q教师的反思片段

通过对专家报告的学习及近距离地接受专家指导，我想，我们每一位教师都对如何写观察报告有了较为清楚的认识，并做出相应的分析。我在分析之后，也思考了自然学科教师的活动设计与学生课堂参与度的联系。通过课堂观察量表的记录与自身思考，我找到如下几个能提高学生课堂参与度的方法。

教师的教学活动设计应该充分预设学生先前掌握的知识，同时良好的教学设计要提供充分的器材增强学生对于教学活动的参与度，不然分不到教学器材的学生就会处于游离状态。若器材数量有限，也可在活动设计中融入分工的环节，保障实验的顺利开展，以及学生投入课堂的积极性。

总之，通过这几次的课堂观察记录与报告的撰写，我深深感悟到，课堂观察能够使我根据量表从观察他人课堂而反思自己的教育教学行为，从而提升自己的课堂教学能力，为高效课堂提出切实可行的方法。

【反思案例（片段）3】

专家型W教师的反思片段

第一次：云里雾里

课堂观察是萃取教师PCK知识的有效手段，是打造高效课堂的有效途径。但是听了报告与讲座，对课堂观察有了一定的认识后，我依然不知道该如何写报告。可想而知，第一次撰写的课堂观察报告的确不规范。

第二次：豁然开朗

第二次撰写课堂观察报告时，我的迷茫感已经减少了很多。在同事的优秀报告的基础上，我开始第二次撰写课堂观察报告，探讨语文课堂练习设计的有效性。

可就在撰写观察结果与分析时，我突然想到，这份观察报告并不只是写给自己看的。因此，我觉得很有必要在报告中加入“课堂片段实录”。事实也证明，正是有了这个实录，量表所显示的观察结果才更有说服力，文字分析才更有科学性。

就在这样的反复思考与练习中，我的报告得到了教授的点评与认可。“观察记录详细，解读清晰，有逻辑，对观察工具作了反思。”她的认可与肯定让我如释重负，我也感受到观察带给自己的洞察力，撰写报告提升了我的反思能力，以及激发了我成长的内驱力。

（四）连环推进——与“连环推进式组本培训”相结合

为了课堂观察向学科化深度推进，进一步提升教师专业化水平，学校在2014学年开展了连环推进式的组本研修活动。各教研组围绕一个观察点，以三轮课堂观察为一组开展组本研修。后一轮观察在前一轮观察提出的问题与建议的基础上开展。每一轮观察都以“课前准备、课堂观察、课后研讨、反思交流”为研修流程。（1）课前准备：执教者填写预设单、说课，团队成员明确分工任务。（2）课堂观察：团队成员运用量表观课、记录。（3）课后研讨：教研组交流观察结果、分析数据背后的原因、研讨改进意见。（4）反思交流：团队成员交流观察报告、执教者交流反思与心得，最终总结出对策并呈现附加范例。

连环推进式的组本研修活动重点是在不断发现问题、解决问题的实践研讨中加深教师对课堂观察点的认识，看重的是基于课程标准针对观察结果的数据进行追因分析：开发和应用课堂观察量表来创新组本研修的形式，提高组本研修的针对性和实效性。

七、校本研修培训课程方案示例

（一）课程名称

撰写《教学指导手册》，促进“教学评”一致。

（二）课程类别

实践体验类。

（三）课程目标

通过本课程的研修，教师明确编制《教学指导手册》的重要性和必要性；学会《教学指导手册》的编制方法，做到教学评的一致性；提升教师

PCK知识，提高课堂教学的效率，促进学生全面发展。课程具体目标如下：

1. 了解“基于课程标准的教学与评价”的项目背景，体会编制《教学指导手册》的重要性和必要性。

2. 通过聆听讲座和实践体验，掌握《教学指导手册》的格式框架和研制方法，能以备课组为单位撰写出若干个单元的《教学指导手册》，格式正确，并做到教学评的一致性。

3. 能针对专家点评和互动交流，积极进行反思，及时完善《教学指导手册》，提高可操作性。

4. 在整个培训过程中，进一步促进PCK知识的提升，为“切实提高课堂教学的效率，促进学生全面发展，推动新优质学校的发展”奠定基础。

（四）内容结构

“教学评一致”校本培训的内容结构，如图5-4所示。

（五）实施

实施内容与形式，如表5-4所示。

（六）评价

1. 评价内容

（1）根据《学期课程纲要》撰写下学期《教学指导手册》中的单元评价方案。

（2）以备课组为单位，撰写四个单元的《教学指导手册》（上学期的一个单元和下学期的三个单元），包括目标研制、表格式教学样例、作业与单元练习设计。

2. 评价标准

检查记录表，如表5-5所示。

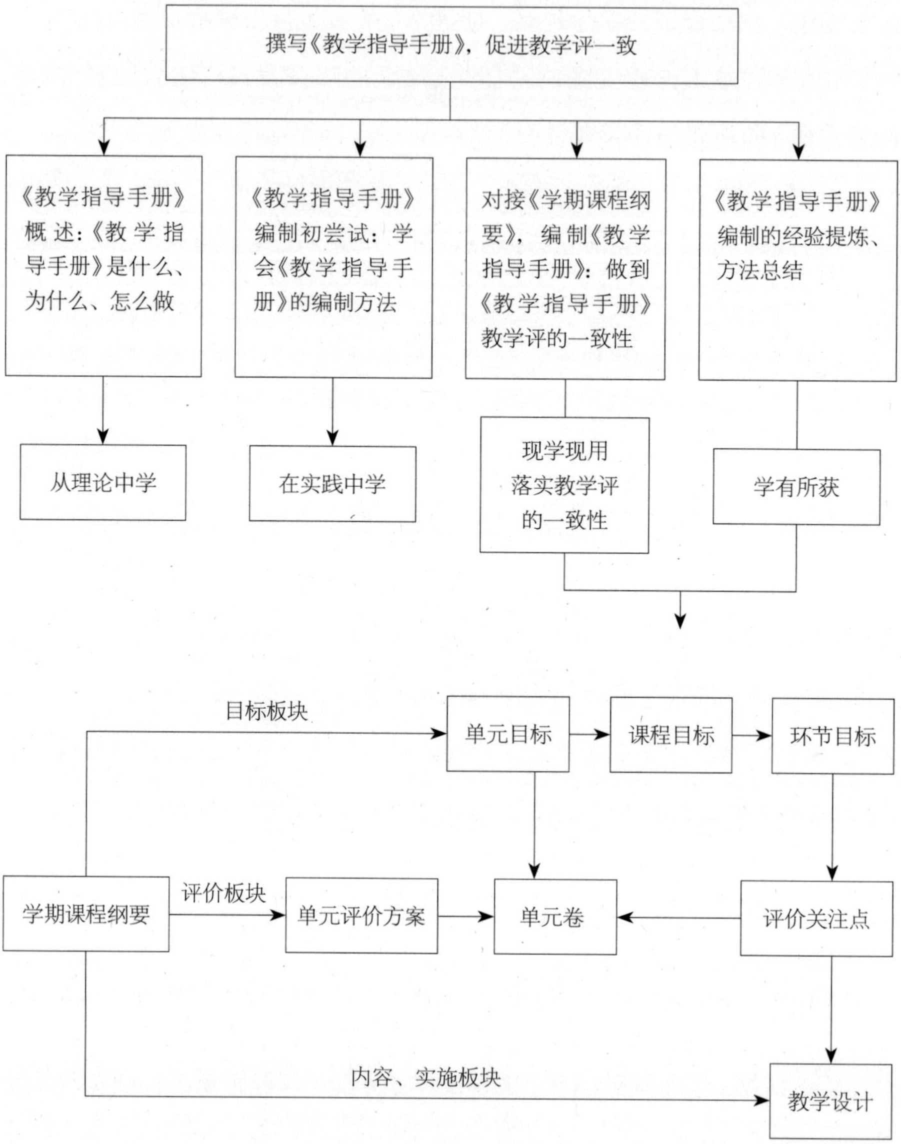

图 5-4 “教学评一致”校本培训的内容结构

表 5-4　实施内容与形式

序号	单元（主题）	重点内容	形式
1	《教学指导手册》概述	1.“基于标准的教学与评价”专家报告，了解《教学手册》是什么，以及为什么要研制《教学手册》等问题。 2. 全员培训：《教学手册》的编制，了解《教学手册》的组成，以及如何编制等问题。 3. 分学科在教研大组内进行《教学手册》撰写的互动研讨，落实到具体某一门学科《教学手册》编写的要求与方法	讲座、互动研讨、交流
2	《教学指导手册》编制初尝试	1. 全体教师以备课组为单位，撰写本学期一个单元的《教学手册》，备课组长撰写单元目标及样卷，组员撰写一个教学内容的教案示例。 2. 各教研组培训教师集体审阅本学科的《教学手册》，撰写评审意见。 3.《教学手册》撰写情况反馈，采用先集中后分组的方式，就教研组内的共性问题逐一反馈，个性问题各班反馈，并邀请撰写出色的教师进行经验分享。 4. 全体教师根据教研组内的点评及建议修改《教学手册》，并选择一处修改点作详细交流	独立撰写、各教研组集体审阅、点评反馈、独立修改、讨论交流
3	对接《学期课程纲要》，编制《教学指导手册》	1. 备课组修订下学期《课程纲要》，保证学期维度的教学评一致性。 2. 根据《课程纲要》撰写下学期《教学手册》中的单元评价方案，细化分解《课程纲要》的评价，做到单元维度的评价先行。 3. 以备课组为单位撰写下学期 3 个单元的《教学手册》，从单元评价方案入手撰写目标和内容，保证单元维度和每一课的教学评一致性。 4. 备课组逐一交流《教学手册》，互动研讨，针对不妥之处进行修改，使之完善，并保证可操作性	讨论交流、独立撰写与修改
4	《教学指导手册》编制的经验提炼、方法总结	1. 召开上海小学“撰写《教学手册》，促进教学评一致”总结交流会，提炼经验、总结方法。 2. 完成各学科第一学期《课程纲要》和 3 个单元的《教学手册》整理与汇编	交流、展示

表 5-5　上海小学 XXX 学年第 X 学期《单元教学指导手册》检查记录表

（　　　　　）年级（　　　　　）学科

整体情况						整体评价		
审阅标准	单元教学目标	单课教学目标	单元作业设计	单元评价方案	教学设计示例	文本优点	不足之处	调整建议
完整性								
正确性								
一致性								
对“评价关注点”的综合评述								

【填表说明：参照审阅标准，“单元教学目标”和“单元作业设计”部分的“正确性”请参照各学科的《单元教学设计指南》予以评价。出色为★，完成为√，需调整为△。】

审阅人：

审阅日期：

第六章

靶向学习

实验培育
学习基础素养

我从教十四年，最害怕的事情莫过于被教研员听课。每次被教研员听课，我都会把教案背上许多遍，生怕自己上课的时候一紧张，漏了某个环节，忘了哪句过渡语。尤其是开课的前一晚，我都要坐在电脑前一遍遍地播放动画效果丰富的课件进行演课，直到深夜临睡前还要闭着眼睛在脑海里过一遍教案。

记得有一次参加了“学习基础素养”区级展示活动，需要呈现一节“以学为中心”的数学课堂。我根据前期的学习和教研员的指导，自己尝试设计了一节课，内容是四年级的《位置的表示方法》。整个课堂就两个环节：第一个环节是课前让学生用自己喜欢的方法表示出黑板上两只蜘蛛的位置，课堂上则通过对各种方法优缺点的分析得到用数对表示平面中物体的位置的方法；第二个环节是一个能让全班都动起来的游戏——“蜘蛛搬家”，即根据课前随机抽取到的数对，找到教室中相应的座位坐下。这既是对上一环节的巩固，又是带领学生进一步研究有关数对的新问题。教研员来听第一次试教课的前一天，我破天荒地觉得自己没有什么需要准备——我没有要背的教案，这是因为课堂的生成全部来自学生，在课上学生展示的是他们自己的位置表示方法，发表的是自己对于每一种方法优劣之处的观点；我也没有要播放的课件，这是因为学习的素材全部在学生的预习单上，我要做的就是将他们的方法用实物投影在课堂上呈现出来，供大家讨论。作为教师的我只是一个组织者、协调者，不再是教，而是更多地关注学生的学。因此，那天我早早地休息了，反而一丝紧张的感觉都没有。

第二天课上，我为看到预习单上学生绽放的思维火花而惊讶，我也为课堂上学生有理有据地分析各种位置的表示方法而欣喜。

自此之后，我便像是一个吃过糖的孩子，不再是因为接了任务而刻意地去展示一节“以学为中心”的课堂，而是逐渐地在自己的课堂上摸索和尝试从教到学的转型，让学生的学习真正发生。[1]

[1] 该故事的撰写人为学习基础素养项目的实验教师林磊。

第一节
外围观察：以研修为基，着眼于“教”

如何基于课程标准开展有效的校本研修，促进教师专业发展，成为上海市大多数中小学面临的重要实践问题。学校在进行“基于课程标准的小学校本研修机制研究——以课堂观察研修为例”的课题研究中，以课程标准为基准，以课堂观察为载体，通过行动研究、访谈、问卷等研究方法，深入分析学校校本研修的工作体系和运行规律，促进教和学的水平整体提高。[1]

一、形成课堂观察研修机制的缘由

校本研修是我国小学教师研修体系中的一个有机组成部分，也是我国小学教师继续教育研修模式中的创新的做法。全国各地响应深化教育改革的号召，根据自身的特点和需求推出了不同的校本研修机制。

2003 年 7 月，教育部师范教育司在《关于第二期基础教育新课程骨干培训者国家级研修工作的指导意见》中明确提出，要“以开展校本研修实践为基础，研究和总结开展新课程校本研修的途径和方法”。2013 年 8 月，上海市教育委员会出台了《关于小学阶段实施基于课程标准的教学与评价工作的意见》。在此背景下，上海小学开展了“基于课程标准的小

[1] 本研究于 2017 年获得上海市徐汇区第十二届教育科研成果奖一等奖。

学校本研修机制研究——以课堂观察研修为例”的项目，总结提炼出具有特色的校本研修管理机制、运行机制和评价机制，探索出适合学校实际情况的校本研修机制新路径。

二、课堂观察研修机制的研究过程

（一）课堂观察，从“初识”到“初试”

首先，通过邀请校外专家进行专题授课与辅导报告，学校在全体教师范围内开展课堂观察的研修，让教师们了解课堂观察“是什么”“为什么”“怎么做”。其次，结合课堂观察的理论学习，各教研组在教研员的指导下确定各学科的高效课堂观察点。再次，教师结合自身需求思考，设计相应的观察量表。最后，由外聘的上海师范大学教授指导观察量表的修改。

在此基础上，学校开始了第一轮与课堂观察相结合的教师教学大奖赛，教师借助观察量表等主要工具对示范课进行课堂观察，并对数据进行统计与分析。

（二）课堂观察，立足课程标准，尝试形成机制

为使教师的课堂观察活动更加深入，学校以《课程标准》的学习为抓手，以教学“五环节”中的辅导板块为切入点，组织教师开展“明确课程标准，实施有效辅导”为主题的教学基本功大赛，使教师进一步明晰各学科课程标准，提升辅导的有效性和长效性。大赛前期以备课组为单位组织教师学习本学科的《课程标准》，并进行自测，检验学习情况。由区级骨干教师、中学高级教师负责编制《课程标准》的测试题，形成学校的测试题库。通过学习、编题和比赛，进一步提升教师对《课程标准》的认识。

此外，学校还将课堂观察与“四课制”教师汇报课相结合。我们要求

备课组对组内每一堂教师汇报课进行合作式的课堂观察实践，即“一课一报告”。在此过程中，我们不断完善学校基于课程标准的小学课堂观察点框架和观察量表，开发和试行“课前准备—课堂观察—课后研讨—反思交流”的标准与要点，并收集反馈信息，及时改进。

而后，学校开始了第二轮与课堂观察相结合的教师教学大奖赛——聚焦“基于课程标准，关注学习过程”，将观察视角从关注教师的“教”引导到关注学生的“学”，使备课组聚焦相应的观察点、运用观察量表进行观课评课。基于此，教师们对课堂观察的认识与理解都得到深化，还有部分教师开始对观察工具进行反思，参与评审的教研员也认为许多观察数据记录翔实，解读清晰，能基于数据进行分析与讨论，深入关注学习过程。

（三）课堂观察，着眼教学评一致，形成研修文化

在开展“一课一报告”的备课组课堂观察实践基础上，学校以五年级数学和英语备课组为试点，结合“四课制”开展连环操作的精细化研修，即“连环推进式组本研修”。在试点组经验推广的基础上，各备课组聚焦一项研究专题分别展开，形成了每学期的“一组一报告”机制。

随后，学校开始了第三轮与“课堂观察”相结合的教师教学大奖赛——聚焦“基于课程标准的表现性评价设计”。在大赛研修阶段，我们突出“基于合作、为了改进、尊重自主”三个点，并以课堂观察为途径，由信息教研组“现场直播”课堂观察过程，向教师剖析课堂内的表现性评价设计。

三、课堂观察研修机制的主要内容

基于多年的研修实践，我们梳理并总结了具有学校特色的“动态化

整体设计—人性化管理保障机制—系列化递进运行机制—多元化评价反馈机制”的校本研修机制，如图 6-1 所示。这一研修机制的循环体现了制度保障、学术引领和文化渗透多方面的协同，既有利于教师专业化成长，又有利于校本研修文化的形成。

（一）动态化整体设计

学校针对教师切身需求，对校本研修进行了整体设计和详尽安排。课堂观察研修以课程标准为基准，以基于课标的教学与评价实施过程中的重点、难点问题为观察点，以促进教师专业发展为目标，有计划、有主题地扎实推进，体现了“将理论研修和实践研修结合为一体”的课程化核心特征。具体流程如图 6-2 所示。

（二）人性化管理保障

课堂观察强调团体合作精神，除了设立有关机构开展研究活动以外，学校出台了以教师发展为本的管理制度——《学校校本研修制度》，从组织实施、运行机制、评价三个方面阐述了研修的方式方法，使研修活动更加有路径可循。

为了更好地使校本研修的实施落到实处，学校根据不同研修方式的特色制订了一系列保障条例，如《校级骨干管理条例》等，为校本研修的顺利开展提供必要的保障，并不断推动校本研修向制度化、细致化、更具操作性的方向发展。

（三）系列化递进运行

教师内在成长的特征是连续的、多角度的、慢慢积累的，因此在设计研修内容和路径方法时应注意递进式、系列化地推进。通过浸润式学习，教师的专业水平得以提升。

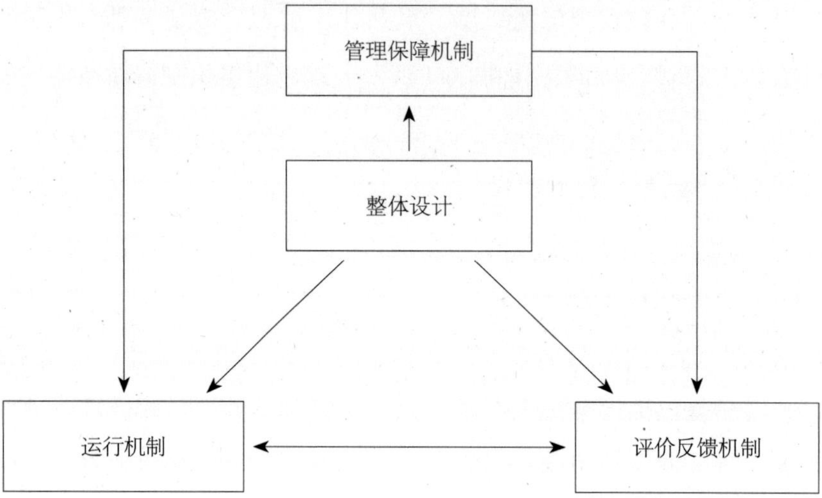

图 6-1　校本研修机制

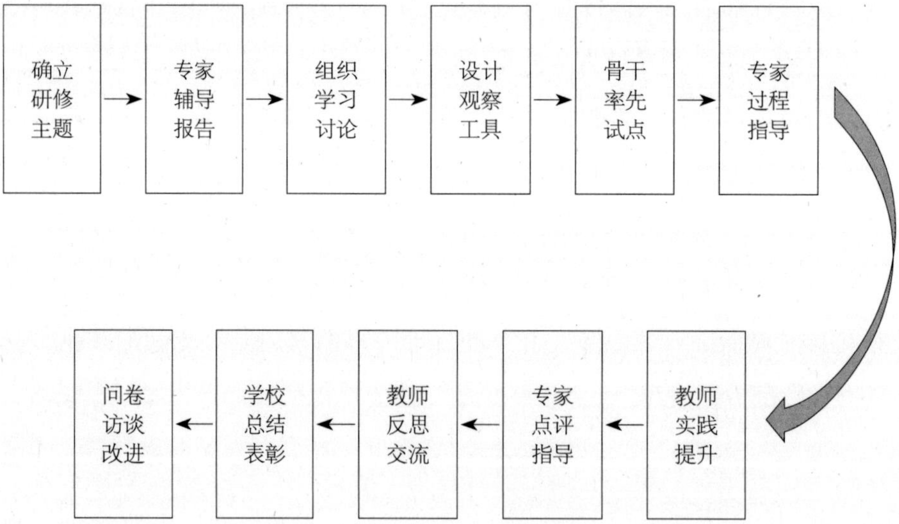

图 6-2　研修流程整体设计图

为了促进研修的有效性，学校将校本研修与比赛紧密结合，形成了以比赛促进研修、以课题任务驱动研修、以构建组织支持体系带动研修的风格。

例如，与“基本功大赛”相结合，激发教师进一步学习《课程标准》，撰写《学期课程纲要》的积极性，促进教师对于课标的内化；与“教学大奖赛”相结合，激励教师在全员参与教学比赛的氛围中，提高“研课”的能力，学校还请来区教育学院教研员、学校骨干教师们帮助青年教师构建起高效课堂。

在以课题任务驱动教师进行研修的实施过程中，我们邀请校外专家多次来校开展课题辅导报告，全体教师在专家的指导下设计出较有操作性的观察量表，用于对骨干教师示范课堂的分析与观测。总之，教师在修改量表和自我反思中得到专业的提升与发展。

校本研修如果仅仅促进教师个人的发展是不够的，还要让整个团队提升水平。学校将校本研修与备课组内开展的“四课制”听评课、连环推进式的组本研修紧密结合，团队的力量使得课堂观察的研修向纵深发展。这反过来也提高了备课组组织研修的能力。

（四）多元化评价反馈

在校本研修中，管理小组和课题研究小组设计了评价反馈机制。评价内容的设计，注重研修的过程性评价，收集教师在研修过程中达成预定目标的材料，如课堂教学预设单、课堂观察分析报告、课堂教学实录和教学反思表等。评价方式包括专家点评、骨干点评和自评互评三个方面。评价途径包含教师问卷和教师访谈，力求从多元化角度将评价与反馈融入研修过程中，用评价与反馈提升教师研修的质量，促进教师专业发展。

上文提到的课堂观察量表，如表 6-1 所示。

表 6-1　学校基于课标的课堂观察框架表

维度	视角	观察点
基于课标的教学	教师	课堂教学活动设计有效性
		课堂互动的广度、积极度与公平度
		课堂提问有效性
		教师语言性理答行为
		教学结构合理性
		课堂练习有效性
		课堂教学中生成资源应对与处理
	学生	小组合作学习的有效性
		课堂学生言语操练有效性
		学习习惯——书写习惯
		学习习惯——倾听习惯
		学习习惯——表达习惯
		学习习惯——观察习惯
		学生试验操作准确性
		学生参与度
		一名学生课堂关注度
基于课标的评价	教师	课堂评价与教学目标一致性
	学生	课堂学习评价有效性
		学生自 / 互评价准确性

四、课堂观察研修机制的成效

学校的这一研修机制的循环运行使校本研修取得了预期的成效，主要体现在如下三个方面。

（一）促进了教师专业发展

1. 促进了教师反思与研究能力的提升

在校本研修期间，学校累计获得各级立项研究课题 64 项，40 位教师主持或参与了有关研究课题。其中，26 位教师的科研成果，或是获得各级各类奖项，或是在有关学术刊物上发表。可见，教师们的科研能力有了提高，撰写的论文有了质量，从而有效解决了“提高论文质量难”这一难题。

2. 促进了教师落实“目标、教学、评价一致性”能力的提升

在校本研修过程中，教师通过撰写《学期课程纲要》将课程标准分解、细化在各学期、各单元的教学目标中，并将各年段在教学中遇到的共性的难点和基于课标的教学与评价实施过程中重点关注的问题作为观察研究的对象，反思交流教学设计中对“目标指向”的梳理和对“评价关注点”的标注，形成“目标引领，评价夯实”的意识，促进教师连环实践和研修，逐步提升落实目标、教学、评价的一致性的能力，逐渐成为教学方面的能手。

（二）形成了合作、可持续发展的校本研修文化

在校本研修过程中，教师专业发展是教师通过共同设计、修改教学预设单和观察量表、分工合作开展观察及数据分析、课后撰写观察报告并反思交流的过程来形成学习共同体的过程。在这个学习共同体中，观察者和被观察者的目的是一致的，即解决教学中共同关心的重点、难点问题，共同提升学生学习的效果。这也促进了教师之间的主动参与、通力合作、可持续发展的研修文化的形成过程。

（三）加快了研究成果的推广和辐射

1. 教育科研与“故事校园”相结合，强化了教师内驱动力

从学校的办学思路出发，我们寻找到了“故事”这一符合小学教师人群特点的载体[1]，并将校本培训的成果与“故事校园”相结合。学校在各种会议、论坛和专题研讨中，多次将重要课题的汇报总结、展示交流、分享推广以数字故事、情景再现等形式呈现。一个个教研故事、研修故事使更多的教师对学校开展的科研工作从不感兴趣到喜闻乐见，从“知其然”到“知其所以然”，展现了学校在教师队伍建设方面的特色做法，在区域内外产生了一定的辐射效应。

2. 教育科研与校际联动相结合，扩大了研修辐射范围

在教师专业发展与校本研修方面，除了开展市、区级的展示活动外，学校还积极地参加校际交流研讨活动，在常态的互动中带动周边学校促进自身的发展。

2015 年 5 月，学校英语组全体教师在“委托管理联合教研活动”中引入连环推进式精细化组本研修，以小组合作学习为观察点，聚焦学生的学习基础素养培养和学习过程，并向区教育党校主办的研修班学员和各校分管教学副校长做了特色校本研修展示交流。通过两轮连环推进式精细化组本研修活动，教师对“小组合作学习”这一教学策略的认识有了较明显的提升，在共同研讨的过程中提高了教师专业化水平。这样的展示让研修班学员们感受到了校本研修的深度，对校本研修的新模式有了新的认知。

此外，学校作为课程质量提升工程组团发展的第一小组“牵头校”，先后组织了 3 次组团活动，向组内学校就“学校的课程规划”“毕业生形象设计”“校本课程评估问卷设计”等方面做了交流，并组织这些学校对

[1] 汪成亮：《基于 PCK 的小学语文课堂观察技术研究》，载何云峰主编《现代基础教育研究（第 30 卷）》，上海教育出版社 2018 年版。

课程规划进行顶层设计，在交流互动和专家指导后，最终各校形成了各自学校的课程规划。

第二节
内化体验：促课堂转型，立足于“学”

2017学年开始，学习基础素养项目的研究活动开始拓展到了徐汇区8所项目校，让我们有机会以“星体模型”的思路去理解学习基础素养的要素。这是一种凸显以“学习为中心”的、注重挑战任务设计的、关注“学会学习”的规章意识以培养及支持学生思维外显化工具设计的新型课堂模式，让人耳目一新。除了前期参加试点的个别观察员以外，更多的学校教师观摩到了这种课堂带来的“观念冲击”。

一、路径：项目驱动式的课堂转型

（一）调研访谈，了解现状，制订项目行动计划

在项目推进前期，项目组对部分教师、教研组长、备课组长进行调研和访谈，了解教师的需求，分析学校开展此项目的基础和难度，评估此项目开展的条件、风险等。在调研和访谈的基础上，我们梳理学校开展此项目的可行性，制订符合学校发展需求的行动计划。

（二）推荐书籍，理论学习，引领项目全面铺开

学校召开了“学习基础素养项目专项推进会”会议。会上，我对《素

养何以在课堂中生长》一书进行了专题导读。通过导读并结合前阶段的实践，我系统地分析了素养视角下的以学习为中心的课堂，使教师系统理解了学习基础素养的核心理论。之后，我还将这本书推荐给学校的教师，希望教师们能把素养课堂的教学设计与追求理解的教学设计相结合。

（三）抓住要素，专题学习，核心团队专题讲座

我们组建了学习基础素养项目的核心团队，以团队先学习再带动全校教师的学习来推进项目的开展。推进过程可以概括成这几组关键词：组建团队、抓住要素、团队自学、自行研究、团队分享、专题讲座、全员培训。

（四）设实验班，研究课堂，初尝素养课堂之魅

我们在一、二年级设立三个实验班，向项目核心校——上海市徐汇区高安路第一小学取经，鼓励教师开展更广泛的以学习为中心的课堂实践。在实验班中，在进行协同学习的最初阶段，我们尝试在实验班教室里排放U型结构的座位，从而来改变传统课堂的空间关系，以保障学生有更多的交流互动的机会，增强班级凝聚力。

（五）搭建平台，教学实践，体验素养课堂转型

有了素养课堂的理论基础和核心团队专题讲座的引领，学校搭建各类平台，让全体教师在课堂中实践，体验素养课堂带来的转型，让学习真正地发生。我们通过“四课制”、教学大奖赛等方式，让教师充分地体验研究的过程，呈现学习的成效。

（六）学习总结，阶段汇报，专家点评专业指导

我们先后举行了数学学科专场和语文学科专场等多场校级“学习基

础素养项目”研究汇报课并进行研讨，同时邀请市、区项目组的专家进行点评。通过项目阶段的汇报活动，教师们的课堂教学行为有了改变，对情境、规则、工具三要素的思考有了更深层次的理解。

（七）撰写案例，交流分享，指导实践后的反思

从教师个人而言，我们组织大家在日常课堂中以教研组为单位进行课堂观察，随后撰写“学习现象故事”的案例。我们形成了30多个现象故事，进行梳理和归纳，同步进行再分析。我们这样做的目的是：希望采用学习现象故事这种质性的方式呈现所有教师对课堂中的社会性联系观察的结果，用学习故事来描述课堂中产生学习的过程，以促进教师对学习的敏感性，更好地把握学生的素养，转变自身教学行为与理念。

通过项目研究，教师的课堂行为有了哪些变化呢？我们注意到，教师们不由自主地从课前行为和课堂教学行为这两个方面进行了阐述和反思。课前行为方面的改变主要有：有5人认为在情境（挑战性任务）的设计有所改变；有1人认为会事先考虑情境、工具、规则的设计；有1人认为在教学目标上会有所调整。课堂教学行为方面的改变主要有：有4人在建立社会性联系（生生之间的联系）有改变；有3人在个性化表达方面有考虑；有4人在借助工具教学上有变化；有2人在建立课堂规则、打造一级课堂方面会综合考虑；有1人在提出问题上做了尝试；有4人在其他方面有所改变。

从以上的数据来看，我们发现：核心团队对以学为中心的课堂是有实践、有体验、有反思的；教师们已经逐渐在接受素养课堂的模式，教学行为在慢慢改变，并初步感受到了此类课堂带来的实效。

二、内核：指向学生学习基础素养

更为关键的是，《素养何以在课堂中生长》一书向我们介绍了以学习

为中心的任务设计、规则设计、工具设计的课堂设计与案例。了解了以学为中心的课堂需要安全的、温暖的课堂生态，教师的改变与提升也需要宽松的、容错的研究氛围；以学为中心的课堂需要帮助思维外显的工具，教师的改变与提升也需要理论与实践的研究武器；以学为中心的课堂需要有挑战性的、统领学习的大任务，教师的改变与提升也需要指明由关注教师“教”到关注学生“学”的课堂转型大方向，把以素养课堂为内在本质的项目化学习的研究当作转变教师观念的“敲门砖”。

这的确有一定的难度，但是我坚持在全校教工大会上导读这本书，专挑有说服力的案例进行突破。例如，当我讲到书中以学习为中心的课堂工具设计样例——《个人错题反思表》来支持学习者独立学习、思维外显化的时候，不少教师的眼睛都情不自禁地放出光彩来，这不仅是因为他们从案例设计中感到“从前较为难上的试卷分析课，变成了学生争抢着要发言的互动课堂”，更是因为她们意识到，学习基础素养提出的任务设计、工具设计的理念，其实与我们以往重点研究的基于课程标准的教学与评价中的表现性评价是有一定的联系和共性的。

就是在这样一次次全校教师的导读、共读及结合实践的情况下，许多教师都转变了思想，并感慨道：“这样的课堂，我们愿意尝试！”

从“搬不回来”到“愿意去尝试”，当观摩到在课堂中学生学习的真正发生，从真实的案例中体会到学生成为课堂与学习的主人时，那种惊喜与震撼，就能慢慢激发出教师寻求改变的内驱力了。

（一）学习基础素养之数学学科案例

以学习基础素养为中心的教学活动关注学生学习的真正发生，而这要求教师深耕课堂教学，灵活而适切地运用“以学为中心”的课堂三大要素——情境、规则与工具。下文以数学学科为例，展示四年级《位置的表示方法》的教学案例。

【数学教学案例】

四年级数学《位置的表示方法》教学设计

课题	位置的表示方法	课型	新授
执教者	林磊	班级	四（1）
单课教学目标	1. 知道可以使用有序整数对（a，b）表示物体在平面中的位置。 2. 能够初步使用有序整数对（a，b）表示物体在平面中的位置，并感悟到运用“纵”“横”两个维度来刻画位置的准确和简洁。 3. 经历探索的过程，培养观察、推理、抽象概括的能力		
教学重、难点	1. 教学重点：能够熟练地使用有序整数对（a,b）表示物体在平面中的位置，并掌握有序整数对正确的书写格式与读法。 2. 教学难点：理解并掌握先横后纵的表示方法，能根据具体的情境灵活的确定物体的位置		
素养关注点	提出问题、建立联系、个性化表达		

教学板块	目标指向	师生活动	素养关注点
学生进场		拿出票根，对号入座。 （两分钟预备铃）	数学与生活的联系
活动一：情景引入	1. 建立数学知识与实际生活的联系，激发学习兴趣	放学后，三只调皮的蜘蛛爬到了黑板上，我们先一起来分享一下大家是用怎样的方法表示它们的位置的。揭示课题：位置的表示方法（板书）	数学与生活的联系

活动二： 探究新知	1. 经历从模糊到精准、从繁到简的位置的表示方法的发展。 2. 知道可以使用有序整数对（a，b）表示物体在平面中的位置	1. 交流研学单 预设： ①文字描述（不精确） ②用尺测量 ③格子、行列 ④有序数对 （2，3）是黑板上的哪只蜘蛛，谁来说说 2 和 3 分别表示什么？ 2. 渗透直角坐标系的思想 ①出示另一位学生的表示方法（3，2），引发冲突 ②聆听笛卡尔的故事 3. 小练习 ①出示另外两只蜘蛛，用数对表示它们的位置。 ②出示两组数对，根据数对将蜘蛛放在相应的位置上。 4. 数对与位置的关系 观察黑板上的蜘蛛及表示它们位置的数对，你有什么发现？ 5. 教室中的座位 明确教室中的直角坐标系 根据座位号对应的数对，起立。 （1，b）、（a，2）、（3，3）、（4，4）、（a，a） 6. 拓展 ①蜘蛛爬到格子中间，引出小数数对。 ②蜘蛛爬到黑板外，设疑：如何用数对表示它的位置？ 小组讨论，交流	个性化 表达 社会性 联系
活动三： 巩固练习	1. 能够使用有序整数对（a，b）表示物体在平面中的位置，并感悟到运用“纵”“横”两个维度来刻画位置的准确和简洁	小丁丁、小巧等四人去海岛上的动物园游玩，他们拿出导览图，认真研究动物场馆的位置，动物场馆的位置在导览图上用“★”标出。 1. 根据位置写数对 2. 根据数对找位置	社会性 联系

活动四：寻找生活中的数对	1. 建立数学知识与实际生活的联系，体会数学的有用性	1. 出示研学单第二题学生的回答 2. 解决尚未解决的问题——生活中数对的运用	提出问题数学与生活的联系
活动五：收获总结		1. 生：通过今天的学习，我收获了…… 2. 布置作业：长周期作业（二选一、可组团）。 ①借助书籍、网络等方法搜集整理历史上人们表示自己所处位置的方法的资料，制作一张图文并茂的简史图。 ②挑选一个场景（教室、公交车、电影院……）设计一张位置图，能让他人迅速找到对应的人或物	社会性联系
学生退场		思考：给出怎样的座位号，全班都能起立、退场	数学与生活的联系
板书设计		位置的表示方法 文字描述 用尺测量 格子行列 有序数对先横后纵	
附件	研学单		

四年级第二学期数学研学单——《位置的表示方法》

班级________ 姓名________ 学号________

1. 放学后，三只调皮的蜘蛛爬到了黑板上，你能分别表示出它们的位置吗？

2. 对于位置的表示方法，你还有什么疑问吗？

（二）学习基础素养之语文学科案例

我们怀揣着热情不断探索“以学习为中心”的课堂教学，也不断重温《情景、规则、工具的运用——以学习为中心的课堂变革教学案例集》。结合学校每年一度的教学大奖赛，我们将比赛内容确定为设计一份素养课堂的教案，每位教师都积极参赛，如饥似渴地学习与思考，体验了一把素养课堂三要素在备课中的运用与实践。下文展示一篇从比赛中遴选出的素养课堂案例——五年级语文《再见了，母校》。

【语文教学案例】

《再见了，母校》教学设计

学科：语文	课题：《再见了，母校》（作文指导课）	
教师姓名：郭蕾	班级：五（7）班	学生数：42
上课时间：2019.6.12	学校：上海市徐汇区上海小学	
一、学习目标		
1. 通过阅读习作要求，联系学习生活实际，确立文章的中心，并能选择合适的事例准备写作，形成提炼关键信息，选择合适写作素材的能力。 2. 通过小组合作，借助视频、文本等工具，感受人物的细节描写，积累细节描写的方法，形成静心观察、提炼概括的能力。 3. 通过个体思考、视频学习，体悟所选素材中的动人之处，用自己的语言表达对母校的真挚情感，形成个性化语言表达能力和语言迁移反思的能力		
二、有挑战性的情境任务设计		
结合学校五年级毕业季“学生足迹馆”布展的契机，全年级开展“毕业征文活动”，通过书写校园生活中的故事，把你对母校的留恋、感激之情记录下来，每人撰写一份文稿，制作成一本毕业文集《记忆留夏》赠送给母校		

三、课堂中的学习活动

任务实施	课堂规则	学习工具
学习环节一：情境引入，明确习作要求 1. 视频回忆引入，铺垫写作情感。 2. 结合情境，明确挑战性任务，阅读习作内容，明晰写作对象及写作特定范围	1. 个体思考过程：根据写作提示，进行自主思考	支持独立学习的工具：媒体写作要求提示
学习环节二：借助例文，选择合适素材 1. 阅读故事，概括故事中事例。 2. 围绕中心筛选素材。 3. 辨析、选择表达中心的合适选材，进行简单概括。（学习任务单 1） 4. 小组交流，学习他人选材角度，反思自我，启发自我。 5. 全班交流，素材归类，体会同类选材之间的差异和角度的独特性	1. 个体思考过程：根据学习步骤，自主进行思考学习。 2. 生生互动：在自我表达过程中有理有据，简练清晰，体现中心与选材的联系意识；在同伴发言中进行认真倾听、有序互补，乐于帮助，并主动思考深化学习。 3. 小组合作： ①每位组员依次把自己所写的事例在组内交流。 ②共同讨论，帮每位组员筛选最合适的事例，打上星号。 ③组内挑选出一个最佳事例，用简短的语言写在板贴上	支持独立学习的工具：《感动上小十大足迹故事集》《学习任务单 1》。促进思维外显化的工具：写作中心、对象和范围的板书提示、四件事例的媒体投影、素材归类板贴
学习环节三：观察视频，学习细节描写，完成挑战性任务 1. 观看视频，观察教师和 M 同学的细节表现。 2. 仔细观察，提炼关键词。 3. 品读片段，感受细节描写对于情感表达的重要性。 4. 结合自己生活，运用写作思维工具，写一写能表达情感的细节描写片段（学习任务单 2）	个人活动：根据要求，仔细观察视频中的任务细节，并进行提炼概括；仔细品段，结合前期观察，感受细节描写的方法，按要求，在规定时间内尝试写段	支持独立学习、促进个体学习的工具：M 同学的视频、细节描写范例、《学习任务单 2》

四、课堂中观察点
1. 情境挑战性任务在整个文本学习中是否有铺垫环节，使学生的思维能呈递进式，情感能自然过渡。 2. 情境挑战任务的设计是否对突破重难点、学生真正掌握写作方向和方法具有实际性的意义

附件：学习任务单

习作支架：把一件难忘的事写具体

班级：________ 姓名：________ 学号：________

征文要求：		
同学们就要告别母校，跨入中学了。五年的小学生活，有喜有忧，有笑有泪，回想一下，一定会对一些人、一些事记忆深刻。请你用纸笔记录下最令你难忘的一件事，表达你对母校的情感吧！		
学习任务一：　事例表达情感 ①________________ ________ ________________ ②________________ ________ ________________		
评价标准：	自评	互评
1. 能根据征文要求选择合适的事例	☆☆☆	☆☆☆
2. 选择的事例能清楚地表达情感	☆☆☆	☆☆☆
3. 能用简洁的语言把事例写清楚	☆☆☆	☆☆☆

学习任务二：片段描写		
评价标准：	自评	互评
1. 能根据所选事例，把片段写清楚，语句通顺	☆☆☆	☆☆☆
2. 能抓住人物的语言、动作、神态和心理活动进行细节描写	☆☆☆	☆☆☆
3. 片段中的细节描写能突显文章的主旨	☆☆☆	☆☆☆

孩子们在课堂中会观察、会发现、会质疑，能互辨、能品析、能思考，所有的生成都是在课堂即兴发生的。我们觉得，这样的课堂才是真正有意义的。

第三节
深入实践：积淀深化，推进项目化学习

随着市级项目研究的不断深入，在学习基础素养项目研修的基础上，以学校教学大奖赛为契机，我们继续推进“以学为中心，以素养为本”为主题的学习基础素养项目中项目化学习的研究（附录图 24）。项目化学习围绕学习基础素养，通过回答“解决什么问题？”“通过什么过程？”“产生什么结果？”这三个问题，将学科知识与生活实际联系起来，能够促进教学的有效性及学生学习的积极性。

随后，通过市区项目组的学习，以及项目化学习市级种子教师的培

训，我们认识到，在教师中积极开展项目化学习设计的研修，可以说为广大教师转变理念后的教学行动跟进提供了脚手架，是非常有意义的；也能够不断落实二级课堂任务，初探三级课堂的建构路径，促进全体教师“从教到学”的进一步课堂转型。

在推进项目化学习的进程中，学校针对各个学科都进行了项目化学习的设计与实施，现节选语文和数学两门学科的项目化学习设计作为案例进行展开。

【语文项目化学习设计案例】

穿越浩瀚时空 讲述人物故事

一、项目简介

项目概况：本项目基于统编版语文第七册第八单元，围绕“简要复述课文”这一语文要素，以“讲述人物故事”这一驱动性问题，加深学生对历史故事的理解，了解优秀历史人物，激发学生学习语文的兴趣，提升学习素养。

解决的核心问题：简要复述课文

适用人群：四年级学生

所涉及的学科：语文、历史、信息

二、项目设计

（一）项目背景分析

本项目围绕“简要复述课文”“讲述人物故事”激发学生学习语文的兴趣，提升学习素养。本单元教材主题为：时光如川浪淘沙，青史留名多俊杰。一共有两篇精读课文《王戎不取道旁李》《西门豹治邺》，一篇略读课文《故事二则》，一节口语交际课《讲历史故事》和语文园地。结合学生对历史的了解及三年级信息课所学的知识来开展此项目化活动。

（二）核心知识与学习目标设计

1. 知识

（1）借助拼音和生活中识字的方法，认读生字 33 个，正确读写生字 20 个，进一步认识形声字。

（2）了解简要复述课文内容的要求和注意的问题。

2. 技能

（1）正确做到词句间的停顿，能正确流利朗读课文。

（2）联系上下文理解词语的意思。

（3）掌握简要复述的方法，如查看注释、联系生活实际、讲述和倾听故事等。

（三）驱动性问题设计

从“如何简要地复述课文？”这个本质问题入手，我们提出两个驱动性问题：在阅读历史故事时，哪位人物给你留下了深刻的印象？如何用讲故事的方式，将你喜欢的历史人物介绍给大家？

创设情境：观看《百家讲坛之历史人物故事系列》视频。

（四）学习任务设计

主要由六个部分组成：

1. 入项活动

（1）学生回顾已经学过的历史故事，引入活动。

（2）观看《百家讲坛》(《千古中医故事之扁鹊》)，激发兴趣。

（3）学生思考并讨论驱动性问题。

（4）进行头脑风暴：讲述一则历史人物故事需要做哪些准备？在选择历史人物故事时要注意什么？如何在小组中进行分工？……

（5）学生分组（4 人一组），进行分工。明确学习活动的进程和时间节点。

此学习任务所涉及的高阶认知是问题解决和决策策略，此环节的学习需要提供电脑房和拓展文本：《经典历史故事》《中国历史故事精选》《三国演义》等，以及视频资料《百家讲坛》。

2. 知识与能力建构

（1）学生填写 KWL 表中关于“复述课文”的“已经知道的内容（K）”和“想要习得的内容（W）”。

（2）学生在教师的引导下逐步习得关于复述的技巧。

（3）学生学习课文，在课堂中进行复述课文的实践。

（4）学生从课文中提炼故事所蕴含的道理，体悟人物品质，为讲述故事进行铺垫。

这一环节的学习任务所涉及的高阶认知是问题解决、决策、系统分析策略，需要提供的环境是带有多媒体设备的教室。

3. 探索与形成成果

（1）每个小组通过大量阅读和集体讨论，选定要介绍的历史人物，列出组内分工表及各项工作的完成节点。

（2）组内根据分工进行讲稿撰写、媒体制作、试讲等。

（3）初步完成后，学生进行一次彩排。

此环节所需要的资源是多媒体设备（详见258页项目成果表）。

4. 评论与修订

（1）教师第一次进入小组，对学生撰写的讲稿提出修改建议。

（2）教师第二次进入小组，对学生的彩排结果进行评价和建议。

此环节所需要的资源是多媒体设备。

5. 公开成果

（1）以小组为单位完成项目化学习单，在班级中开设《百家小讲坛》并展示，由教师和同学进行投票，选出1～2个优秀小组颁发奖状。

（2）各小组在公开成果展中记录他人建议和观点。

此环节所需要的资源是多媒体设备。

6. 反思与迁移

（1）学生完成KWL表中的“学到了什么（L）”部分。

（2）学生完成社会性实践反思：讨论学生在团队中的合作情况。是否产生了分歧？如何解决的？下次遇到类似的问题如何处理？

（3）让学生进行知识迁移，选择一则历史故事如《火烧赤壁》《破釜沉舟》《三顾茅庐》进行复述故事的实践。

（五）评价设计

个人完成迁移环节中的简要复述故事，由小组内成员进

项目成果表

个人成果：	评价的知识和能力：
单元测验。 选择本单元的一篇课文，进行简要复述	抓住主要情节、按照故事发展的先后顺序进行复述。 表达能力、倾听能力
团队成果：	**评价的知识和能力：**
团队协作，讲述历史人物故事。（每组3~5分钟） （1）信息收集与整理，撰写故事稿。 （2）分工（撰稿人、主讲人、媒体制作等）。 （3）进行排练。 （4）成果展示	复述课文的迁移和运用。 交流、协作能力
公布方式：	
在班级中开设《百家小讲坛》，以小组为单位进行展示，由教师和同学进行投票，选出优秀小组	

评价设计表

等第标准	成员姓名
A. 使用恰当的语气和肢体语言，讲述很生动。 能按照一定的方式复述，能把故事讲清楚。 能使用恰当的道具、服装	
B. 能使用语气和肢体语言，讲述较生动。 能按照一定的方式复述，基本上把故事讲清楚	
C. 能试着借助语气和肢体语言，把故事讲完整	
D. 不能按照一定的方式把故事讲完整	

行评价。

备注：小组成员从给定的三则故事中选择一则故事进行简要复述，由组内学生根据A、B、C、D等第标准进行评定，并填入相应的等第表格内（详见258页评价设计表）。

三、项目评估与反思

（一）项目的总体评价

本项目是较为开放的项目化学习设计，趣味足、语文味浓，具有中国文化特色。驱动性问题的提出符合学习目标和学生的学情，并且做到了对驱动性问题进行分解，实施过程中形式多样，学生学习兴趣高涨。

本项目存在的主要问题是：驱动性问题中讲述的历史人物故事与学生现实生活较遥远，与真实生活不够贴近；学生在探究过程中的自主性还不够；在项目化评价板块中缺少对全体学生的评价。

今后在项目中要让学生成为课堂的主角，让学生自主探究，在活动中自主地学习和交流，让学生在充分的思考和探究中自主发展。例如，可以让学生自主设计简要复述课文的思维导图，等等。此外，教师在评价模块中还要真正落实到对每一位学生的评价。

（二）项目给教师和学生带来的变化

在项目化学习引导下展开语文教学设计，能够满足学生的基本需求和兴趣，将理论知识和实践活动进行结合；能够促进学生在学习中不断提升自主学习能力，增强学生对团结协作的认识，提升学生实践能力和合作能力；也能够增强语文教学的趣味性和实践性。

在项目化学习开展中，教师明白了项目化学习是立足在语言建构上，以语文学科主题为载体，通过整合内容、转变方式和生成课程等路径，在项目化学习中提升学生的语文素养。

（撰写人：陶丽）

【数学项目化学习设计案例】

小鲤纸币诞生记

一、项目简介

项目类型：学科项目

学科：数学

项目总时长：4 课时

年级：一年级

项目背景：爱心义卖是我校“春风送暖爱心月”主题月教育活动的内容之一。目前，学校缺乏一套在爱心义卖上流通的货币。在本项目的学习过程中，学生将设计一套以学校吉祥物小鲤为标志的具有学校特色的小鲤币，并在爱心义卖中使用，从而引导学生在真实的情境中认识元角分等人民币的特点，体验货币的作用。

二、项目目标

"小鲤纸币诞生记"项目目标

<table>
<tr>
<td>相关学科课程标准：
1. 认识人民币，知道人民币的单位元、角、分以及它们的进率。
2. 进行爱惜人民币的教育。

相关教材单元目标：
1. 认识人民币，知道人民币的单位元、角、分。
2. 会说出人民币的币值，会进行人民币的简单换算</td>
<td>学科 / 跨学科大概念：
单位的认识

学科知识：
人民币的认识

学科能力：
合作探究、运算能力、综合实践能力</td>
</tr>
<tr>
<td colspan="2">学习素养：
（为了促进学习素养在项目实施过程中的转化，本次以《项目化学习设计》一书中的五种学习实践为蓝本，增加创造性实践为必选项）
创造性实践（√）：创造小鲤币　　探究性实践（√）：探究纸币的构造
社会性实践（　）　　调控性实践（　）
审美性实践（　）　　技术性实践（　）</td>
</tr>
</table>

三、教材内容链接

教材内容链接

学科	年级	学期	章节	内容
数学（ 版）	一年级	第二学期	第二单元	认识人民币

四、驱动性问题与预期成果

- 本质问题：人民币的功能是什么？（价值的交换）
- 驱动性问题：你想用自制的"小鲤币"参加爱心义卖吗？

在以往的爱心义卖中，我们直接使用人民币进行交易，但是我们逐渐发现了不少弊端。一是以往的爱心义卖上，每个班级总会有那么一两位“扫货”的学生，携带人民币买下大量商品，导致第二批进入爱心市场的学生购买的商品非常有局限，学校为此发放过限购券，但是学生既要携带人民币、限购券，还要拿着买来的商品，非常不方便，丢失人民币、限购券、钱包的事情屡屡发生。二是疫情中的安全卫生尤为重要，经过多人之手的人民币显然携带了大量的细菌，而且还不易消毒。所以，目前学校迫切需要一套在爱心义卖上流通的货币，以及一份换币、使用、回收、消毒的方案，以解决限购和安全这两个问题。

- 预期总成果：设计出一套用于爱心义卖的“小鲤币”。
- 驱动性问题所蕴含的高阶认知：

驱动性问题所蕴含的高阶认知说明表

认知维度	是否达成	具体说明
问题解决	√	1. 制定小鲤币使用规则，满足限购和安全这两个条件。 2. 在爱心义卖前进行货币兑换，并将兑换来的货币在爱心市场进行买卖
决策		
创见	√	将对人民币的认识进行迁移，设计出一套用于爱心义卖的小鲤币
系统分析		
实验		
调研		

五、项目问题分解与日程概览

项目问题分解与日程概览表

驱动性问题：你想用自制的“小鲤币”参加爱心义卖吗?				
时间	子问题	指向驱动性问题解决 / 总成果的学习支架	课程要点 / 作业要点	成功事件与标准（如何评价学生在这一阶段的项目学习成就？）
第一课时	如何制作小鲤纸币	指向驱动性问题的解决： 1. 了解公开成果——小鲤纸币的制作要求和用途（爱心义卖），全班讨论制定小鲤币使用规则。 2. 小组合作制作纸币草图。 3. 交流分享设计的过程中学会货币表面的元素构成。 学习支架： 1. 人民币纸币。 2. 视频资料《人民币的起源》	作业要点： 1. 按照小组制定的草图设计框架以及课堂交流，对设计进行修正。 2. 完成三张小鲤币的样张（以元、角、分为单位的各一张）	成功事件： 小组共同完成三张小鲤纸币 标准： 纸币中是否含有货币基本要素（币值、防伪条、序列号、银行名称）
第二课时	如何兑换货币	指向驱动性问题的解决： 1. 各个小组上台展示本组的作品并讲解他们的设计理念，全班投票选出一套最佳小鲤币。 2. 讨论币值的种类，准备全套印刷。 3. 然后为下节课的爱心义卖作准备：制定小鲤币兑换方案（见附件二），该方案旨在解决以下问题：如果你带了 20 元人民币来参加义卖，你可以把 20 元换成哪些面额的小鲤币呢？通过制定方案，初步掌握元、角、分的进率	作业要点： 1. 小组交流今日学习收获。 2. 推选出组内的一位同学作为爱心义卖本摊位的店长	成功事件： 1. 每组同学完成三张小鲤纸币的设计并进行分享。 2. 每位同学完成《小鲤币兑换方案》的前三行内容 标准： 1. 由教师根据评价量规对每组的小鲤纸币进行评价反馈，量规详见附件一：《小鲤纸币设计评价单》。

（续表）

		学习支架： 微课《元、角、分的进率》		2. 能正确进行元、角、分的单位换算，并找到20元钱的多种拆分方法
第三课时	如何运用货币进行买卖	**指向驱动性问题的解决：** 1. 爱心义卖开始前，学生用人民币兑换小鲤币并记录实际兑换情况。 2. 爱心义卖正式开始后进行购物，义卖过程中还需记录额外换币情况，通过实际的货币兑换加深巩固学生对于元、角、分单位的转换。 **学习支架：** 店长教学（有些学生如果不知道自己付了钱以后应该被找零多少钱，店长将会进行关于单位换算和金额加减法的现场教学）	作业要点： 1. 完成《小鲤币兑换方案》第四、五行。 2. 准备下节课的小组交流	**成功事件：** 每位同学能在实际交易中正确兑换小鲤币，能利用货币正确找零或支付。并完成顾客和店长的互评 **标准：** 能正确进行元、角、分的单位换算
第四课时	在爱心义卖市场上你有哪些收获	**指向驱动性问题的解决：** 小组交流义卖过程中的交易过程与换币情况，进一步强化在真实的情景中使用人民币的体验	课程要点： 能说出自己在爱心义卖中的交易、换币的过程，比如：买某样物品花了多少钱，找零多少钱等，尤其是涉及元、角、分单位换算的部分	**成功事件：** 小组成员能顺利交流 **标准：** 由教师根据评价量规对每组的交流进行评价反馈，量规详见附件三《交流汇报评价单》

六、项目实施方案

项目实施方案（第一课时）

入项（时长：10 分钟）	
时间分配	主要活动（可选择或调整）
4 分钟	**情境导入：** 播放爱心义卖的视频，回顾往年爱心义卖活动 • 提问：想一想，我们在购物中会用到什么？ • 预设：钱，货币。 • 小结：不同的国家使用不同的货币，美国的货币叫美元，英国的货币叫英镑，泰国的货币叫泰铢……中国的货币叫人民币。 • 提问：除了买东西需要用钱，还有什么时候会用到人民币？ • 预设 1：交饭费学费。 • 预设 2：妈妈发工资。 • 预设 3：爸爸给车子加油。 • 小结：在原始社会，大家是以物换物的。比如：用我的石器换取你的猎物。你有我想要的，我也有你想要的，两人愉快地物物交换。但这么操作就碰到了问题，我要的你没有，就得另找其他人，换来换去太麻烦，干脆找个有价值的东西，来作为交换的媒介，方便交易。中间这个充当等价物的东西就是货币。 • 过渡语：而现在呢，人们出门几乎都不带现金了，手机轻轻一点就完成了交易，这就是我们说的电子货币
4 分钟	**引出驱动性问题：** 你想用自制的小鲤币参加爱心义卖吗？ • 提问：通过视频，大家对爱心义卖活动有了很多的认识和了解。你发现了什么问题？ • 预设：扫货，不方便，不卫生…… • 引出小鲤币制作的要求：解决限购和安全两个问题
2 分钟	**学生分组：** 根据要求把学生分成不同的小组
需要的资源： 视频类：爱心义卖活动集锦视频	

项目实施方案（第二课时）

子问题 1：如何制作小鲤纸币？（时长：45 分钟）	
时间分配	主要活动（可选择或调整）
20 分钟	**全班讨论：** 1. 在了解公开成果——小鲤纸币——的制作要求和用途后，全班讨论制定小鲤币使用规则。 2. 认识人民币 （出示一张 100 元人民币） • 提问：100 元的人民币究竟藏着哪些小秘密呢？（先在组内交流，然后集体汇报） • 预设 1：左上角有国徽。国徽是我们国家的标志，所以我们在使用人民币时一定要爱护它，不要乱写乱画。 • 预设 2：有“中国人民银行”六个字，说明人民币是由中国人民银行发行的。 • 预设 3：左下角有一个序列号，右边也有，每一张的序列号都不一样，如果两张人民币序列号一样的话就是假币了。 • 预设 4: 正面有毛主席的头像，毛主席是我们国家的伟大领袖。 • 预设 5: 有大写汉字“壹佰圆”，底下衬托着一个团花的图案。 • 预设 6：还有盲文，盲人通过触摸盲点来知道钱的大小。 • 预设 7：有多个防伪标志，通过识别防伪标志可以知道钱的真假。（水印、安全防伪条、防复印图案……） • 小结：通过刚才的研究，我们已经探索了 100 元人民币的秘密，知道了人民币的正面除了有数字外，还有国徽、序列号、发行银行、团花图案、毛主席头像、盲文等。 • 提问：其他面值的人民币上也有这些秘密吗？每种面值的人民币有什么地方不一样？（PPT 适时呈现第五套人民币，小组观察、交流） • 预设 1：上面的数字、大写汉字不同。 • 预设 2：人民币的颜色不同。 （100 元——红色，50 元——深绿色，20 元——黄色，10 元——蓝色，5 元——紫色，1 元——浅绿色） • 预设 3：不同面值的人民币上面的花的图案不同。 （100 元——茶花，50 元——菊花，20 元——荷花，10 元——月季花，5 元——水仙花，1 元——兰花）

（续表）

	• 预设 4：反面的风景名胜。 （100 元——人民大会堂，50 元——布达拉宫，20 元——桂林山水， 10 元——长江三峡，5 元——泰山，1 元——西湖三潭印月） • 小结：这 6 处是中国非常著名的景点，充分表现了我们伟大祖国悠久的历史和壮丽的山河，弘扬了伟大的民族文化。 • 提问：除了风景图，人民币的反面还有什么？ • 预设：人民币的反面还有少数民族的文字，表示中国有很多少数民族，大家都很团结。 • 小结：人民币上有四种少数民族的文字，包括藏文、维吾尔文、壮文、蒙古文。体现了我国是一个多民族的国家，各族人民大团结
20 分钟	**制作纸币草图：** 1. 要求：4 人小组合作制作一张小鲤纸币草图，不用涂色。 2. 教师巡视时关注纸币的构成是否正确（币值、防伪条、序列号、银行名称），是否含有上海小学校园特色（校景画、吉祥物小鲤鱼）。并给予不同层次的同学学习支架
5 分钟	**交流分享：** 交流分享设计的过程，巩固货币表面的元素构成 （教师引导学生掌握这 4 项必要元素：币值、防伪条、序列号、银行名称）
学习支架 / 工具： 1. 人民币纸币 2. 视频资料《2019 新版人民币宣传片》	
需要的资源： 视频类：《2019 新版人民币宣传片》视频	

项目实施方案（第三课时）

子问题 2：如何兑换货币？（时长：55 分钟）	
时间分配	主要活动
15 分钟	**展示并评选出小鲤纸币的最佳设计方案：** 1. 展示各小组绘制的小鲤币样张。 上一节课，我们每个小组都绘制好了各自独特的小鲤纸币，今天我们就来听听每个小组在设计的时候是怎么想的，大家要仔细听，听完之后你们要选出自己最喜欢的一幅作品。 2. 小组全体成员上台讲解设计理念。（组内每位成员要有分工，确定好谁主讲、谁补充） 3. 投票评选。（在小组作品下方贴小鲤贴纸的方式来投票，每人一票） 4. 公布最佳作品
5 分钟	**讨论币值种类：** 1. 小鲤纸币的样张基本定下来了，老师要去印刷小鲤纸币，为爱心义卖做准备了，那我是不是就照着这张纸币上的金额印个几百张呢？ 2. 为什么不行？到底我要印刷多少面额的小鲤纸币呢
30 分钟	**制定兑换方案：** 1. 提出换钱需求：好了，那老师可以去准备爱心义卖需要的小鲤纸币了，你们还需要为爱心义卖做什么准备呢？（换钱） 2. 介绍进率：对呀，我们每个人有 20 元的购买额度，需要将人民币先兑换成小鲤币，那钱币之间如何兑换呢？有没有小朋友知道？（有知道的先请知道的学生介绍，没有的就播放人民币进率的微视频） 3. 自主尝试兑换。（本节课兑换单只完成前三行）小朋友们，你们能不能在这张兑换单上将 20 元兑换成不同面额的钱币呢？谁看懂了这张兑换单？来和其他同学介绍一下吧。听明白了吗？那大家开始吧。（请学生先说说三种兑换方法，教师补充说得不到位的地方）
20 分钟	**交流兑换方案：** 1. 我们每个人都设计了 20 元钱的兑换方案，谁愿意来交流一下你的方案呢？ 2. 学生代表交流兑换方案：兑换好的总额是不是 20 元？你是怎么思考的？ 3. 小结：你觉得在设计兑换方案的时候有什么要注意的吗

（续表）

学习支架 / 工具： 微课《元、角、分的进率》
阶段成果： 团队成果：小组合作完成设计和交流分享 个人成果：《小鲤币兑换方案》前三行
基于目标的评价：内容与工具： 学生互评：投票 师评：《小鲤纸币设计评价单》 师评：能正确进行元、角、分的单位换算，并找到 20 元钱的多种拆分方法
需要的资源： 文本类：《小鲤纸币设计评价单》、《小鲤币兑换方案》 视频类：微课《元、角、分的进率》

项目实施方案（第四课时）

子问题 3：如何运用货币进行买卖？（时长：55 分钟 ）	
时间分配	主要活动
课前	**爱心义卖准备：** 1. 每位学生准备 2 件义卖商品； 2. 在小组中介绍自己的义卖商品并合理定价； 3. 设计并制作自己小组店铺的宣传海报； 4. 布置摊位
7 分钟	**兑换小鲤币：** 1. 爱心义卖开始前，学生在换币处用人民币自主地等值兑换小鲤币； 2. 兑换完成后，将实际的兑换情况记录在《小鲤币兑换方案》的指定位置； 3. 完成《小鲤币兑换方案》的学生可以在小组内进行简单交流。 （教师作为换币处的工作人员，在学生兑换货币的过程中，适当地辅助有困难的学生，引导其完成单位换算并正确兑换小鲤币。待所有学生完成货币兑换和《小鲤币兑换方案》的填写后，停止小组交流，准备爱心义卖）

（续表）

<table>
<tr><td>40 分钟</td><td>爱心义卖：
1. 明确爱心义卖的规则，店长顾客要互评；
2. 爱心义卖正式开始，学生进行购物；
3. 在义卖过程中，学生可以根据买卖情况去换币处兑换货币，并将这次额外的换币情况记录在《小鲤币兑换方案》的指定位置；
4. 完成一件商品的买卖，顾客与店长根据买卖情况进行互评，为对方贴上相应的粘纸。
（整个义卖过程中，学生的额外换币是自主操作的，教师在各个摊位前巡视。对于不会买卖的顾客，店长可以对其进行教学帮助，教师也可辅助店长一起对顾客进行教学，协助构建对买家的学习支架。）</td></tr>
<tr><td>8 分钟</td><td>爱心义卖结束：
1. 爱心义卖结束后，各小组清点摊位的剩余物品和收入；
2. 整理摊位，收摊；
3. 学生将未花完的小鲤币兑换回人民币；
4. 清点爱心义卖善款并公布</td></tr>
<tr><td>课后</td><td>作业：
1. 在小组内交流爱心义卖中的印象深刻的事件和感受；
2. 以小组为单位将上述交流情况进行整理，准备下节课在班级范围内的小组交流</td></tr>
<tr><td colspan="2">学习支架 / 工具：
1.《小鲤币兑换方案》
2. 店长教学（有些学生如果不知道自己付了钱以后应该被找零多少钱，店长将会进行关于单位换算和金额加减法的现场教学，教师辅助）</td></tr>
<tr><td colspan="2">阶段成果：
个人成果：《小鲤币兑换方案》第四、五行</td></tr>
<tr><td colspan="2">基于目标的评价：内容与工具：
学生互评：能利用货币正确找零或支付，并完成顾客和店长的互评</td></tr>
<tr><td colspan="2">需要的资源：
文本类：《小鲤币兑换方案》
物品类：爱心义卖物品、小鲤纸币</td></tr>
</table>

项目实施方案（第五课时）

<table>
<tr><td colspan="2">出项（子问题 4）：在爱心义卖市场上你有哪些收获？（时长：55 分钟）</td></tr>
<tr><th>时间分配</th><th>主要活动</th></tr>
<tr><td>3 分钟</td><td>活动回顾：
观看爱心义卖活动集锦，回顾上节课的内容</td></tr>
<tr><td>10 分钟</td><td>展示要求介绍：
1. 讨论展示内容，包含：兑换货币的方法；交易中的计算；货币单位换算。
2. 讨论展示形式，包含但不仅限于：个人 / 团体展示等。
3. 讨论展示要求，包含但不仅限于：口齿清晰、声音响亮、具有逻辑性；举止自然大方，站姿端正，面向同学，挺胸抬头。
讨论展示时间：每组约 5 分钟</td></tr>
<tr><td>32 分钟</td><td>展示成果：
每一个小组上台汇报义卖过程中印象深刻的交易过程与换币情况，进一步强化在真实的情景中使用货币的体验</td></tr>
<tr><td>5 分钟</td><td>教师总结：
对展示中提到的兑换货币的方法、交易中的计算、货币单位换算的方法进行总结提炼</td></tr>
<tr><td>5 分钟</td><td>学生交流：
交流在此次项目化学习过程中的感受与收获</td></tr>
<tr><td colspan="2">学习支架 / 工具：
教师引导（引导学生把换币过程中涉及的单位换算说完整）</td></tr>
<tr><td colspan="2">基于目标的评价：内容与工具
师评：《交流汇报评价单》</td></tr>
<tr><td colspan="2">需要的资源：
文本类：《交流汇报评价单》</td></tr>
</table>

附件一：小鲤纸币设计评价表

<table>
<tr><th rowspan="2">项目</th><th colspan="3">等第</th></tr>
<tr><th>A</th><th>B</th><th>C</th></tr>
<tr><td rowspan="2">要素齐全</td><td>4个要素齐全（币值、防伪条、序列号、银行名称）</td><td>有2～3个要素</td><td>仅有1个要素</td></tr>
<tr><td></td><td></td><td></td></tr>
<tr><td rowspan="2">设计美观</td><td>布局合理，能完美体现校园文化</td><td>布局不合理或没有体现校园文化</td><td>布局既不合理也不能体现校园文化</td></tr>
<tr><td></td><td></td><td></td></tr>
<tr><td rowspan="2">构思新颖</td><td>在外观等多个要素中体现创造力</td><td>在某个要素中体现创造力</td><td>模仿人民币的设计</td></tr>
<tr><td></td><td></td><td></td></tr>
</table>

附件二：小鲤币兑换方案

<table>
<tr><th>总金额</th><th>兑换方法（在□中填写兑换数量）</th><th>要求</th></tr>
<tr><td rowspan="3">20元</td><td>□10元　□5元　□2元　□1元</td><td>/</td></tr>
<tr><td>□10元　□5元　□2元
□5角　□2角　□1角</td><td>需要兑换“角”</td></tr>
<tr><td>□10元　□5元　□2元
□5角　□2角　□1角
□5分　□2分　□1分</td><td>需要兑换“分”</td></tr>
<tr><td></td><td>□10元　□5元　□2元
□5角　□2角　□1角
□5分　□2分　□1分</td><td>义卖前实际兑换方案</td></tr>
<tr><td></td><td>□10元　□5元　□2元
□5角　□2角　□1角
□5分　□2分　□1分</td><td>义卖过程中兑换方案</td></tr>
</table>

附件三：交流汇报评价单

项目	等第		
	A	B	C
表达	口齿清晰、声音响亮、具有逻辑性	口齿不清晰或声音不够响亮或交流缺乏逻辑性	口齿不清晰、声音不响亮且交流无逻辑性
内容	交流中包含 3 个要素（兑换货币的方法；交易中的计算；货币单位换算）	交流中包含 2 个要素	交流中仅有 1 个要素
仪态	举止自然大方，站姿端正，面向同学，挺胸抬头	站姿不端正或不能面向学生	站姿不端正且不能面向学生

（撰写人：刘云、夏冉、林磊、刘宇宁、徐霖、郑昉卓）

第七章

锚定绿标

质量评价
改进课程教学

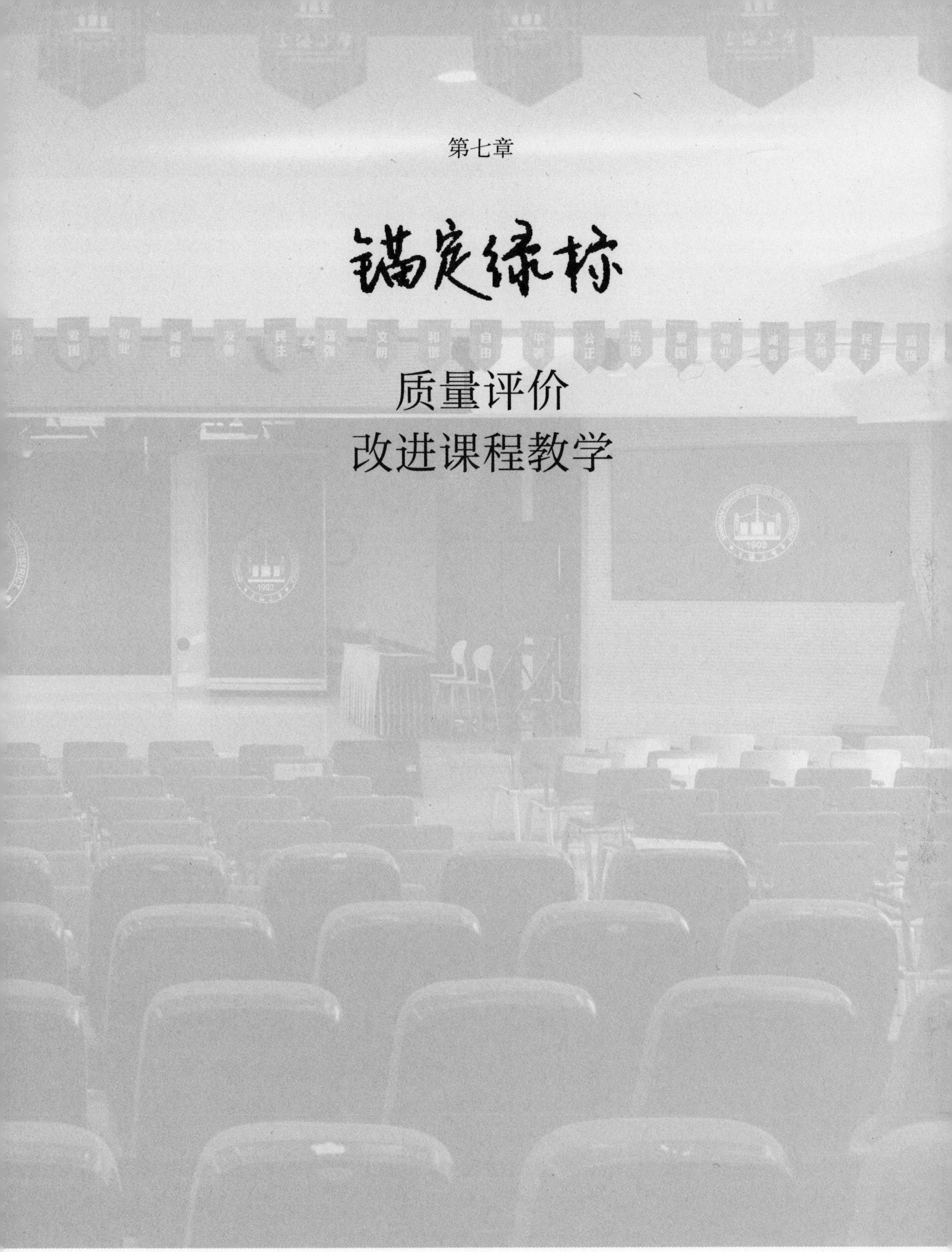

自2010年以来，上海小学连续多次参加“上海市中小学生学业质量分析与绿色指标”测试。这项工作及《上海市中小学生学业质量分析与绿色指标学校报告》中的各项数据与分析，最初并没有激起我们对于学生学业水平测试新的认识与改进的意识。对于学生的学业水平，学校还是将期末测试结果作为参考标准。经过两次的“绿色指标”测试之后，我们发现学校的“学习压力指数”两次均明显低于区平均水平，与其他几个指数形成鲜明对比。我们不禁扪心自问：“难道我们的学生学习压力真的比较大？”

为了消除教师们的疑虑，学校成立了专项小组，并邀请专家一同针对学习压力和学业成果设计问卷开展调研。结果发现，同一个年级的班级与班级之间，学生的学习压力确实存在着不同程度的差异，相当一部分班级的学生学习压力与学业成果之间呈正相关。但有一个班级非常典型，该班学生的学习压力很大，而学业水平却也很差。这引起了我们的注意，通过观察，我们看到这样的画面：当这个班级的学生在学校活动中获奖而受表扬时，其班主任都会谦虚地说：“实际上我们班挺差的，不行的……”我们不禁思考，班主任长期的这种心理暗示，会不会是造成班级学生压力大而学业水平却不高的原因之一呢？

第一节
关注压力：学习压力指数的学校干预调适

众所周知，过重的学业负担势必会给学生带来不必要的学业压力，影响学生的身心健康。而学生的学习压力或学习负担问题长期困扰着我国教育的发展，减轻学生过重的学业负担是当前课改中的重点任务。2018 年 12 月，教育部等九部门印发《关于印发中小学生减负措施的通知》，强调“落实立德树人根本任务，推进育人方式改革，发展素质教育，切实减轻违背教育教学规律、有损中小学生身心健康的过重学业负担”。可见，贯彻“减负”精神、落实“减负”行为，深度挖掘学生学业压力的根源并探索减负减压的体制机制是每一位教育教学工作者的使命。

一、学生学习压力的主要问题

学业压力是如何产生的？哪些是学业压力形成的主要因素？

压力是不是越小越好？学业压力处于怎样的度才是合适的？如何较为精准地获取学业压力的数值？学业压力适度的“值”是多少？

如何对学业压力进行干预？目前，上海市各中小学校内校外都设有心理咨询室或心理咨询机构，但这些方法往往治标不治本。哪些才是从学业压力成因出发的、有针对性的、与小学生认知特点相匹配的压力干预措施？

如何检验干预的措施是否有效？学校心理咨询室和校外心理咨询机

构往往以学生的主观感受为依据去判断压力干预的效果，如何寻找并使用比较客观的工具和手段去检验压力干预的效果？

如何对学业压力与学业水平进行同步管理？即通过什么管理手段让学生能始终在适度压力下取得较好的学业水平？

上述这些问题目前还未有一套可借鉴的做法。

学校就“学业压力”这一指数，从中高年级学生的学业压力入手，全面开展以校为本的教育质量保障体系建设试点的项目研究[1]，试图在项目研究中挖掘现象背后的压力成因，以此来探寻具有针对性的、可推广的学业压力干预措施，开发团体辅导校本课程，改进教学、作业、评价的策略与管理制度，形成检验干预效果的工具，为学生健康成长提供良好的保障。

二、解决问题的过程与方法

（一）顶层设计

在本项目实施之前，我们首先对以下三个问题进行了研讨。

关于项目本身，我们思考的是：“绿色指标”的意义是什么？简而言之，“绿色指标”打破了“唯分数论”的思维，分数已经不等于质量了，我们必须建立全新的质量观，而质量观的转型必定推动课堂的转型。所以，改变教学质量观、评价观，改进教学管理是本项目的落脚点之一。

关于学业压力，我们思考的是：压力是什么？压力越小越好？我们知道，压力是外在客观事件作用于个体后的内在主观体验，同一个事件作用于不同个体，其压力程度也是不同的。因此在研究中，我们既要考

[1] 毛坚琼、林磊：《合理调节学习压力，促进学生健康发展——基于上海市中小学学业质量绿色指标测试》，载《上海课程教学研究》，2017 年第 9 期。

虑外在环境，又要考虑内在感受。我们也知道，适当的压力可以转化成动力，可见压力并不是越小越好，而是要处于一个适当的“度”，适度压力是本项目的落脚点之二。

关于这项研究，我们思考的是：研究的重点落在何处？显而易见，“测量”和“干预”是本研究的重要组成部分。在“测量”阶段，工具的研发是关键。在“干预”阶段，降低外在压力，提升心理弹力，双管齐下，将压力调整至适当水平。这是本项目的落脚点之三。

基于以上三点的思考，我们设计出了以下的研究过程，如图 7-1。

（二）测量阶段

基于文献研究，学校分别召开了教师、学生、家长座谈会，进而编制学业压力初试问卷。通过试测和问卷修订，最终形成正式问卷三份，即学生问卷、家长问卷、教师问卷各一份。问卷中除了包含作业量、考试、辅导班等因素外，还涉及了躯体反应、情绪、师生关系、亲子沟通、同伴关系、教养方式、父母对成绩的态度等因素。

问卷调查全面覆盖三至五年级的学生、家长和教师，以收集与学业压力相关的数据。了解学生学业压力的现状，挖掘其背后的压力源，明确学业压力的成因。

同时，学校还收集了三、四、五年级学生的学业水平的数据。两份数据均用于“干预”后的数据对比，我们的假设是：在学生的学业压力被调整到适度水平之后，学生的学业水平至少是不下降的。

（三）干预阶段

基于问卷调查的数据的压力成因分析，学校从日常教学和心理健康两个方面着手进行学业压力的干预。

1. 教学、作业、评价的策略与管理制度的改进

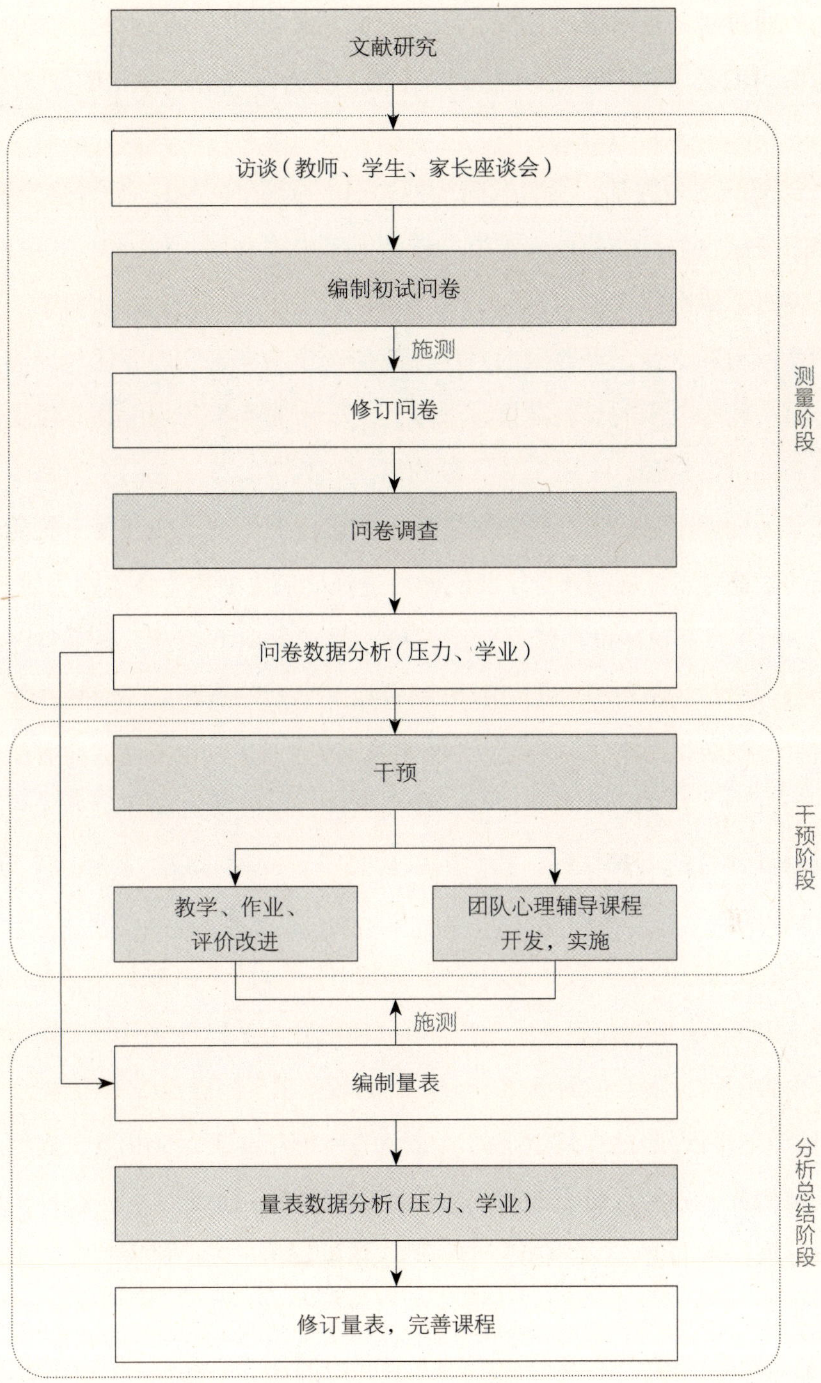

图 7-1　学业压力研究过程

通过对调查数据的分析，我们发现，在学生学业压力的来源中，最为突出的是考试。于是，学校针对这一压力源开展了两轮的教学实验。第一轮教学实验的对象为四、五年级中各一个中等的班级，实验学科则选定了语文与数学，实验时间为两个月，实验内容为：变测验为练习，减少考试次数；变分数为等第，卷面上不出现分数，仅出现等第；试卷下发时不依次报成绩（等第），而是由课代表下发。通过对实验前、后测学业压力和学业水平数据的对比，教师调整和完善实验方法与内容。基于第一轮小范围的实验结果，学校又结合市教委推行的中高年段实施等第制评价的精神，在三至五年级的语文、数学、英语三门主学科中全面铺开为期四个月的第二轮教学实验，实验内容不变。但与第一轮实验不同的是，对于等第制评价，我们做得更规范、更细致。具体做法如下。

（1）等第制评价替代百分制评价，做到分项不综合，等第与评语相结合。三门主学科分别制订百分制转换等第制的方案。等第制并非直接由百分制转换而来，而是与《学期课程纲要》对接，主要是在原有纸笔测试的基础上，完善过程性评价、加大兴趣、态度等方面评价的权重，以及增强评价的可操作性。我们的宗旨是培养兴趣，鼓励发展，不再“分分计较”。

（2）将《上海小学 ** 学科分项诊断书》作为《学生成长记录册》的补充。由于《学生成长记录册》的学科分项内容与学校各学科所要评价的实际内容不符，而且学科评语与分项评价没有在同一页上，不能体现一一对应，学科评语往往是笼统的、综合的评价。鉴于以上几点，根据评价的目的和学校实际情况，我们做了相应的调整，形成了《上海小学 ** 学科分项诊断书》，以活页诊断书的形式依据评价的三个维度将学生期中或者期末的学业成果、学习习惯、学习兴趣以等第制的方式向家长告知。调整后的优势在于：从分项内容上看，变固化为实际需求；从排版形式上看，分页为同页对应；从学科评语上看，变笼统为具体。

2. 开发团体心理辅导课程

根据三至五年级学生的不同年龄和认知特点，以及每个年级不同的学习任务，分别开发适合三至五年级学生的、针对性较强的团体心理辅导课程。

团体心理辅导课程是以小组为单位，在指定活动教室，由专业的心理教师进行辅导。每组由 10 至 15 位学生组成，对象分别是在前测问卷中压力偏大的学生，以及在班主任长期观察下的压力偏大的学生，基本以同一个班级的学生为一组，个别人数不满 10 人或超过 15 人的班级在分组上会进行微调。具体人数分布情况如表 7-1。

表 7-1　三至五年级参加团体心理辅导的学生人数分布

	1 班	2 班	3 班	4 班	5 班	6 班	7 班	8 班	合计
三年级	5	11	14	/	13	14	16	10	83
四年级	13	13	9	14	14	11	13	12	99
五年级	8	13	11	11	10	11	10	/	74
合计									256

说明：三（4）班学生在辅导当天外出进行教学评比，故未参与辅导；五年级没有 8 班。

（四）分析总结阶段

在此阶段，学校首先进行了压力测量工具的编制。在自编学生压力问卷的基础上，运用 SPSS 软件对这份问卷进行了信效度分析、项目筛选、数值处理、项目分析和因素分素，形成了一份具有指导语和测试题的压力测量工具雏形。我们联合了其他 4 所与学校教育教学水平相当的公办小学，用这份工具雏形在这5所小学的三至五年级约3 400名学生中进行测量，统计了测量结果后，我们将每一位学生的得分从低到高进行排序，取前20%为压力偏大，后20%为压力偏小，中间60%为压力适中（这种2—6—2的分法是依据测试结果所得的数据），形成了这份测量工具的计分标准和常模，最终完成了压力测量工具的编制（压力测量问卷和与其匹配的评分标准）。

然后，运用这份压力测量工具收集干预后学生学业压力的数据，将团体辅导前后、教学实验前后的压力水平作对比，对团体心理辅导课程、教学实验的效果进行检验，并为团体心理辅导课程、教学实验的调整与完善提供依据。

对于学业压力的干预，学校的愿景是：每一学期测量一次学业压力，及时进行教学调整和团体辅导，始终让学生在适度压力下，以良好的精神状态投入学习。

三、成效与成果

（一）关于学业压力成因

1. 学业压力的来源

通过分别对学生、家长和教师所认为的学业压力来源结果进行分析，如图7-2、图7-3和图7-4，显而易见的是50%以上的学生和家长都认为学业压力主要来自考试或升学，其次是课外学习、作业及家长，很少源于教师及其他方面，约90%的教师认为学业压力主要来自家长或社会要求，很少源于教师和学生自身。

2. 考试和作业情况，及其与学业压力的关系

首先，70%以上的教师表示其教学、作业及考试的内容范围均不会超过教学大纲，且三者难度均处于中等；认为学生考试时比较轻松或

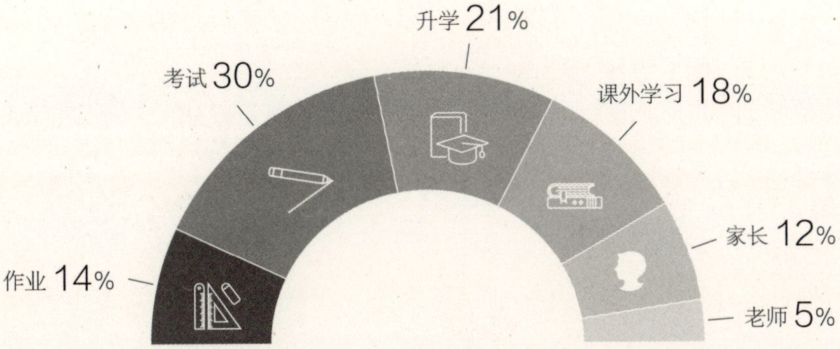

图 7-2　压力主要来源（学生）

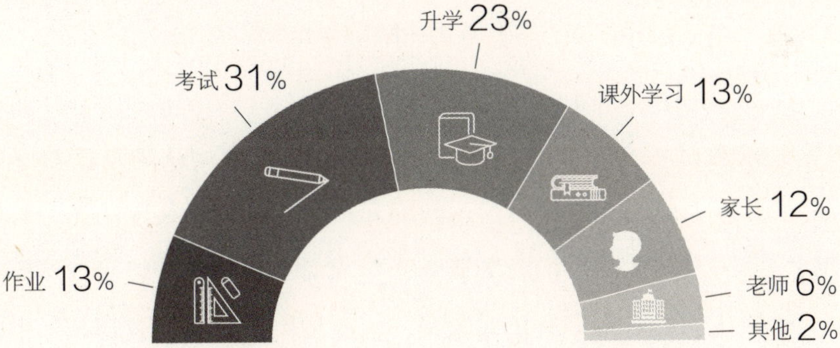

图 7-3　压力主要来源（家长）

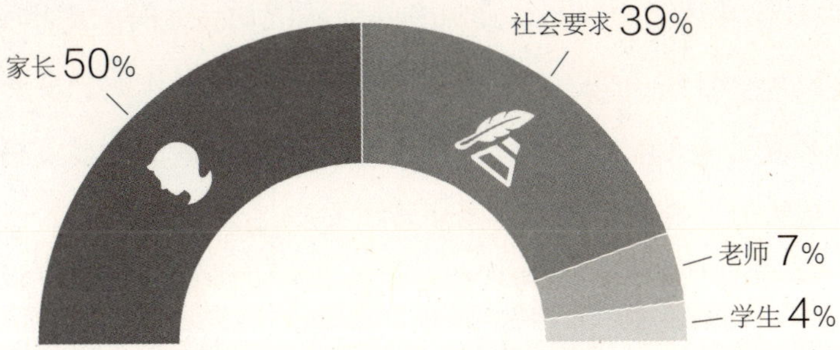

图 7-4　压力主要来源（教师）

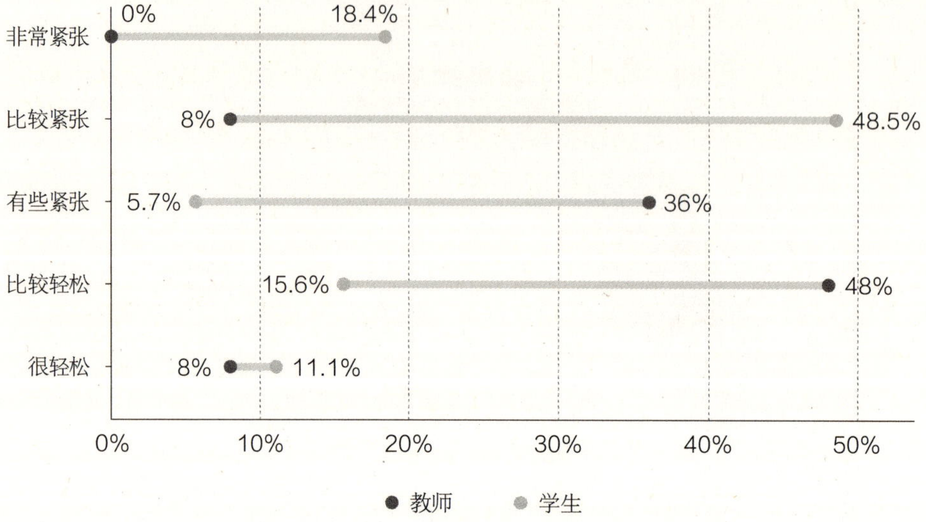

图 7-5　教师、学生对考试紧张度的态度对比

有些紧张的教师占 84%；在此基础上，88% 的教师均认为自己给学生带去的学业压力较小或一般。对比教师和学生对考试紧张度的评分可知（如图 7-5 所示），近 50% 的教师认为学生面对考试时比较轻松，然而近 50% 的学生认为面对考试时比较紧张，由此我们可以看出教师与学生对考试的态度有明显的差异。

在此基础上，从学生的角度进行分析，对学生问卷中学业压力与有关作业和考试问题的结果进行 Pearson 相关分析并检验，可发现：

(1) 学业压力大小与作业量和作业难度均呈显著的正相关 ($r1=0.171$，$P=0.000<0.01$; $r2=0.147$，$P=0.000<0.01$)；与学生对作业态度的愉悦度呈显著正相关 ($r=0.286$，$P=0.000<0.01$)。与作业完成时间无显著相关；与父母陪伴或检查作业的次数也均无显著相关。

(2) 学业压力大小与考试测验次数和难度均呈显著正相关 ($r1 = 0.222$，$P=0.000<0.01$; $r2=0.145$，$P=0.000 <0.01$)；与学生考前紧张程度也呈显著正相关 ($r =0.232$，$P=0.000<0.01$)。

3. 学生成绩与学业压力的关系

如表 7-2 所示，从教师对待成绩优秀和成绩须努力的学生会采取的措施可知：总的来看，教师对于成绩须努力的学生会采取相对更多的措施。在 48 名教师中，70% 以上会对成绩须努力的学生给予更多的关注和督促，并与其家长进行更多的沟通交流，45% 以上的教师则会对其进行专门的课外辅导；而对于成绩优秀的学生，教师更多的是对其寄予更高的期望 (66.7%) 或是同等对待 (29.2%)。

表 7-2　教师对待成绩优秀 / 须努力的学生分别采取的措施

对成绩优秀的学生	百分比 %		对成绩须努力的学生
布置额外作业（拓展提高）	14.6	6.3	布置额外的练习或作业
寄予更高期望提出更高标准	66.7	45.8	课外专门进行个别辅导
给予更多关注和鼓励	25.0	43.8	降低标准和要求
与家长进行更多沟通交流	10.4	72.9	与家长进行更多沟通交流
不用多关注	4.2	75.0	更多关注和督促
和其他同学一样同等对待	29.2	18.8	和其他同学一样同等对待
鼓励参加课外提供竞赛班	4.2	0.0	实在提不起来就随他去

用 Pearson 相关系数检验学生自认为的班内成绩位置与学业压力大小，两者呈显著的正相关：$r=0.159$，$p=0.000<0.01$；同样的方法检验家长问卷中孩子班内成绩与家长所认为的孩子学业压力大小之间的相关，结

果也呈显著的正相关：r=0.287，p=0.000<0.01；两者结果表示：学生班内成绩越靠前，学生和家长所认为的学业压力越小。

4. 不同年级学生的学业压力有所差异

首先，通过对教师问卷的分析可知，39位均有多年教龄的主科教师中，53.8%的教师认为，学生五年级时压力最大，其次是三年级(30.8%)；现于三年级任教的教师中，50%认为三年级压力最大，33.3%选择了五年级；而绝大多数在四年级(41.7%)、五年级(80.0%)任教的教师均认为五年级压力最大。

再从学生的角度来看，由图7-6可知，不同年级学生在不同压力程度上的人数比率分布趋势基本一致，认为学业压力适中的学生占大多数，接着是认为学生压力较大或几乎没有。年级间相互比较则易看出，三年级学生中认为压力较大和非常大的比率较高；四年级学生中认为几乎没

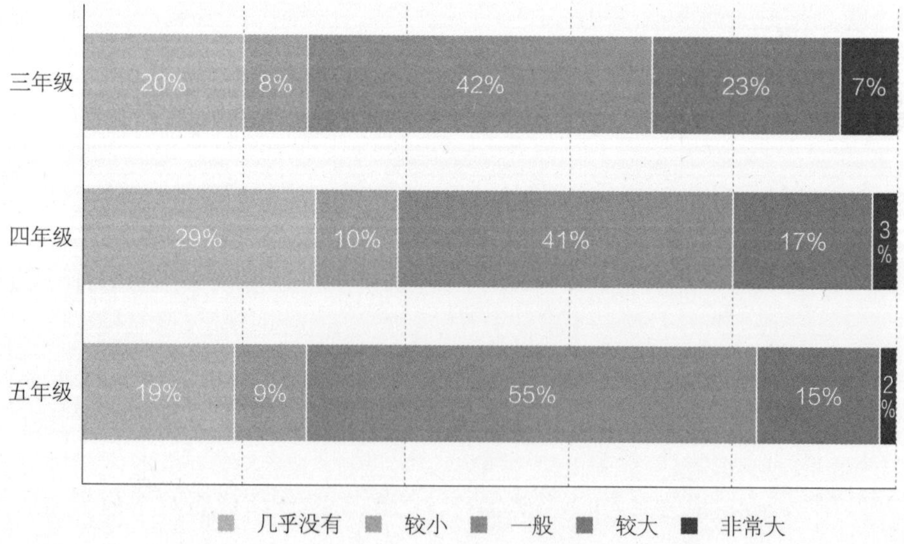

图7-6 不同年级在不同压力程度的人数比率分布

有压力的比率较高；五年级学生中认为压力一般的学生比率较高。

通过上述结果不难发现，不同年级的学生对于学业压力的理解和感受存在差异，这与学生是否经历过不同的年级并有所比较显然有密切的联系。

67% 的三年级学生认为三年级学习最困难，53% 的四年级学生认为四年级学习最困难，37% 的五年级学生认为五年级学习最困难，如图 7-7 所示。而五年级学生较突出的一个问题就是面临着升学，其中 91.5% 的学生都表现出对升初中的担心；74.4% 的五年级家长对孩子的升学期望是进入重点中学，相比于其他两个年级的学生家长的比率更高，期望更为明确。

通过这次调查和分析，我们明确了学生学业压力背后的压力源，明确了这些因素的构成与分布。这是本项目的研究成果之一。

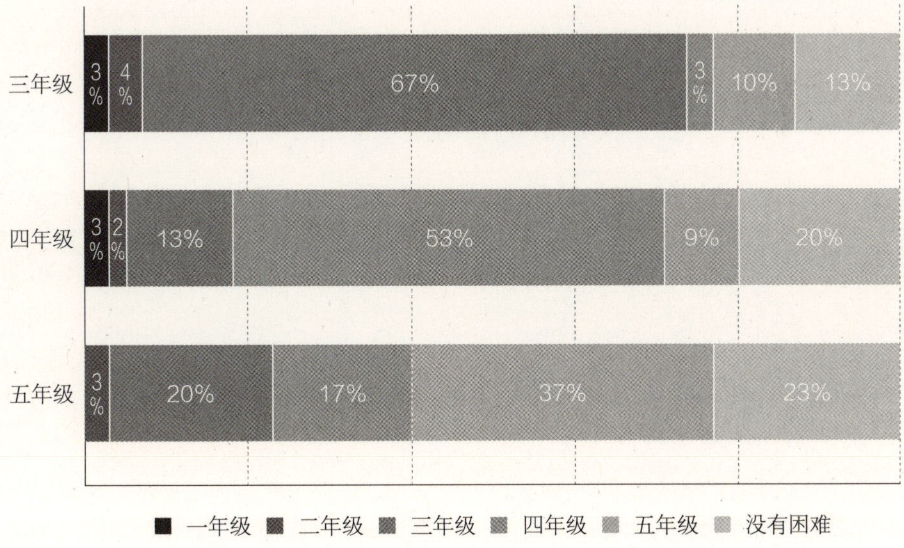

图 7-7　不同年级学生认为学习最困难年级的比率分布

（二）关于教学实验

1. 第一轮教学实验

实验数据分析得出，两个班级学生的学业压力均有变化。觉得压力非常大和较大的学生数量在减少，感到压力一般的学生在增加（如图7-8、图7-9）。超过60%的学生表示，在班级参加实验以来，学业压力

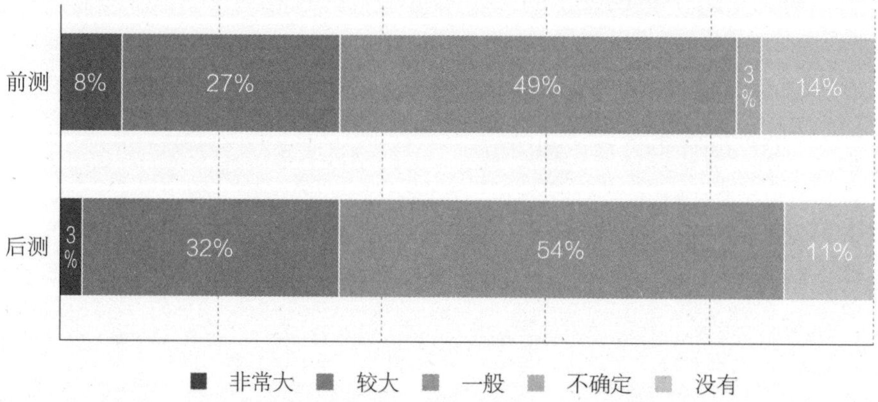

图7-8　四（7）班学生学习压力情况

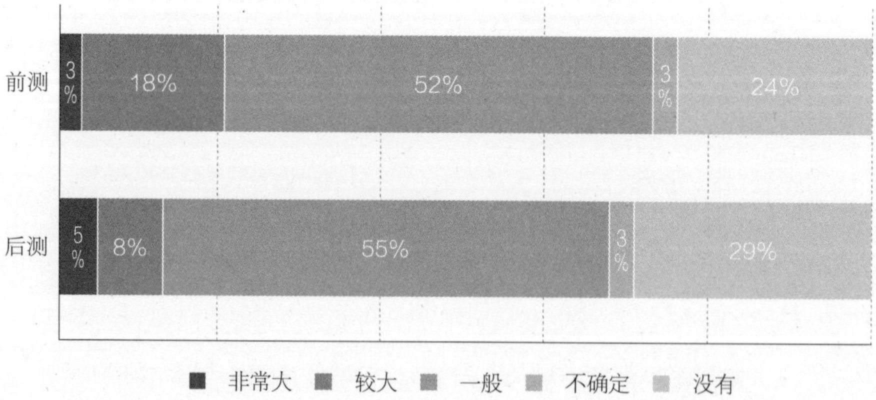

图7-9　五（6）班学生学习压力情况

得到了一定程度的缓解；超过 70% 的学生表示，喜欢这次实验的做法，希望在以后的学习中能继续保留这样的做法。

参看四(7)班、五(6)班两个班级语文和数学前、后测学业水平的标准分，我们发现实验前后四(7)班的数学和五(6)班的语文水平略有上升，而四(7)班的语文和五(6)班的数学水平略有下降。

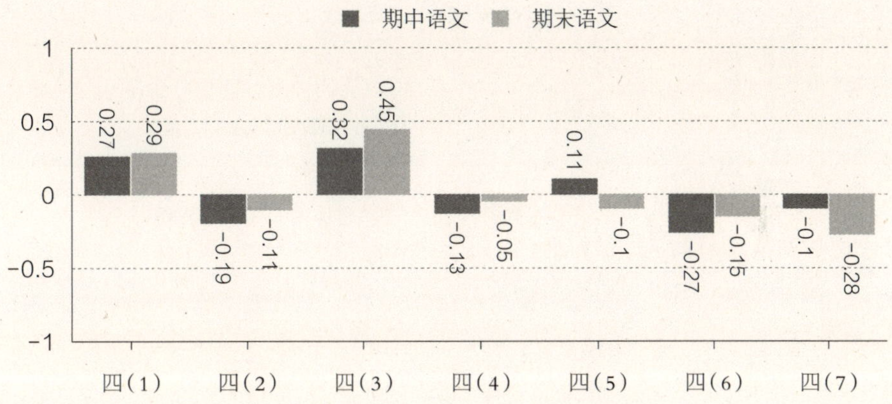

图 7-10　四年级语文实验前后成绩比较

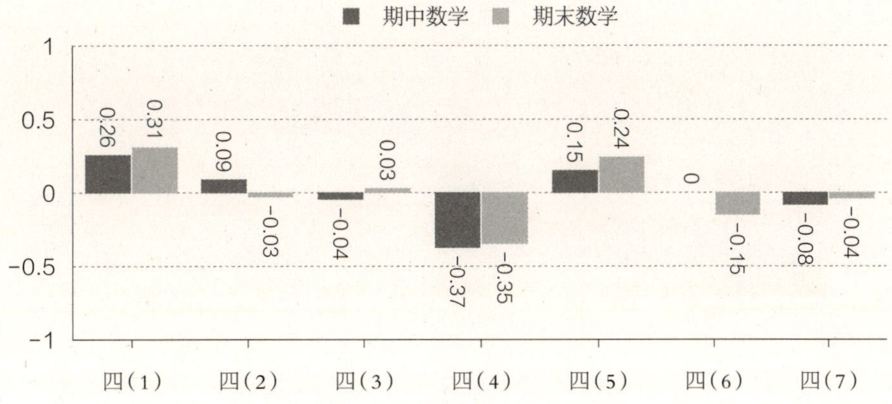

图 7-11　四年级数学实验前后成绩比较

其中，由于四(7)班的语文教师在实验期间请了病假，该班在两个月的时间内一直由各位代课教师轮流代课，这也是影响该班语文成绩波动的一个不可控的无关变量。而五(6)班的情况，我们通过对数学任课教师的访谈得知，该班实验前的中段调研成绩是该教师从四年级接班以来的一次超长发挥。追溯该班四年级以来的历次学业水平数据来看，该

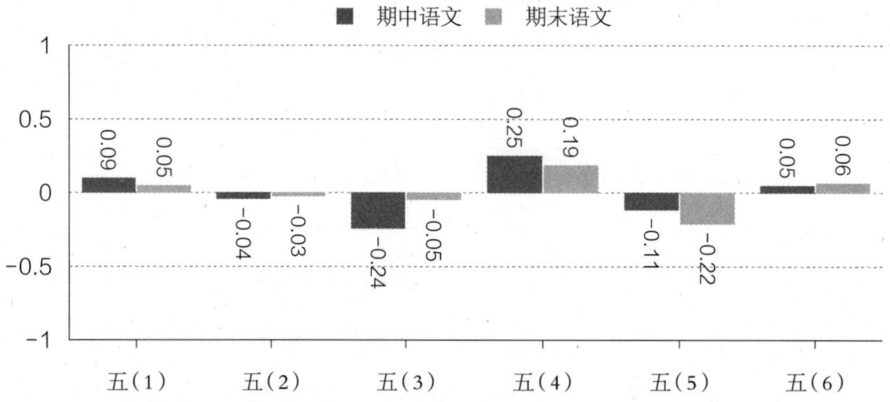

图 7-12　五年级语文实验前后成绩比较

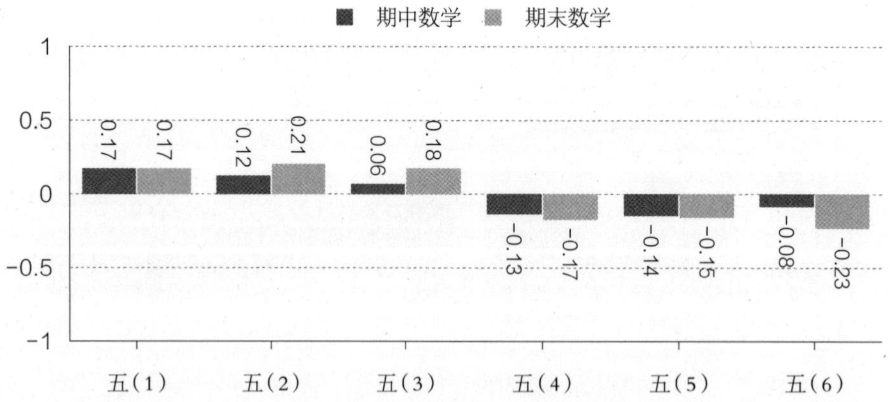

图 7-13　五年级数学实验前后成绩比较

班数学学科的班级平均分一般都低于年级平均分 0.91～3.28 分。因此，我们判定，该班数学学科的学业水平并没有因为实验而有明显变化。我们得到的最终结论是：两个实验班级中，较大学业压力和没有学业压力的学生逐渐在往适度压力的水平靠拢，而学生的学业水平没有下降的趋势。可以说，这个实验是成功的，在评价方面的改进是有成效的。

在整个实验过程中，我们通过对教师的观察发现，这样的评价方式十分有效，尤其是在学困生自信心的树立方面。

2. 第二轮教学实验

通过第二次实验数据分析，我们可以发现，三至五年级学生的学业压力也均有变化。自我感受压力非常大和压力较小、没有压力的学生数量在减少，感到压力一般的学生在增加（如图 7-14）。79.4% 的学生表示在班级参加实验以来，学业压力获得了一定程度的缓解；81.66% 的学生表示喜欢这次实验的做法，希望在以后的学习中能继续保留这样的做法。

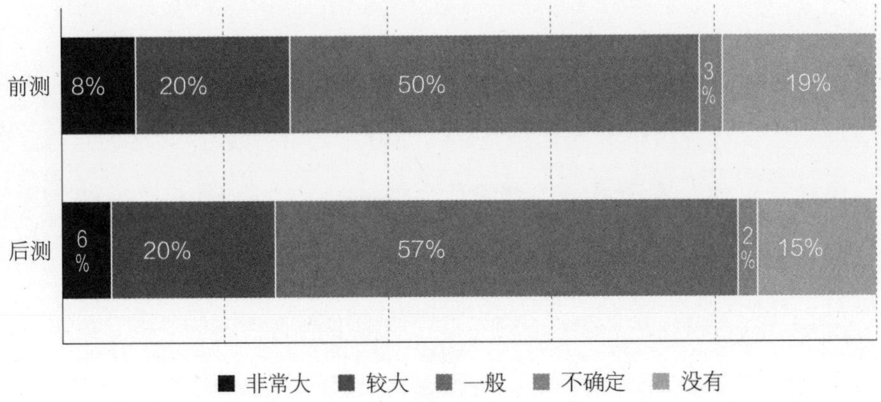

图 7-14　三至五年级学生学业压力情况

从三至五年级学生语文、数学、英语三门学科的前、后测学业水平的标准分看，我们发现各年级各个学科的学业水平均有上升和下降的情况，符合教学常态（如图 7-15、图 7-16、图 7-17）。

因此，我们得到如下结论：三至五年级学生中，学业压力非常大和学业压力较小甚至没有的学生逐渐在往适度压力的水平靠拢，而学生的学业水平并没有下降的趋势。这再一次证明了学校在“评价”方面的改进是有成效的。

在这两次的教学实验过程中，学校逐步探索和优化了教学、作业、评价的策略。目前学校已经形成和完善了部分改进策略与管理制度，包括周末作业监测机制、语数英学科“基于课程标准的教学与评价”工作推进方案、各个年段语数英学科“基于课程的教学与评价”等第制评价方案、各学科分项诊断书、学生成长档案袋和专项工作小组检查机制等。这可以说是本项目的研究成果之二，即从外部调控压力。

（三）关于团体心理辅导

开展一次完整的团体心理辅导课需 1 个小时左右。从组员自我介绍开始，由一个个游戏组成，游戏又是由身心的舒展和释放、快乐的传递为主线串起来的。

三年级课程的主题是“做自己情绪的主人”，目的是以做游戏的方式引导学生识别积极情绪与消极情绪，了解学习和健康的重要意义，并学习正确且有效的管理情绪的方法。四年级的主题是“做自己的快乐源”，目的是引导学生认识和了解自己的情绪，体验情绪的传染性，认识到情绪对于我们自身的生活、学习和健康都有重要意义。学生在平时的学习和生活中，学会了解情绪、表达情绪、纾解情绪，知道积极的表情可以激发积极的情绪，消极的表情可以激发消极的情绪，做自己和别人的快乐源。五年级的主题是“压力管理”，目的是向学生传授应对压力的方法，

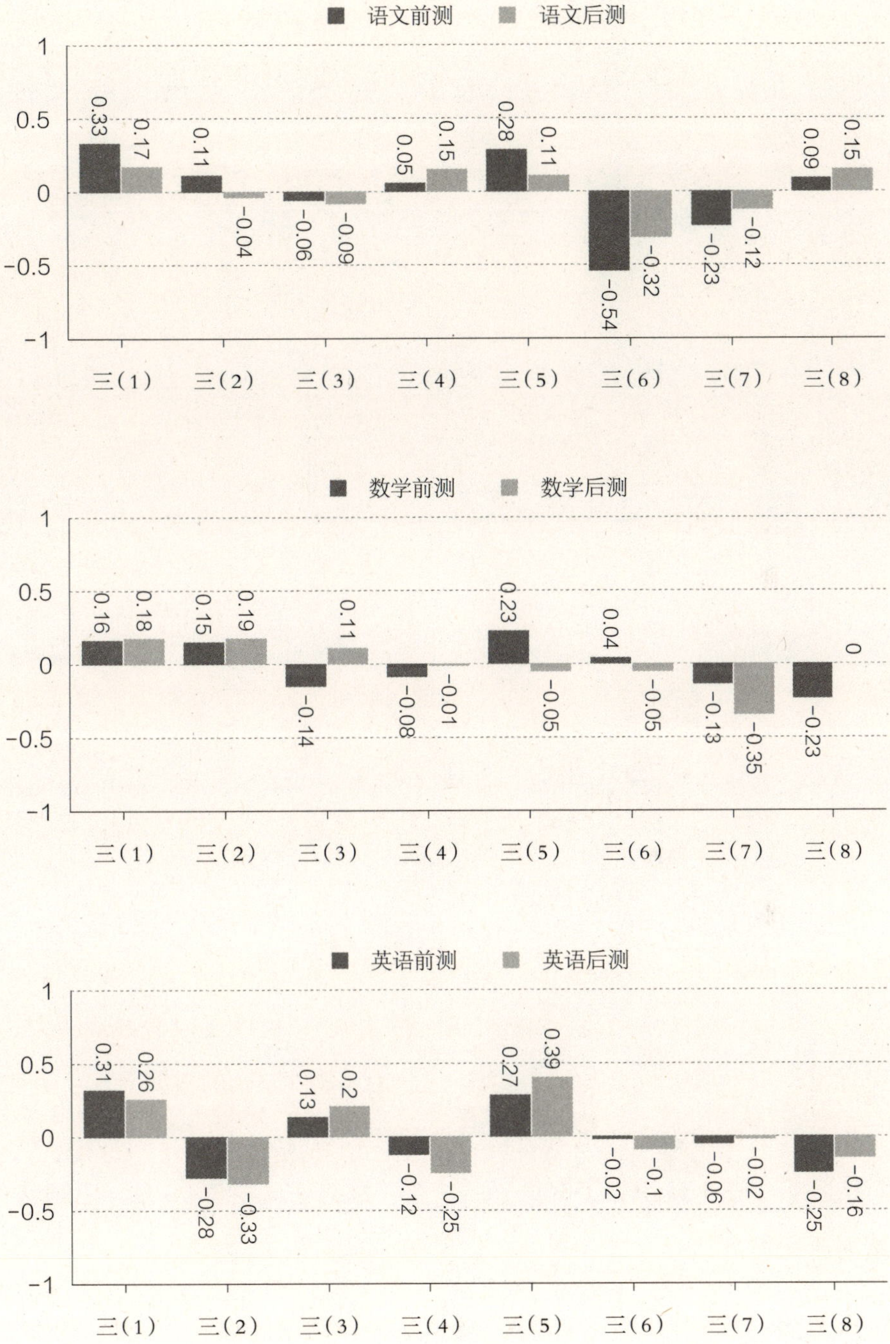

图 7-15　三年级语文、数学、英语实验前后成绩比较

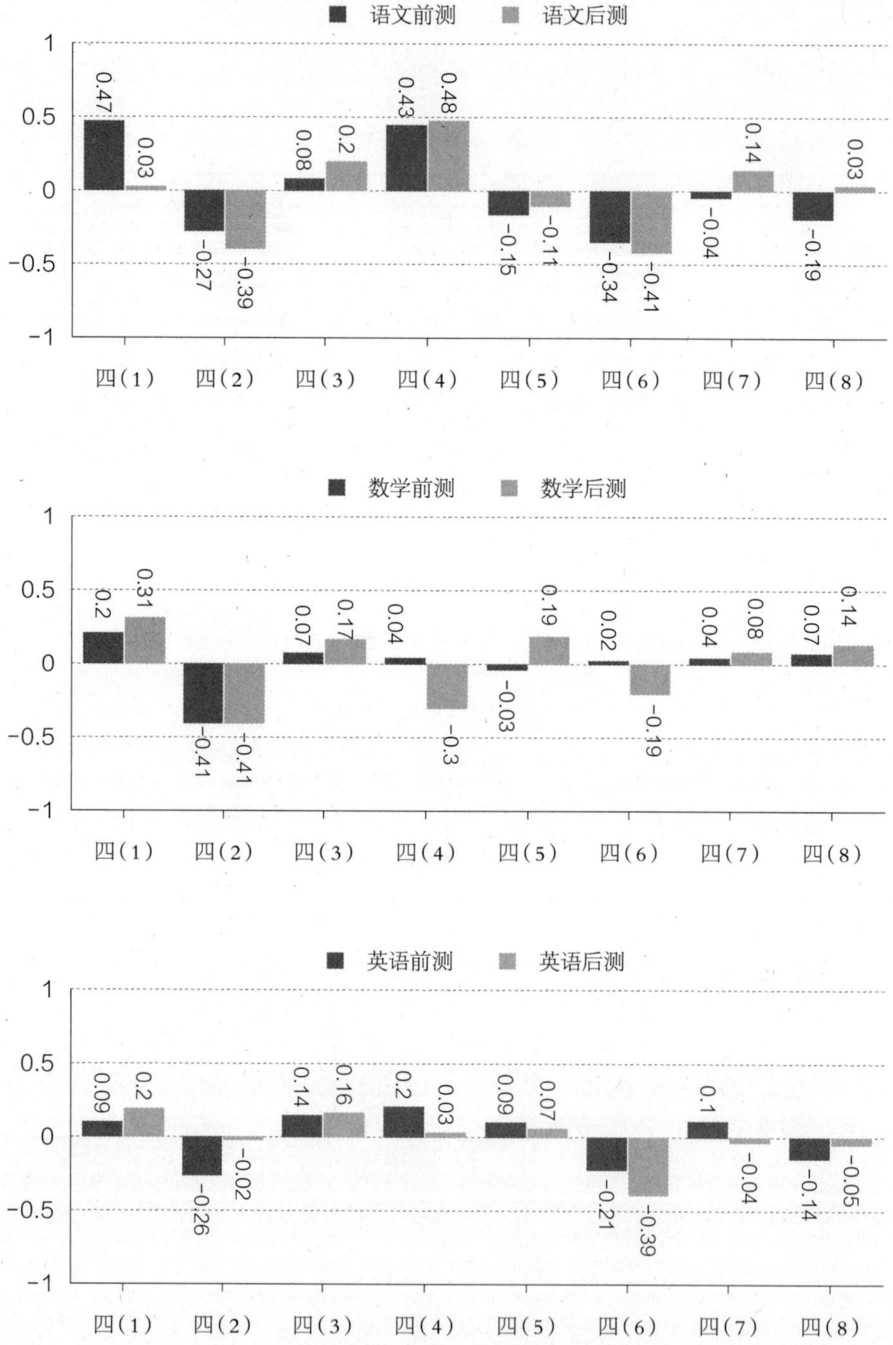

图7-16 四年级语文、数学、英语实验前后成绩比较

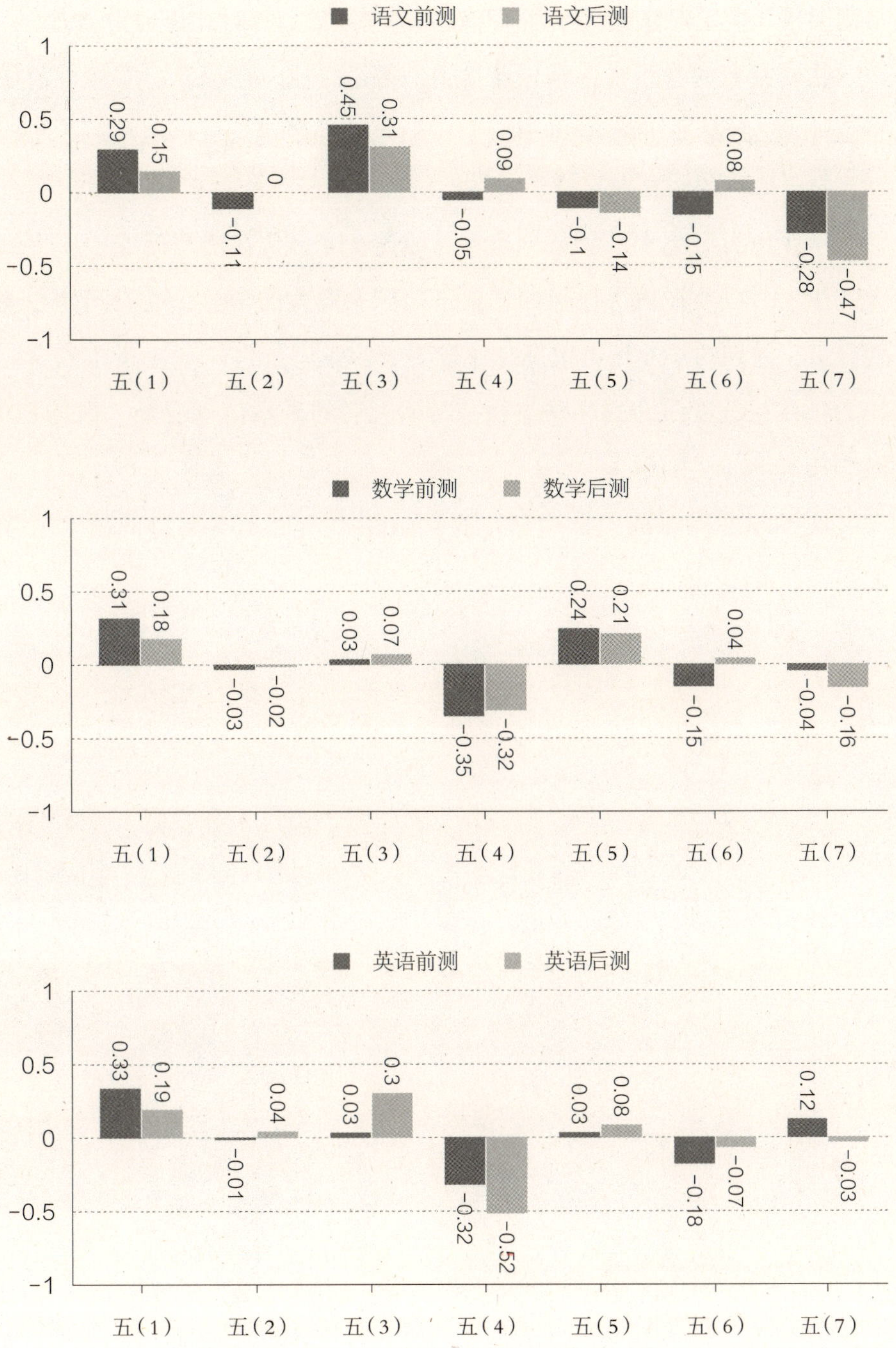

图 7-17　五年级语文、数学、英语实验前后成绩比较

从而引导学生正确地认识压力，与压力和平共处，并且化压力为动力。

从研究者的观察看，辅导前学生们都是排成一列纵队，安静地前往指定地点“上课”，而辅导结束后学生们几乎都是三五成群地蹦蹦跳跳地回到自己班级的。其效果是显而易见的。

学业压力后测水平的数据显示，原先250多位在前测问卷中压力偏大的学生，以及在班主任长期观察下的压力偏大的学生，通过团体心理辅导后，他们的学业压力也发生比较明显的变化，约有40%学生的学业压力正在往适度压力的水平靠拢，与研究者的观察结果也是一致的（如图7-18）。

这样的系列课程，从内在出发调整压力，也是本项目的研究成果之三。

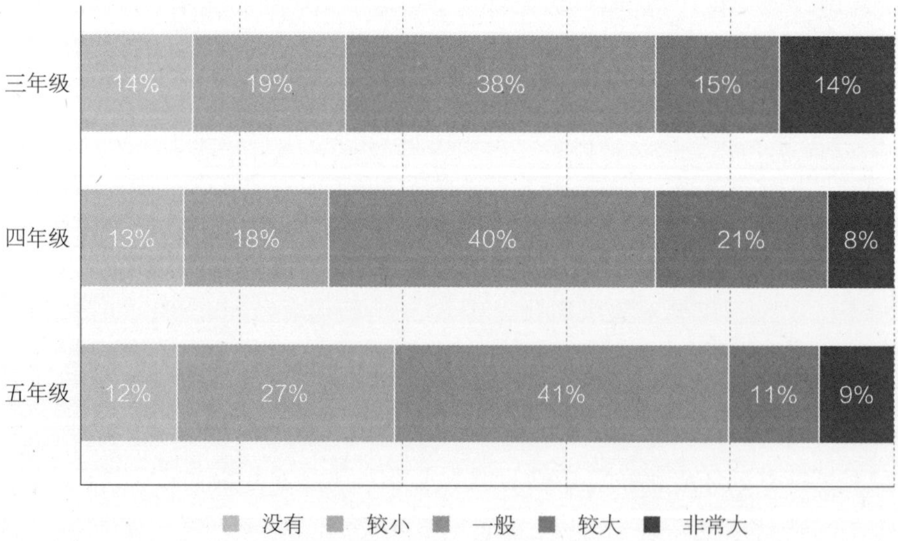

图7-18 参加团体心理辅导学生的学业压力后测水平

此时，在有了学业压力的成因分析、日常教学的机制策略、团体心理辅导课程，学校从合理性、科学性的角度出发，选择了聚类分析这一方式，采用“散点图”这一直观的图标模式，以学期为单位，对三至五年级每一个班级的语文、数学、英语学科的学业水平与学科综合学业压力进行分析（学科综合学业压力 = 一般学业压力 + 学科学业压力）。以学科学业水平为 x 轴，学科综合学业压力为 y 轴，建立坐标系，以每个班级的每门学科为一个点，每一个点就会根据其学科学业水平和学科综合学业压力的情况落在相应的区间。落在第一象限的点，指的是学科学业水平较高，但学科综合学业压力较大；第二象限的点，指的是学科学业水平较低，但学科综合学业压力却较大的情况，这样的班级的学科教学是要学校重点关注并进行干预的；第三象限的点，指的是学科学业水平较低，而学科综合学业压力也比较小的；第四象限的点，指的是学科学业水平较高，而学科综合学业压力又较合理的，这样的班级和学科可以说是体现了新的质量观。举例来说，图 7-19 是四年级数学学科的学业水平与综合学业压力散点图，我们看到学业水平有差异，学业压力也有大小。我们看到四（1）班学业水平在年级中领先，而学业压力也比较适中。四（2）班的数学学业水平是年级中最低的一个班级，而数学学业压力却是年级中最大的。对于这样的班级，我们会进一步采用“散点图”进行深入分析（如图 7-20），我们看到 319 和 297 这两个学生就处在低水平高压力状态。学校不仅会对该班的数学教学给予关注，还会根据散点图上反映的信息对班级中的典型学生进行个性化指导。

这样的一学期一套的聚类分析散点图模型，很好地为学校整体把握和调控三至五年级语数英学科的学业水平和学业压力的情况提供了依据，督促学校和教师及时进行教学调整和团体辅导，始终让学生在适度的压力下，以良好的精神状态投入学习，同时也保障了学校的“绿色”质量，即在适度压力范围下取得较好的学业水平。

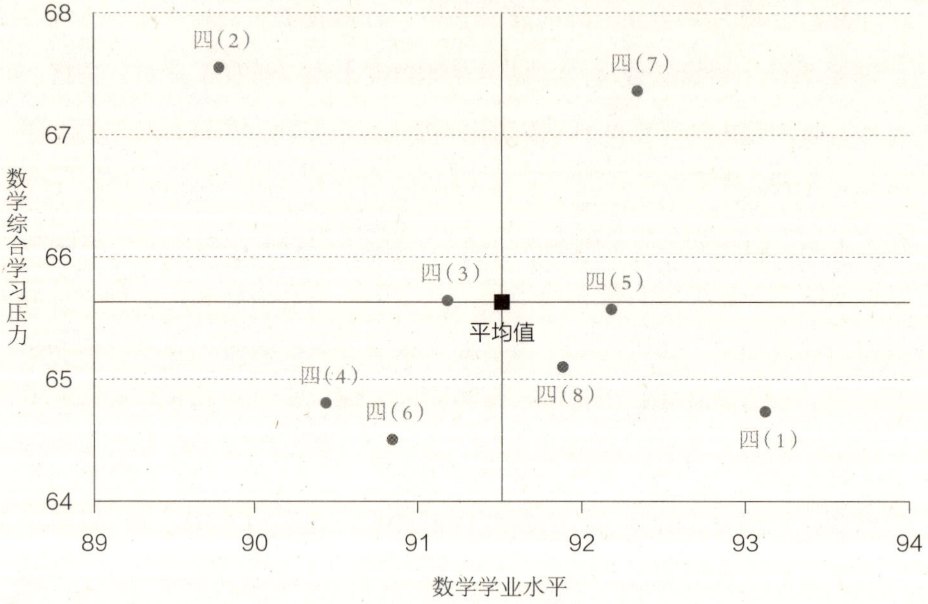

图 7-19　四年级数学学科学业水平与学科综合学业压力散点图

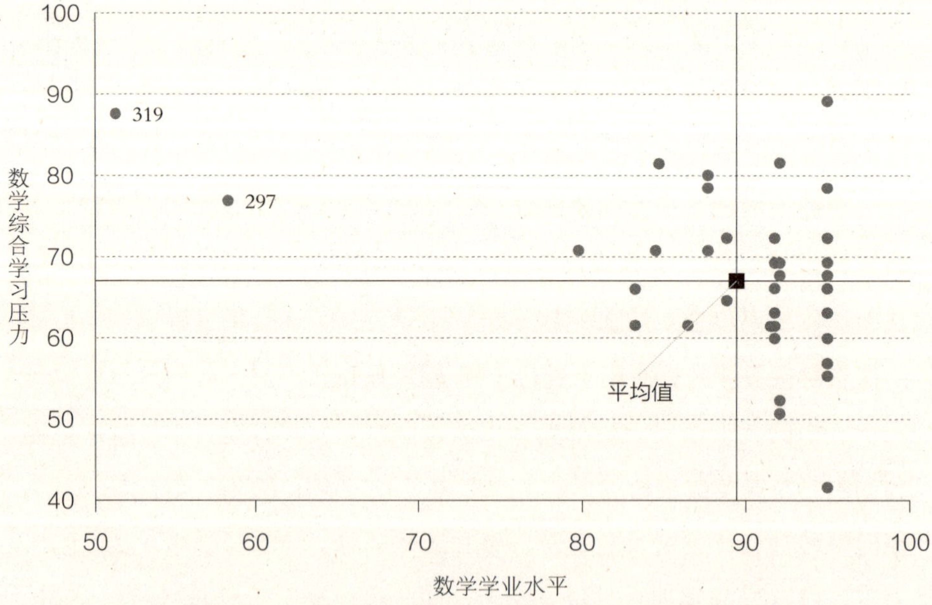

图 7-20　四 (2) 班数学学科学业水平与学科综合学业压力散点图

四、不足与展望

当然，由于该项目实践检验期为 2 年，所以用以聚类分析的学业压力常模在精准性上还有待完善。

今后，由本项目形成的有价值做法与成果将作为学校质量保障的长效机制继续开展下去。在本项目进一步推进的过程中，除了继续研究学生学业水平之外，我们还会逐步建立学校的三至五年级学生的学业压力数据库，并不断调整和完善学生学业压力常模，从而使学业压力工具的测量结果更精准、数据分析更有价值。

五、成果推进

此后，我们继续推进了本项目的研究成果。

在每学期的中段调研后，学校会收集三至五年级学生学习压力与学业水平的相关数据，逐步建立、积累、形成学生的学习压力数据库。我们希望学生能在适度的压力下，以良好的精神状态投入学习。

在教学方面，通过等第制评价、以学为中心的课堂、项目化学习等研究的推进，学校不断完善教学、作业、评价的改进策略与管理制度，逐渐在质量观转型下促进课堂的转型。

在心理健康方面，针对学习压力测量数据中压力大的三至五年级的学生，学校会定期开展学生的心理团体辅导。

总之，学校将会不断地将学生学习压力干预策略融入课程教学及学生活动之中，并使之成为常态，从而进一步迈向教育的“绿色”通道。

第二节
形成动力：利用绿色指标来改进课程教学

上海市教育委员会自2011年起试行“中小学生学业质量绿色指标”，全面考察学习负担等“绿色指标”，旨在为全市中小学生减负。[1] 学校不仅将上海市学业质量评价绿色指标十大指数之一的“学生的学习压力”作为关注和研究的重点，开展了“小学中高年级学生学习压力测量与干预的实践研究”项目研究，探索学生学业压力的来源与干预机制，而且响应指标中的要求，以“绿色学业观视野”为指导，不断推出增效减负新举措，积极营造为了学生健康快乐成长的教、学氛围，落实“绿色精神”，尊重学生的创造性，发掘学生的潜力，为学生健康快乐成长提供良好的保障。

一、增效减负绿色先行

学校增效减负的具体举措示例如下。

（一）度身打造“一年级学习准备期”

根据市教委精神和儿童身心发展规律的需求，为了使学生尽快适应小学学习生活，在小学一年级入学初期，我们设置了为期4周的学习准备期。为此，学校营造环境、设置课程、培训师资，着重关注学生的学习兴趣，

[1] 潘晨聪：《适应教育改革新要求，“绿色指标”2.0蓄势待发》，载《上海教育》2018年第1期。

还有学习习惯和行为习惯的养成，以此促进师生情感交流。在学习准备期结束后，学校邀请家长共同参加新生入学仪式，观摩感受学生的收获，家长们纷纷在班级群内留言。以下截取的是2016年新生家长部分留言。

入学仪式上，看着孩子们经过一个月的训练，初具小学生的模样，家长们的心里有点感慨、有点欣慰，还有些许期望。希望孩子们在五年的小学学习中不断进步，也希望他们能把童年的快乐一直延续！

——吕★★妈妈

虽然班级里有42名学生，一节课只有短短的35分钟，但是黄老师却能细心周到地照顾到每个孩子，让每个孩子都有机会展示自己并及时获得表扬和鼓励，这让孩子们都表现得非常积极和自信！

——张★★妈妈

（二）“开心乐园”替代一年级纸笔测试的评价

一年级第一学期的“开心乐园”游园评价活动，就是以寓教于乐的方式让学生在游戏中学习和体验，以趣味性的综合评价代替纸笔标准化测试。活动由语文类、数学类、英语类、综合类等内容组成。在开心乐园的游园日当天，经过教师的巧手布置，教室成了一个个美丽而温馨的活动园地：勇闯拼音门、计数器、拼拼乐、开心超市……一年级的孩子们在五年级志愿者哥哥姐姐的带领下兴致勃勃地穿梭于一个个活动室中参加游园活动，结束后还拿到了属于自己的游园证书。总之，这样的方式使学生在游戏中收获知识，在玩中增长才干，为教师评价学生表现提供了更多的依据，也激发了刚入学一学期的学生的学习兴趣，使他们展现了自信、减轻了负担。

（三）全面实施等第制评价

2016年秋，上海市教委继两年前在小学低段实行等第制评价之后，开始在小学中高年段实行等第制评价，并推出了小学中高年段语、数、英学科《基于课程标准评价指南》。我们在实施“基于课程标准的教学与评价工作”中与学校实际相结合，强调教学评的一致性，倡导评价融入教学、评价促进教学。在实践过程中，学校通过学科等第制方案的制订、分项诊断书的研制、等第制评语库的构建等系列工作，改进以纸笔测试为主的单一的评价方式，拓宽评价途径，改进评价方法，优化等第制评价的操作，真正做到基于三维目标，减轻学生的课业负担，关注学生的发展。

（四）周末作业的品质化

2009年，上海市教委提出要通过提高课堂教学效率，加大对学生作业管理等办法，走“轻负担，高质量”之路，切实减轻学生过重的课业负担。上海小学周末作业作为教师布置的一项特殊作业，它有别于课堂作业，也有别于当日的家庭作业。在布置周末作业时，学校的定位是十分鲜明的，那就是“减负增绿”，以此来提升周末作业的品质。教师不仅从周末作业与学生的知识掌握和能力培养的关系定位，而且从周末作业对学生个性发展的作用来定位周末作业。在周末作业中，学校强调亲子互动和同伴互助，既有助于提高学生的人际关系能力，也有助于提高学生自我管理能力。在周末作业类型设计上，学校着重在各学科设计拓展型与创造型的周末作业，即周末作业应有助于学生知识的应用、迁移与创新等能力的发展。学校教师改变传统作业的布置和评价内容及方式，激发学生对作业的兴趣，让作业与学生的观察、合作、制作、实验、社会调查等相结合，并做到尊重学生的创造性，发掘学生的潜力。

二、指标可视化，促绿色发展

学校不仅积极采取应对措施进行绿色改革，而且多次参与上海市教委组织的“绿色指标”的测试，希冀从测试中不断发现尚存的问题，促进学生和学校的绿色发展。本节以学校于 2016 年 10 月参加的测试为例，对测试情况进行概述和总结，进而建构学校的绿色指标体系，并将指标体系可视化。

（一）测试概况

减负减压的责任不单单是由学校和教师来承担，学校以外的家长因素、社会因素等也应考虑在内。[1] 学校全体四年级学生参加了学科测试和问卷调查，其中每名学生参加了语文和数学两门学科的测试。同时，教师、校长（含分管教学的副校长）、家长分别参加了问卷调查。各科的测试框架如表 7-3 所示。

表 7-3　中小学生学业质量测试科目及测试框架

	内容	能力
语文	积累	掌握已学过的常用汉字 具有独立识字的能力 积累古诗
	阅读	初步具有现代文阅读能力 具备基本的语文积累和综合运用能力
	习作	能根据写作要求选材立意 能根据表达的需要合理安排文章结构 能文通句顺地表达自己的意思 能正确、规范、端正地书写汉字
数学	数与代数 图形与几何 统计与概率	知识技能　　数学理解 规则运用　　问题解决

[1] 赵雪晶：《上海市基础教育质量综合评价的校本化实践探索》，载《教师教育研究》2017 年第 5 期。

（二）学校四年级学生总体学业水平

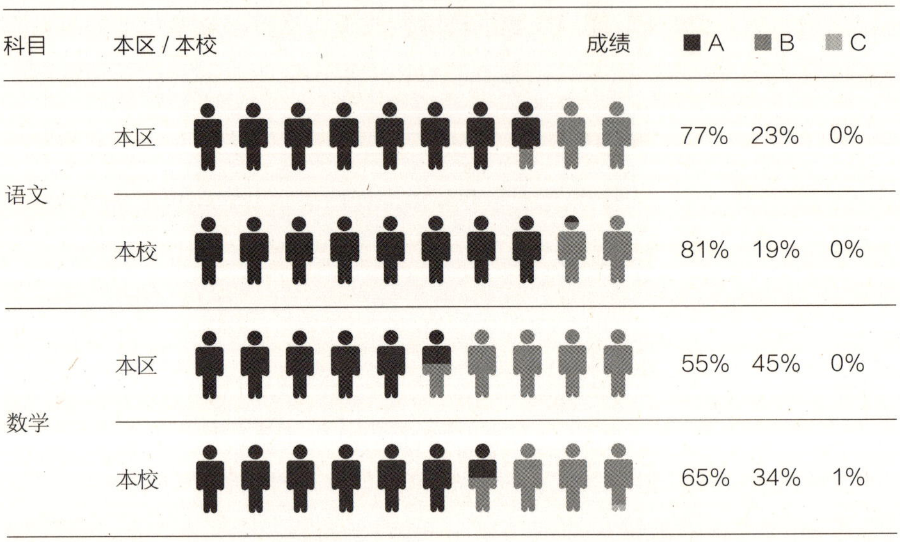

图 7-21　学生在语文和数学学科各水平上的人数比例

分析：图 7-21 呈现了学校四年级学生在各学科不同水平上的人数比例。各水平的含义如下：A 代表优秀；B 代表良好；C 代表达到课程标准的基本要求。从各水平人数的百分比来看，语文学科得 A 等第的人数高出区平均水平的 4 个百分点；数学学科得 A 等第的人数高出区平均水平的 10 个百分点，但是还有一个百分点是得 C 的。

策略：学校全体学生都达到了课程标准的基本要求，获得优秀水平的人数都高于全区的平均水平，我们将继续努力，不断提升优秀水平的人数。

1. 语文学科

（1）语文学科总体情况

四年级语文测试主要从“积累、阅读、习作”三个方面考查学生的语文学业水平。

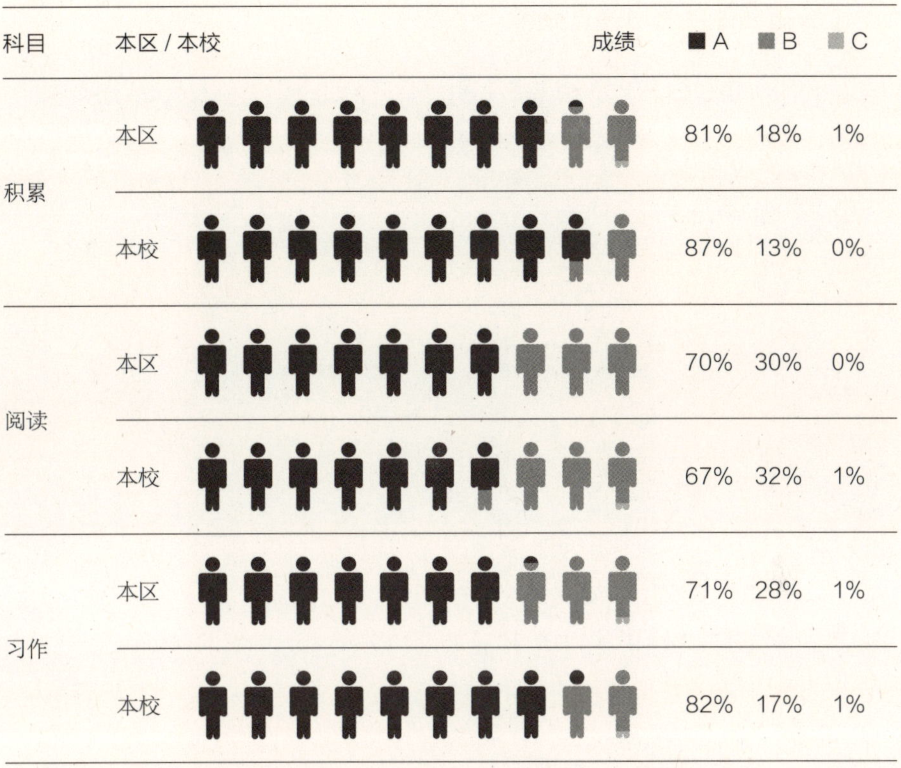

图 7-22 学生在语文学科各能力维度各水平上的人数比例

分析：从图 7-22 可以看出，语文学科从“积累、阅读、习作”三个方面来看，积累和习作两个能力维度的等第为 A，分别高出区平均水平的 6 个百分点和 11 个百分点，说明学生学得较为扎实、有效；但是，在阅读方面表现不佳，低于区平均水平的 3 个百分点，其中还有 1 个百分点的学生只有 C 的水平。

策略：针对阅读板块，我们提出了改进措施：一是要注意培养学生在阅读中的思维能力。在课堂教学中，学校要坚决落实目标，集中精力提高阅读能力，关注中后进生的学习状况。二是阅读能力和阅读量呈正相关，这说明与其做大量的阅读分析，不如让学生扩大阅读量，在潜移默化中提高阅读能力。

（2）语文学科典型题目分析

典型题目 10：C3AO251

从这个故事当中，我们可以看出漆匠是一个（　　　）的人。

A. 勤劳勇敢　　B. 乐于助人　　C. 谦虚谨慎　　D. 认真细致

- 内容维度：阅读
- 能力维度：能根据一定的标准对文本的内容、观点及语言运用做出评价
- 正确答案：B（选 A 得 0 分，选 B 得 4 分，选 C 得 1 分，选 D 得 2 分）
- 本题满分：4 分
- 平均得分率：67.6%

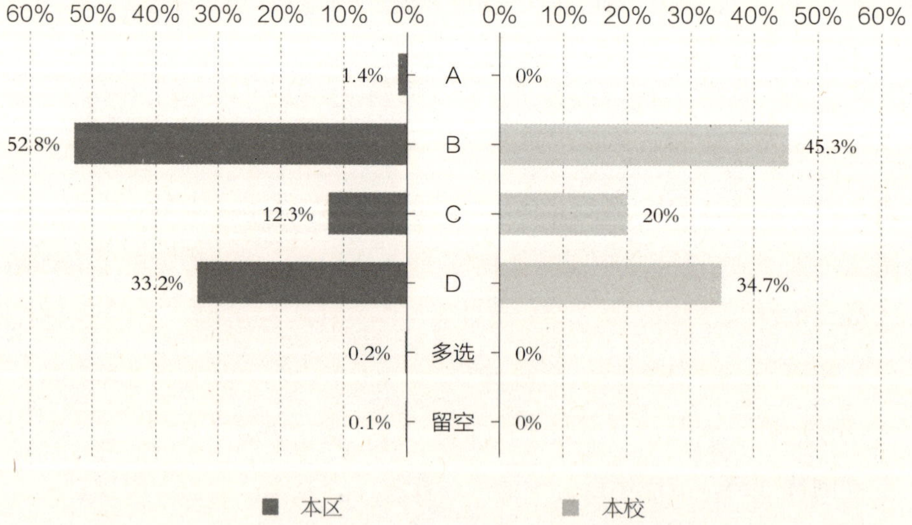

图 7-23　学生在题目 C3AO251 上的作答情况

这是“为获得文学体验”阅读情境中的一道题，考查的是学生根据一定的标准对文本的内容、观点及语言语用作出评价的能力。

分析：这道题的四个选项是根据对学生语文素养实际发展水平及同龄学生阅读文段的口语报告的分析而设计的，分别代表了学生阅读能力发展的四个不同水平：选择 B 选项的学生水平最高，他们在整体阅读文章，把握文章主要内容，了解事件发生的起因、经过、结果的基础上，能提炼出隐含在文中的信息，对漆匠这一人物作出恰当的评价；选择 D 选项的学生处于第二个水平，他们能从文中的具体信息中提炼出隐含的信息，但从漆匠发现船底漏洞后主动修补，帮助农夫避免灾难这样的举动来看，评价不够确切；选择 C 选项的学生处于第三个水平，他们可能从农夫感谢漆匠的话中提取了隐含的信息，但不能从文章的整体出发进行判断，对人物的评价相对片面；选择 A 选项的学生水平是最低的，他们没有理解文章内容，评价不当。

我们有 45.3% 的学生选择 B 选项，低于区平均水平 7.5 个百分点；而选择 C 选项，处于第三个水平的学生却高出区平均水平的 7.7 个百分点，说明我们学生在语文素养实际发展水平上有欠缺，学生阅读能力发展的水平较同龄学生有一定的差距，低水平发展的较多。

策略：语文学习是一个长期积累的过程，学生阅读能力发展水平的提升需要教师的正确指导。这就要求我们在低年段中要注重培养学生的阅读兴趣，在中高年段中要注重整体阅读，同时关注“提炼隐含在文中的信息”的方法的教授。除了课堂教学外，在平时与学生交谈、交流的过程中，教师也要适当地引导，将语文学习与学生的生活经验情境相联系。

2. 数学学科

（1）数学学科总体情况

四年级数学测试主要从“知识技能、数学理解、规则运用、问题解决”四个能力维度考查学生的数学学业水平。

科目	本区 / 本校	成绩 ■A	■B	■C
知识技能	本区	56%	44%	0%
	本校	64%	36%	0%
数学理解	本区	51%	48%	1%
	本校	47%	53%	0%
规则运用	本区	57%	43%	0%
	本校	61%	37%	2%
问题解决	本区	47%	51%	2%
	本校	57%	41%	2%

图 7-24　学生在数学学科各能力维度各水平上的人数比例

分析：从图 7-24 来看，除了“数学理解”等第为 A 的人数比率低于区平均的 4 个百分点外，其余三项内容得 A 的学生人数都高于区平均水平的 4～10 个百分点。“数学理解”主要考查学生对数学对象及其联系的理解。例如，结合具体的情境对数学对象进行理解和解释，能根据数学对象的特征判断对象的属性等等。从图 7-24 中，我们觉得学生在“数学理解”能力维度上的水平还不够。

策略：教师要进一步结合具体的情境对数学对象予以理解，在教学中要改变“只重视解答，而忽视对操作中的每一步所表达的含义的关注”的做法，要让学生能借助具体的例子，清晰地解释每一个式子、每一个计算、每一个数字的含义。

（2）数学学科典型题目分析

典型题目 4: M3AO111

当你面对西面时，你的右手边是(　　　)面。

A. 东　　B. 南　　C. 西　　D. 北

- 内容维度：图形与几何
- 能力维度：数学理解
- 正确答案：D
- 本题满分：4 分
- 平均得分率：55.8%

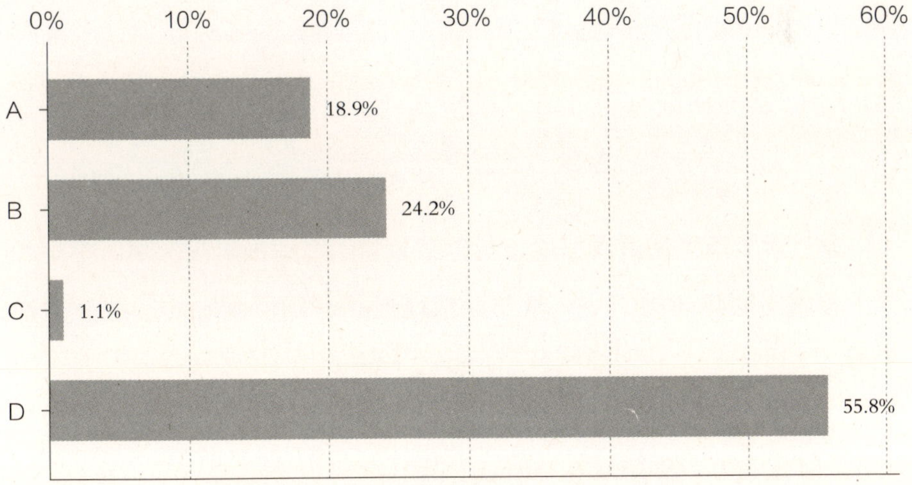

图 7-25　学生在题目 M3A0111 上的作答情况

分析：本题考查的是能在东、南、西、北中根据给定的一个方向辨认其余三个方向。如图 7-25 所示，从学生作答情况看，有 18.9% 的学生选择了错误选项 A，有 24.2% 的学生选择了错误选项 B。通过与学生访谈，我们了解到，这种典型错误中比较有代表性的想法是："因为'上北下南左西右东'，所以我的右手边是东面。"显然，这些学生并不能根据所给的一个方向，正确辨认其余的三个方向，而是将在地图上确认方向的方法机械迁移到数学问题解决中。

策略：教师要重视通过现实情境中确认方向的数学活动，培养学生的方向感，进一步发展空间观念。从"数学理解"的角度出发，学生们在真实情境中获取知识比机械地做习题更具真实感与成就感。

（三）学校学业质量绿色指标指数

学生学习的绿色指标不仅包括学业上的指标体系，而且包括学生的心理健康、睡眠质量和时间，以及校外的辅导等。因此，学校绘制、对比并分析了各项绿色指标的雷达图与区绿色指标体系雷达图。

分析：如图 7-26 所示，在此次呈现的 12 大指数中，通过家长问卷和学生问卷的调查，我们得知学校的学生"睡眠指数"和"课外补课指数"低于区平均水平，"教师教学方法指数"高于区平均水平，其余 9 项指标均达到区平均水平。

1. 关于"睡眠指数"

通过对大规模测试数据的分析，结果显示与睡眠时间较多的学生相比，睡眠时间较少的学生，其学业成绩并没有随着睡眠时间的减少而提高。

以小学生每天睡眠时间保证 9 小时以上为参照，将睡眠指数划分为 9 级，指数越高，表示睡眠时间得到保障的学生比例越高。

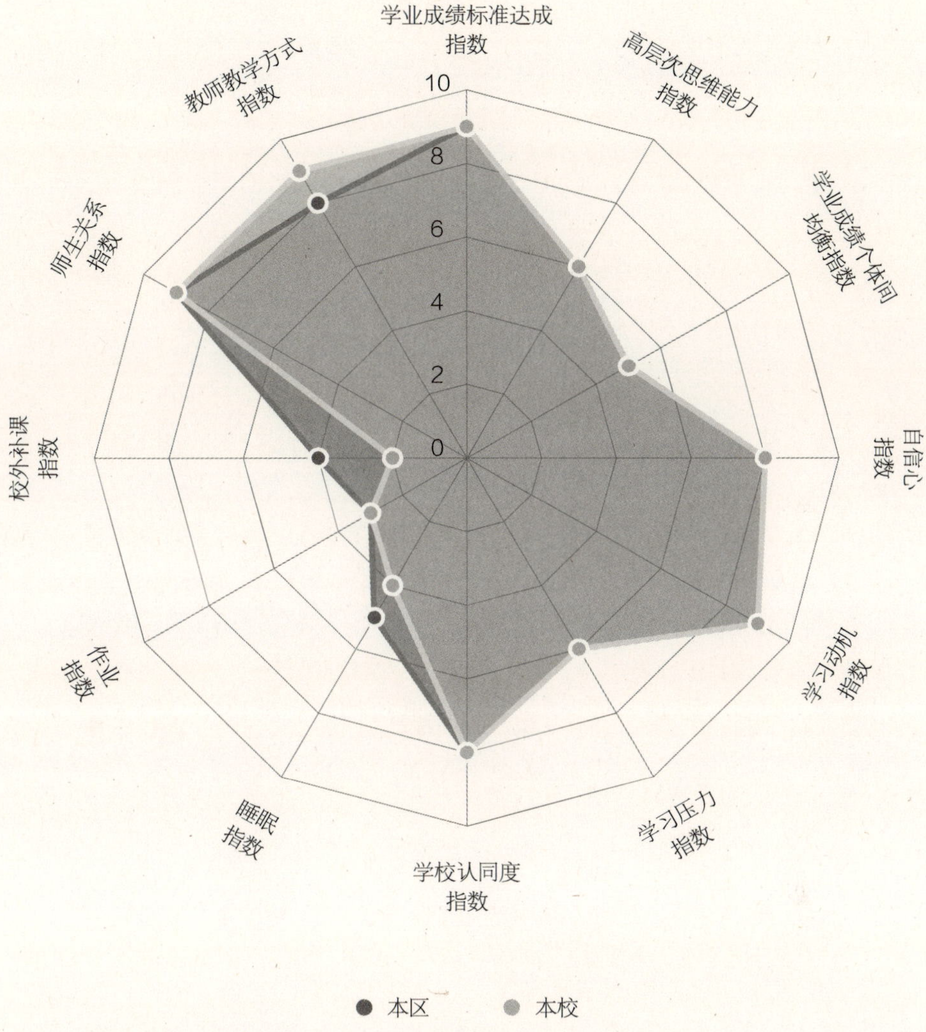

图 7-26　本校及本区各指标对比

9 级：表示 90% 以上的学生睡眠时间得到基本保障（含 90%）

8 级：表示 80%–90% 的学生睡眠时间得到基本保障（含 80%）

7 级：表示 70%–80% 的学生睡眠时间得到基本保障（含 70%）

6 级：表示 60%–70% 的学生睡眠时间得到基本保障（含 60%）

5 级：表示 50%–60% 的学生睡眠时间得到基本保障（含 50%）

4 级：表示 40%–50% 的学生睡眠时间得到基本保障（含 40%）

3 级：表示 30%–40% 的学生睡眠时间得到基本保障（含 30%）

2 级：表示 20%–30% 的学生睡眠时间得到基本保障（含 20%）

1 级：表示 20% 以下的学生睡眠时间得到基本保障

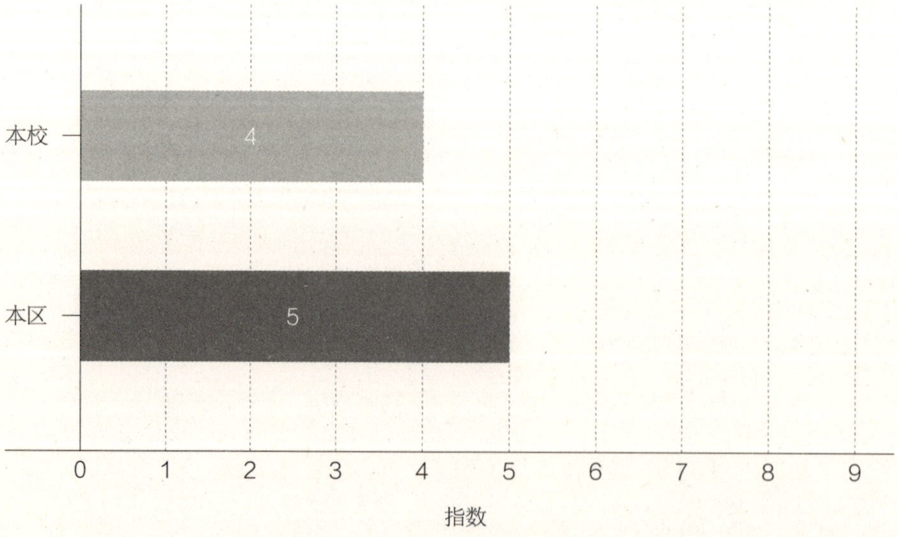

图 7-27　四年级学生睡眠指数

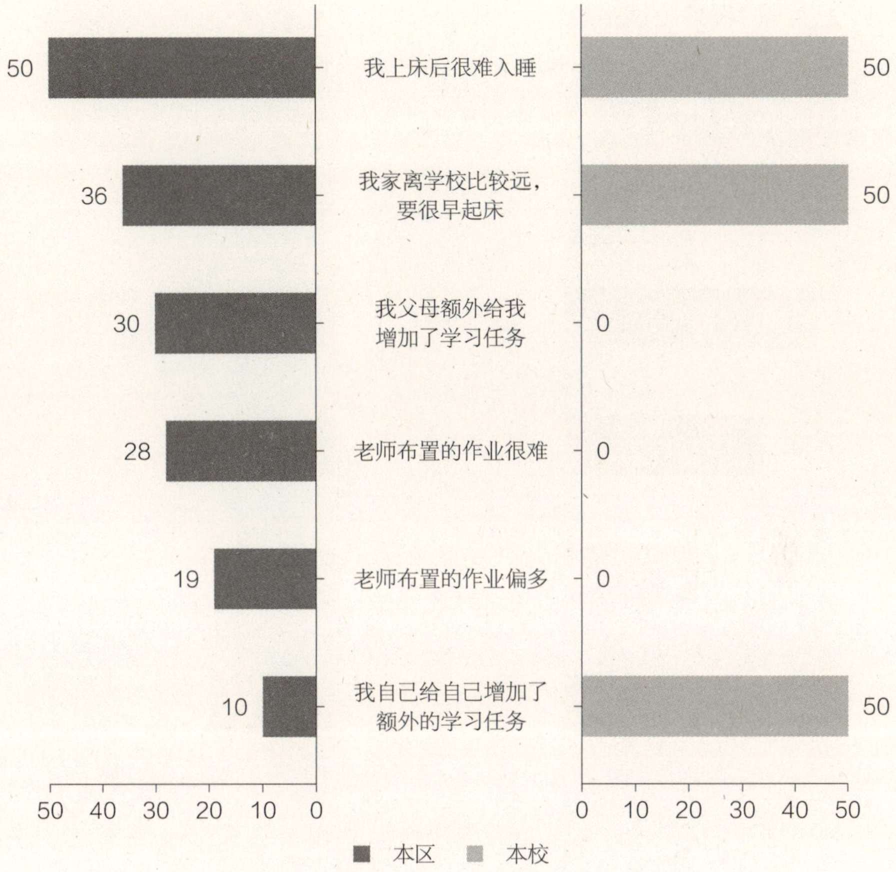

图 7-28　四年级学生睡眠不充足的原因（%）

分析：从图 7-28 的统计数据来看，学生睡眠不足的原因主要有三点，分别是“上床后很难入眠”“家离学校比较远，要很早起床”“自己给自己增加了额外的学习任务”。第一点来自学生生理和心理的因素，这受制于多方面的原因；第二点也与家庭、入学、规划等社会性因素有关；第三点让我们看到了学生自我加压的原动力。总之，学生睡眠不足的原因，主要是学生自我需求的发展与睡眠时间存在着矛盾。

策略：我们将通过学生团队心理活动、班主任引导、卫生室宣传等方式，告知学生早睡早起的好处，倡导科学的学习和生活作息时间。

2. 关于“校外补课指数”

图 7-29 给出了四年级学生每周参加与考试科目相关的家教补习、课外辅导的主要原因。

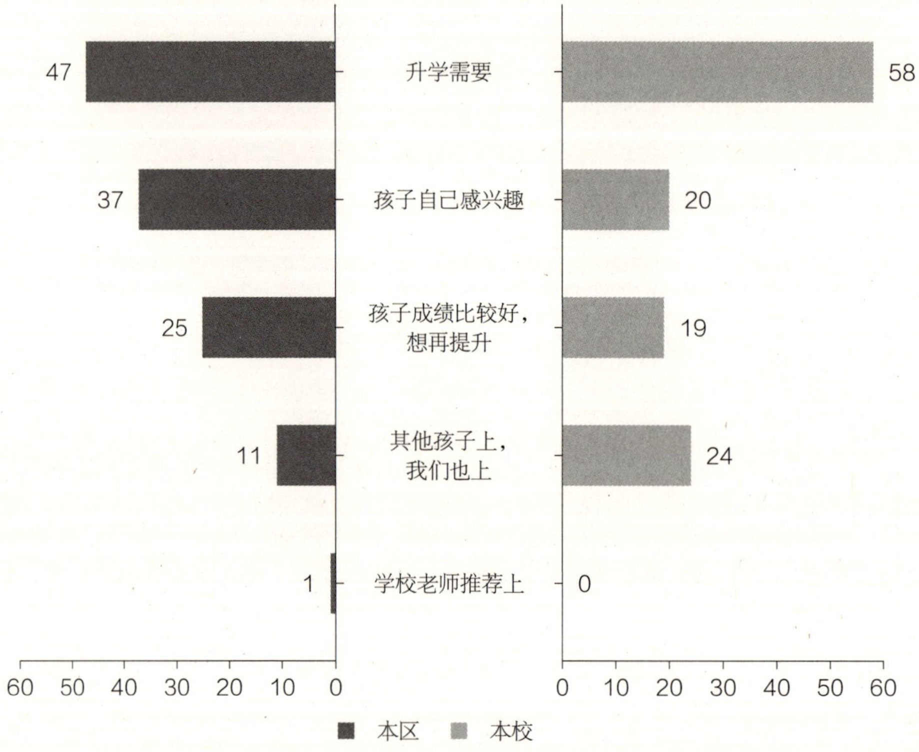

图 7-29　四年级学生参加与考试科目相关的家教补习、课外辅导的主要原因（%）

分析：从图 7-29 可见，超过区平均指数的主要是“升学需要”和“其他孩子上，我们也上”这两条原因，这受制于是家长的教育理念，也与教育的社会背景和环境有关。没有一个家长是选择“学校教师推荐上”这条原因，从中我们也可以看出，教师确实是做到了“不参加、不推荐任何校外辅导办学机构”这一点。

策略：学校利用家长会、家长接待日、家长开放日等多种途径，进一步宣传孩子身心健康的重要性，引导家长有效减少孩子补习科目的时间、切实关注孩子健康快乐成长。

总之，学校在上海市中小学学业质量绿色指标中表现总体较好，这让我们更有信心和定力去开展教学与评价的校本化实践。而对于低于区平均水平的指标，我们会不断调整教育教学策略，以促进各项指标更加“绿色”，加速学校的内涵发展。

第八章

未来可期

办好人民满意优质学校

2015年4月7日，我站在上海市新优质学校研究所成立大会的演讲台上，代表上海市第二批新优质学校作交流发言。作为建校一百一十多年的老学校，怎么理解新优质学校呢？

在准备发言的过程中，我找到了新优质学校与百年老校的结合点：

新优质学校的理念是回归教育原点，真正关注人的发展，关注如何让教育过程更丰富、师生关系更和谐、多样化学习需求更充分被满足。

20世纪30年代的江苏省立实验小学，即上海小学的前身，就曾明确提出教师格言和训育信条。

新优质学校回归教育本原的呼唤，在我们学校就是从历史中找到进一步发展的契合点，在教育现代化的进程中赋予百年老校新的优质！

实验小学教师格言是：

1. 我们深信儿童是教育的本位，教师是儿童的朋友；
2. 我们深信教育者当具有科学头脑的；
3. 我们深信教育者当具有农工身手的；
4. 我们深信教育者当具有菩萨心肠的；
5. 我们深信教育者当具有实验精神的。

……

实验小学的训育信条是：

1. 我们相信，训育是包括学校生活全体而言，所以无论关于课内或课外，教室或游戏场……一切环境，都应满足此训育上的价值；
2. 我们相信，教师的品性、行为，是于儿童有莫大影响的，所以欲收到训育上良好的效果，教师不得不以身作则；
3. 我们相信，无论养成良好的习惯或矫正不良的行为，都不是一刻工夫所能办到的，所以与其同时施以许多刺激，致使应接不暇，不如就少数简单事实做起，预为逐渐扩展效力来的大；
4. 我们相信，师生共同参与生活，是训育上最高尚的方法，所以关于一切校内活动，教我们相信，职员学生都应融和一气；
5. 我们相信，学生品性、道德的好坏，不应只凭少数先生们主观的眼光去判定，应多用客观的标准去测量——多采用科学的方法。

……

第一节
在新优质集群中示范辐射

一、以新优质观实现新优质

1903年，上海小学建校于南市区的老城厢——廿二铺。1934年，学校迁址到城市西南角的上中路，在一百多年的历史中曾先后更名12次。走过的4万多个清晨日暮，使上海小学成了区域内一所享有一定声誉的大型公办学校。

2012年7月2日，在全市校长暑期培训上，时任上海市教育委员会副主任尹后庆作“每一所学校都要走向新优质”的报告，这引起了我对“新优质”内涵的思考。什么才是上海基础教育转型发展所需要的“新优质”？那应该是回归教育的原点——真正关注人的发展，关注如何让教育过程更丰富、师生关系更和谐、多样化学习需求更充分被满足。

回归教育本原！是的，这是触动我们教育人内心的呼唤。我们曾在1933年学校建校30周年的纪念录中查找到类似的理念，当时名为江苏省立上海中学实验小学的学校校长盛朗西就曾明确提出实验小学教师格言10条和训育信条5条。学校百年历史中教育先辈提出的思想与我们当下的追求是多么的相似，返璞归真、回归本原、遵循规律就是我们的新优质观！

2012年下半年，在新优质观的指导下，我们开始区新优质学校的创建之路。首先，对于教师，我们结合校史的学习与对教风——诚、敬、勤、精——的重温，采用教师沙龙、头脑风暴的方式聚焦“学校是什么？教育为什么？规律在哪里？”等问题，启发教师们对教育本原的思考，提升每一位教师的教育境界，同时我们把教师学科教学知识（PCK）作为突破口，确立了“有效开展校本研修，提升教师 PCK”的创建项目。在多年的实践研修中，我们以系列化、有针对性的校本研修为载体，着力提升教师 PCK 知识及专业化水平，努力打造高效课堂。对于课程，我们秉承儿童本位的理念，设置快乐活动日、学习准备期、校本德育课程与拓展性课程等；在实施过程中，强调严格执行与创新评价相结合同步增强宣传力度，开展家长学校、推出校本家长培训手册，让家长们了解学校的课程设置、参与教师的课程实施，从而共同聚焦于每一个孩子健康快乐成长的目标。

回首上海小学的创建之路就能知道，在学校作为区“新优质学校”第一批创建校这个阶段，我们形成了一致的教育思想，提升了教师的教育境界，优化了课程与教学。但是，要想在“新优质”的道路上走得更好，独自摸索显得孤独而低效！因此，学校作为市“新优质学校”第二批项目校时，项目组提出了新优质学校集群式发展的思路，我想这就为我们提供了一个新的平台和环境，使区域内的“新优质学校”成为新优质路上同行的伙伴。通过集群，我们可以组建校际学习共同体，相互学习、相互砥砺、相互促进，发展的效益得到优化（附录图 25）。

二、在新集群中发挥新作用

办好每一所学校，实现义务教育优质均衡发展，既是对党的十九大精神的落实，也是《中国教育现代化 2035》的重要目标。为此，《中共中央国务院关于深化教育教学改革全面提高义务教育质量的意见》指出：“发挥优质学校示范辐射作用，完善强校带弱校、城乡对口支援等办学机制，促进新优质学校成长。”[1] 而发挥新优质示范辐射作用的同时，作为

[1] 蔡歆：《组织学习：新优质学校建设的行动机理与实践策略》，载《中国教育学刊》2020 年第 9 期。

新优质学校应不断反思自身的发展，时刻以新优质学校的要求检视自身的发展，从而取得整体而细致的、内涵式的改革、发展与创新。

徐汇区在新优质学校内以项目引领等方式形成了若干发展群，我们作为群内学校，如何用好平台、实现共同发展呢?

以课程质量提升群为例，群内共有 11 所学校，要集群发展，首先我们可以借助已有的基础。2013 年，徐汇区提出“小学课程建设三年行动计划”，明确了以课程规划能力、课程实施能力、课程评估与更新能力的提升为主要目标，从而建立起学校以学生发展需求为导向的，丰富、可选择的课程体系。“小学课程建设三年行动计划”提出了以“实践导向、分层推进、问题驱动、组团发展”为工作策略的“种子校”项目，并形成了 10 所“课程建设种子校”。这就是这个项目群的雏形。

当时“种子校”项目通过与华东师范大学课程与教学研究所的合作，旨在在课程建设领域形成一批有推广价值的典型经验和有效做法，从而以点带面地提高本区小学的课程建设水平。上海小学作为“种子校”之一，经历了整个项目的研究。在华东师范大学课程与教学研究所崔允漷教授团队的专业指导下，第一阶段我们分析了各校课程背景与基础，就学校基础型课程校本化实施与校本课程特色化设置等问题深入地思考，最终我们每一所学校都在全区小学校长的观摩之下、华东师范大学教授的现场点评下，交流了具有各校特色的课程方案；第二阶段，我们又根据各校所长，选定突破学科，分别组织教师展开《学期课程纲要》的学习与研制，在华东师范大学教授与徐汇区教育学院教研员的多层次指导下，进行了多轮跨校跨学科的交流研讨，最终形成了与学校课程规划具有一致性的学校《学期课程纲要集》。在这样一种以共同的项目为核心的活动中，我们这 10 所“种子校”结成了伙伴与团队，共同开展参与式学习、专题式研讨，共同与专家面对面交流探讨，这使得我们对于课程建设的问题有了更为科学的话语体系与更关注学生的理念共识。

如今，我们又以新优质的目标进一步集群，就是要在原有基础上，继续着力学校课程质量的提升，进一步完善学校的学期课程纲要，进而聚焦每一位教师的教学行为、每一堂课的“目标—教学—评价”的一致性。集群的方式使我们可以定期地开展专题的学习、交流、研讨与互动，使我们的成果和经验更具有借鉴与推广价值。

在新优质学校进入集群式发展的阶段，我深深感受到，要将“回归教育的原点，真正关注人的发展”的教育理想真正体现到实践中，需要项目的引领，需要专家的指导，更需要伙伴与团队的互动、分享与碰撞。我们要用好集群发展的政策资源、专家资源、同伴资源、范例资源，激发教师成长的活力与潜能，营造好家校合作的育人环境，更好地前行在新优质的道路上。

第二节
在现代化进程中改革创新

一、在建设人民城市中提高因材施教水平

（一）一流城市呼唤一流教育

在 2018 年 9 月召开的全国教育大会上，习近平同志提出了“教育是国之大计、党之大计”的重要论断。没有哪一项事业像教育这样影响甚至决定着接班人问题，影响甚至决定着国家的长治久安，影响甚至决定着民族复兴和国家崛起。教育的现代化是社会主义现代化建设的重要组成部分，是实现“两个一百年”奋斗目标的基石。只有通过教育，才能把

人口中蕴藏的智慧资源挖掘出来，转化为巨大的人才资源优势，才能为实现国家现代化打下坚实的智力基础。党的十八大以来，党中央坚持优先发展教育，深入实施科教兴国战略和人才强国战略。在当前全球化与知识社会变革及我国人民群众对现代化教育新期盼的背景之下，上海需要加快推进教育现代化的步伐，面向全球、面向未来，主动识变、应变、求变，以最大努力促公平、提质量，努力办出与城市发展战略定位相匹配、与人的全面发展需求相契合、与信息革命大趋势相适应、与现代化教育制度体系相适应的一流教育。

教育是城市核心竞争力的重要支撑。2019 年 3 月，上海市委书记李强在上海市教育大会中指出，一流城市孕育一流教育，一流教育成就一流城市。上海作为一流城市，要努力当好全国教育改革的探路者，推动教育事业改革创新，围绕激发人的潜能，让每一位学习者都能学有所教、学有所成、学有所用，加快建成伴随每个人一生的教育、平等面向每个人的教育、适合每个人的教育、更加开放灵活的教育。

（二）一流教育需要确保公平

教育要面向人人，是深入落实以人民为中心发展思想在教育领域的具体实践。其重点着眼于社会宏观层面，把教育公平作为社会公平的重要基础和表现，主张“有教无类”，保障所有公民平等的教育权利、公平的教育机会，致力于消除教育差距，均等配置教育资源，促进教育均衡发展。[1] 中华人民共和国成立以来，特别是改革开放以来，我国教育事业得到快速发展，宪法赋予公民平等受教育的权利得到很大程度的保障。推进教育现代化，在更高层次上保障所有公民更好地享有教育权利和教

[1] 刘昌亚：《加快推进教育现代化 开启建设教育强国新征程——< 中国教育现代化 2035> 解读》，载《教育研究》2019 年第 11 期。

育机会是必然要求。当前，我国在推进义务教育基本均衡发展方面成效显著，“有学上”的问题已基本解决，但“上好学”问题依然突出，即使在教育相对发达的长三角地区，仍然存在不均衡的问题。从教育投入的总量上看，上海市已经达到了较高的水准，但是由于教育资源分配不合理，仍然存在着结构性的不足。例如，相比于普通教育，职业教育、特殊教育、学前教育投入不够；中心城区与城乡之间的差异特别明显；优势的教育资源基本集中在名校，不同家庭背景的学生教育机会的不平等。[1]要建成与具有世界影响力的社会主义现代化国际大都市相匹配的一流教育，就要求不止在更大范围内解决“有学上”问题，还要在更高水平上解决“上好学”问题，以及在制度设计和执行中体现机会公平，在教育的过程公平和教育结果的公平上还需要进一步提升，努力让教育改革发展成果更公平惠及全体人民。[2]

（三）一流教育需要提升品质

当前，新一轮科技革命正迅猛兴起，互联网、人工智能等新技术的发展正在不断重塑教育形态，知识获取方式和传授方式、教和学关系正在发生深刻变革。特别是随着新型城镇化加快、“全面二孩”政策实施、人口老龄化到来，社会人口结构发生新变化，人民群众对教育的需求更为多样，不仅希望获得职业发展的知识与技能，还希望根据兴趣爱好选择适合的教育，希望教育内容更丰富多样、学习更便捷自主。[3]教育是培养人的事业，实现因材施教，促进每一个人“充分而自由地发展”是教

[1] 杨小微：《新时代区域教育现代化发展研究》，华东师范大学出版社 2020 年版，第 220 页。

[2] 刘昌亚：《加快推进教育现代化开启建设教育强国新征程——< 中国教育现代化 2035> 解读》，载《教育研究》2019 年第 11 期。

[3] 刘昌亚：《加快推进教育现代化开启建设教育强国新征程——< 中国教育现代化 2035> 解读》，载《教育研究》2019 年第 11 期。

育的终极目标。当前我国教育发展在总体上仍然存在质量水平不够优质、个性化教育供给不足的问题。虽然教育普及水平大幅度提升，但教育质量有待进一步提高，教育的差别化、个性化供给不足，优质教育资源难以满足家庭不断增长的需求，人才培养的规格、质量、结构与经济社会发展需求还不能很好地适应。[1] 尽管 2014 年上海的 17 个区县通过了国家义务教育均衡发展督导认定，成为首个全部区县通过认定的省份，但当前各级各类教育质量还存在不能满足人民群众“上好学”的教育需求、满足每一个学习者多样化的学习需求，教育在现代化建设中的战略引领作用还不够。[2] 在基本实现教育均衡之后，一流教育的建设还需要思考如何进一步提升教育的品质，为不同智力结构和发展需要的学生提供具有差异性的学习机会，实现更高水平的教育均衡。在以上海为代表的教育发达地区，如何充分保证所有学生基本发展需要与满足学生个性发展需要相结合，重视每一个人对教育过程的有效参与和在教育过程中得到的应有发展，让“每个人都有人生出彩的机会”，建设面向学习者个性化、多样化的学习和发展需求的教育体系，为全国提供示范，为中国教育制度扩大国际影响，是当前教育发展面临的重要议题。

二、在探索融合教育中建设教育新生态

2020 年之初，全球遭遇了新冠肺炎疫情的突袭。我们也被迫“卷入”了人类有史以来最大规模的在线教育实践。此次疫情期间的在线教育，无疑开启了未来线上线下融合教育的新纪元。对疫情期间的空中课堂在

[1] 杨小微：《迈向 2035：中国教育现代化的目标定位》，载《华中师范大学学报（人文社会科学版）》2019 年第 5 期。

[2] 宁波、张民选：《公平与卓越：主要发达国家基础教育发展趋势》，载《外国中小学教育》2018 年第 10 期。

线教育的总结，首要的任务就是要认清哪些举措是“应急状态下的应对之举”，即暂时有效的、迫不得已的举措；哪些举措是“应然状态下的革新之举”，即通过这次大胆的尝试而窥视到的未来教育生态发展的必然方向和接下来要改革攻坚的重点。

我们过去的教育教学理论基本上都是建立在对于现实的、面对面的教育活动的认识上，进而提炼出来的。而新的线上线下融合教育，虽然在教育目的和教育本质上不会改变，但教育的具体形态毕竟发生了变化，过去有关学生成长阶段、学习特征、学习困难、课程形态、教学模式等问题，都需要有新的研究来支撑，形成新的认识和理论，从而为我们培养未来的学生、未来的教师、建设未来的学校做好准备。

（一）通过融合教育贯彻全面发展

我们需要研究的是，全面发展的教育目的如何通过融合教育加以贯彻？从目前的线上教育实践来看，由于互动途径和技术水平的限制，在线教学的前景热点更多被局限在信息传递这样一个功能上，有关知识学习的线上功能肯定会首先被开发出来，如学科知识图谱、有关知识点的专题视频等。因此，如何弥补面对面授课制的方式受到冲击而出现的道德的社会塑型力量缺失，如何配备体育锻炼的空间和时间，如何减少网络学习带来的视力、体重等一系列健康问题，如何保证学生能够在网络中锻炼鉴赏美和创造美的能力，如何在一个虚拟的空间中继续培养学生的劳动意识和劳动素养，都是需要攻克的难题。

（二）着力塑造融合教育新形态

我们要回答的问题是，未来融合教育的教学过程将会以怎样的形态和模式展开？虽然我们已经初步认识到，在线教育可能极大地将师生之间的简单学习互动关系扩展为以学生的自主学习为主、由智能化技术提供个性化的学习路径，由一个巨大的、无边界的主体和资源网络进行支撑的一种形态，但是这种学习形态尚未以一种我们目前能够清晰理解的方式展现在大众面前。相反，许多限制学生自主学习的现象更为“刺眼”，如大量学生缺乏自律性，不能自主按照计划开展学习；学生注意力不集中，直播过程中容易走神；教师无法像线下那样细致地观察学生的课堂表现，从而只能根据作业来判断学生的学习状态和效果，这就更加限制了因材施教的机会……哪些问题是真正的问题，哪些问题会随着融合教学的开展而变得不那么重要，这就需要我们作更深入的探讨。

虽然当前线上教育有诸多不完美之处，但随着新时代教育理论的创生，则能让我们克服疑虑与恐惧，破开未来教育发展的迷雾，坚定地去创造更加民主、公平、充分挖掘每位学生潜力的新的教育形态。

参考文献

[1] 夏晓虹．梁启超文选（下集）[M]. 北京：中国广播电视出版社，1992.

[2] 聚焦基于课标的教学 提升校本研修的实效——上海市徐汇区上海小学教师研修探索 [M]. //何云峰．现代基础教育研究（第 27 卷）. 上海：上海教育出版社，2017.

[3] 李希贵．新学校十讲 [M]. 北京：教育科学出版社，2013.

[4] 张春莉，贺李，曾琦．推动我国基础教育课程政策演变的重要力量 [J]. 中国教育学刊，2020（7）.

[5] 王骞．学校文化及其建设路径分析 [J]. 继续教育研究，2010（7）.

[6] 谢翌，马云鹏．重建学校文化：优质学校建构的主要任务 [J]. 华东师范大学学报（教育科学版），2005（1）.

[7] 邢秀茶，何俊华，茹荣芳，边东书．考试文化、成功文化到主体发展文化——学校文化样态现状与展望 [J]. 全球教育展望，2012（7）.

[8] 陈向阳．论学校发展与学校文化生态重构 [J]. 中小学校长，2009（9）.

[9] 王雷英．王雷英教育随笔 [M]. 杭州：浙江科学技术出版社，2011.

[10] 张新平，柳世玉．从领导故事到故事领导——故事时代的校长领导力 [J]. 中小学管理，2017（12）.

[11] 吴银银，陈志伟．在校本教研中促进科学教师 PCK 的发展 [J]. 现代教育科学，2009（2）.

[12] 陈沛琳．论连环推进式的英语课堂观察组本研修 [M] //何云峰．现代基础教育研究（第 20 卷）. 上海：上海教育出版社，2015.

[13] 蔡歆．组织学习：新优质学校建设的行动机理与实践策略 [J]. 中国教育学刊，2020（09）:60-65.

[14] 杨小微，等．新时代区域教育现代化发展研究 [M]. 上海：华东师范大学出版社，2020.

[15] 杨小微．迈向 2035: 中国教育现代化的目标定位 [J]. 华中师范大学学报（人文社会科学版），2019（5）.

[16] 宁波，张民选．公平与卓越：主要发达国家基础教育发展趋势 [J]. 外国中小学教育，2018（10）.

[17] 毛坚琼．小学“学习准备期”学校课程实施的实践与探索 [M] //陆建非．现代基础教育研究（第 20 卷）. 上海：上海教育出版社，2011.

[18] 毛坚琼．文化立校，故事校园——上海小学学校文化建设实践案例 [M] //陆建非．现代基础教育研究（第 15 卷）. 上海：上海教育出版社，2014.

[19] 双轮驱动 助力成长——上海市徐汇区上海小学青年教师“成长合伙人”项目介绍 [M] // 何云峰 . 现代基础教育研究（第 38 卷）. 上海：上海教育出版社，2020.

[20] 陈鹏 . 后见习期教师专业发展困境与支持策略 [J]. 上海教育科研，2020（09）:63-67.

[21] 毛坚琼 . 基于 PCK 提升的校本研修实践研究 ——以上海市 S 小学语文学科为例 [D/OL]. 上海：上海师范大学，2013.

[22] 郑志辉 . 引领教师专业发展学科教学知识再探 [J]. 中国教育学刊，2010（03）.

[23] 金燕 . 二期课改背景下“三新”教师校本培训的实践研究 [J]. 上海师范大学学报（基础教育版），2008（04）.

[24] 刘义兵，郑志辉 . 学科教学知识再探三题 [J]. 课程 · 教材 · 教法，2010（04）.

[25] 蒋忠 . 校本培训激励机制的构建 [J]. 江苏教育研究，2009（2）.

[26] 崔允漷 . 促进学习：学业评价的新范式 [J]. 教育科学研究，2010（3）.

[27] 崔允漷 . 课程实施的新取向：基于课程标准的教学 [J]. 教育研究，2009（1）.

[28] [美] 李 · 舒尔曼 . 标志性的专业教学法：给教师教育的建议 [J]. 黄小瑞，崔允漷，译 . 全球教育展望，2014（1）.

[29] 汪成亮 . 基于 PCK 的小学语文课堂观察技术研究 [M] // 何云峰 . 现代基础教育研究（第 30 卷）. 上海：上海教育出版社，2018.

[30] 尹后庆 . 每一所学校都要走向新优质 [J]. 上海教育科研，2015（3）.

[31] 毛坚琼，林磊 . 合理调节学习压力，促进学生健康发展——基于上海市中小学学业质量绿色指标测试 [J]. 上海课程教学研究，2017（9）.

[32] 潘晨聪 . 适应教育改革新要求，“绿色指标”2.0 蓄势待发 [J]. 上海教育，2018（01）.

[33] 赵雪晶 . 上海市基础教育质量综合评价的校本化实践探索 [J]. 教师教育研究，2017（05）.

[34] 刘昌亚 . 加快推进教育现代化 开启建设教育强国新征程——《中国教育现代化 2035》解读 [J]. 教育研究，2019（11）.

后记

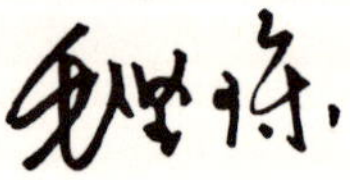

2008年7月，我调任上海市徐汇区上海小学校长。建校于1903年的上海小学，有着百余年的办学历史与文化积淀，能担任校长是我的荣幸。同时，我也深感肩负使命之重大，如何使百年老校面对教育改革的新形势，实现传承与发展，再创新的优质呢？

此时，我因参加长三角中小学名校长高级研究班，偶然接触到特级教师王雷英的“故事校园”的思想。她提出，故事代表的是“软实力”，是一种如流水一般柔软却可以改变一切的力量。这让我想到，我常与学校的毕业生聊天，问毕业多年后的他们对学校留下的记忆是什么？几乎无一例外的是，当他们回忆校园生活时，他们更多的是怀念校园里曾经发生的故事，以及故事背后的人！就如一位哲人说过的：“忘记所学到的东西，剩下的就是教育。”我似乎恍然大悟。一所学校一定要有故事，故事是一种教育、一种历史、一种文化。有了这些故事，学校才会有温度，校园人的心才会暖乎乎的。校园里的故事越多，学生受教育的机会也就越多。

2013年，我抓住建校百十年校庆契机，主持开展了一系列“故事校园”学校文化建设的探索与实践，并且提出了“每一个人的足迹书写学校的历史，每一个人的思想汇聚学校的文化，每一个师生在上小快乐乡里快乐成长”的学校文化内涵。校庆年之后，我更是将故事校园的理念深化到课程教学、学生德育、教师发展、教育科研等诸多领域。

习近平总书记提出“讲好中国故事”，我们则要讲好上海小学的故事。我们一是不断找寻学校的历史故事，使之成为我们今天办学的动力，激发大家续写学校今天的故事；二是不断发掘学校里每一个人的故事，通过每一个故事成就每一个人，把每一个人的价值体现出来，让学校成为每个人成长的地方，让每个人的人生故事闪光；三是以故事为载体感染人，用故事把学校文化发扬光大，把人心串联起来，从而进行学校文化建设。因此，我在本书中用一个个校园真实小故事串起每一章的叙述，力求呈现出学校文化立校、故事校园的办学思路。

本书共分为八个章节，从构思到成书，经历了一年多的打磨，这既是一个漫长的回顾和反思的过程，又是一段令人难忘的头脑风暴的经历。感谢黄晓芳、林磊、金燕、刘勤、唐晓慧、王笑欢等老师的实践智慧，感谢上海师范大学基础教育发展中心王健老师在成书过程中所给予的帮助。

尹后庆会长不仅是我参加徐汇区校长高研班的老师，也是持续关注上海小学发展、给予指导的老领导。在上海小学这所百年老校迈向新优质的道路上，他总能给我以智慧的点拨。衷心感谢他为本书作的精彩序言。衷心感谢上海市徐汇区教育党委、教育局、教育党校、教育学会长期以来对上海小学以及对我个人的关心与指导。

我有信心期待，在“故事校园”的办学思路下，上海小学的发展目标会愈加明确，全校师生的文化认同和行动向心力会在教育之爱的环抱中一路温暖前行。

2021.3.11

附录

图 1　2003 年百年校庆庆典现场

图 2　校友秦怡老师参加 2003 年百年校庆活动时发言

图3　2013年百十年校庆全体教师合影

图 4　学校荣获上海市文明校园

图 5　学校被评为上海市优秀教师专业发展校

图 6　上海小学吉祥物：快乐的小鲤

图 7　2020-2022 年区校两级骨干教师合影

图 8　校友曹仁寿烈士铜像揭幕仪式

图 9　徐汇区学习基础素养项目教学观摩研讨活动——上海小学数学专场

图 10　一年级“开心乐园”活动

图 11　“上小杯”区学生田径运动会

图 12　一年级入学仪式

图 13　二年级家长开放活动——拓展课观摩

图 14　三年级十岁生日

图 15　四年级亲子定向越野

图 16　五年级毕业典礼

图 17　英国教育部官员来访

图 18　来访教师代表团参观“学生成长足迹馆”

图 19　“感动上小”十大校景故事集授书仪式

图 20　十二个主题月小鲤徽章

上海小学
『书迷小鲤』
智
仁
书迷小鲤
主打月：语文月
特　质：遨游书海
体验美好
书写感动
勇
上海小学
『学校吉祥物』
智
仁
学校吉祥物
小　鲤
特　质：智仁勇
勇

图21　小鲤书签

图 22　爱心义卖

图 23　每一位教师都是一座“富矿”校长专场展示活动

图 24　项目化学习——小鲤纸币诞生记

图 25　在上海市新优质学校展示活动中交流

图书在版编目（CIP）数据

办一所有故事的学校 / 毛坚琼著. — 上海：华东理工大学出版社，2021.4
ISBN 978-7-5628-6498-1

Ⅰ.①办… Ⅱ.①毛… Ⅲ.①小学－教学改革－经验－上海 Ⅳ.①G622.0

中国版本图书馆CIP数据核字（2021）第086878号

项目负责 刘 军
责任编辑 刘 军
书籍设计 肖祥德
出版发行 华东理工大学出版社有限公司
地址：上海市梅陇路130号，200237
电话：（021）64250306
网址：www.ecustpress.cn
邮箱：zongbianban@ecustpress.cn
印 刷 上海盛通时代印刷有限公司
开 本 787mm × 1092mm 1/16
印 张 21
插 页 20
字 数 300千字
版 次 2021年4月第1版
印 次 2021年4月第1次
定 价 78.00元